KB232435

하나님을 경외하는, 다윗

하나님을 경외하는, 다윗

유진 피터슨 지음
전상수 옮김

쉴만한물가

하나님을 경외하는, 다윗

초판 1쇄 발행 : 2006년 11월 25일
초판 4쇄 발행 : 2006년 12월 10일

저 자 : 유진 피터슨
역 자 : 전 상 수
발행인 : 이 원 우 / 발행처 : **쉴만한물가**
주 소 : (413-756) 경기도 파주시 교하읍 문발리 535-13호 파주출판도시
전 화 : (031)955-4421 / 팩 스 : (031)955-4432
E-mail : quietwater23@hanmail.net
등록번호 : 제18-99호

공급처 : **미스바출판유통**
전 화 : (031)955-4433 / 팩 스 : (080)300-9191

Copyright ⓒ 2006 **쉴만한물가**　 Printed in Korea
값 12,500원

ISBN 89-90072-09-2　03230

목차

2부 다윗의 시련

4 밧세바와 우리아를 상대로 한 다윗의 죄악

5 다윗의 고통 – 내우외환

3부 다윗의 말년

6 다윗의 회고

서 문

구약성서의 내용 전반에 걸쳐서 확인되듯이 이스라엘의 왕들은 정치적으로나 신앙적으로 높이 평가받을 만한 인물들은 아니었다. 정치적으로는 북동쪽의 앗수르와 바벨론 그리고 남서쪽의 애굽과 같은 초강대국들의 힘에 눌려 이스라엘 왕들은 위축될 수밖에 없었고, 신앙적으로는 모세와 사사들이 물려준 전통과 그들의 통치 기간 중에 활동한 엘리야와 선지자들의 영향 아래서 지내야만 했다.

엘리야와 선지자들은 이스라엘의 왕들이 보여 줄 수 없는 탁월한 영적 지도력을 발휘했다. 이스라엘의 긴 역사를 돌아볼 때, "왕"이라는 단어는 부러움과 감탄을 일으키는 용어가 아니다.

그러나 다윗의 경우는 예외이다. 다윗의 인생에 대한 이야기는 구원 역사의 중심축으로 다루어지고 있음을 볼 수 있다. 다윗의 이름은 구약성서에서 거의 800회, 신약성서에서 60회 등장한다. 다윗이 죽고 약 천년이 지난 뒤, 그의 이름이 다시 사용되었는데 예수님을 "다윗의 자손"이라고 불렀다.

그의 이름은 지금도 여전히 존경과 경외의 대상이 되고 있는데 기독교인들과 유대인들 중에는 자신의 아이들 이름을 "다윗"이라고 부르는 사람들이 있다. 역대의 이스라엘 왕들의 이름 중에 "다윗"이라는 이름이 지닌 명성에 견줄 만한 이름은 없다. 실제로 성경에 소개된 인생 중에 예수님을 제외하고는 다윗의 인생처럼 그렇게 폭 넓고, 자세하게 주목을 받은 인생도 없다.

성경이 한 사람의 인생을 이런 식으로 진술하는 목적은 우리로 하여금 인생에 필요한 인간적인 조건에 몰두하게 하려는 것이다. 그 조건은 하나님에 의해서 지음 받아 부름을 받고 나아가 하나님의 인정을 받아 구원 얻게 될 한 인간이 되는데 관련된 것이다. 이것은 우리의 인생살이 전반에 걸쳐 있는 복합적인 것으로서 일반적으로 그 특징을 영광과 곤경으로 분류할 수 있다.

다윗의 인생 이야기의 후반부를 담고 있는 사무엘하의 내용을 보기 전에 잠시 멈추어 본문이 지속적으로 우리로 하여금 우리의 인간적인 상황에 몰두하게 하면서 주의를 집중하게 하는 본문의 진술 방식을 살펴보는 것이 유익할 것이다.

왜냐하면 자기 자신에게 주의를 기울이는 것은 쉬운 일이 아니기 때문이다. 사람들은 자신의 인간적인 조건보다 자기 자신을 더 높이 올려놓으려고(천사와 같은 존재) 시도하는 것에 더욱 매력을 느낀다. 반대로, 자신의 인간적인 상황보다 더 낮게 가라앉아 마치 짐승처럼 사는 것은 더 쉬운 것이다.

그러나 "인간적"이라는 말은 독특하므로 우리 자신의 존재와 우리가 하나님 앞에서 존재하는 길을 깨달을 수 있을 때까지 지속적인 성숙이 필요하다.

종교가 우리의 실제적인 인간성을 회피하게 하거나 그것으로부터 도피하도록 해주는 하나의 수단으로 사용되어 지는 것을 보는 것은 그리 어렵지 않다.

도덕적인 성숙을 명분으로 삼는 윤리적인 교훈은 우리의 인간성 회피를 위한 대안을 마련하려는 전략으로 도덕적 성숙이라는 명분을 내세워 우리의 삶(그리고 가족의 삶과 친구들의 삶)을 자신의 기호에 더욱 밀착된 방식으로 재구성할 수 있는 방법을 고안하려는 것이다.

기적은 도피의 표준적인 수단으로 오용되는데 어떤 삶의 상황이 우리 마음에 들지 않을 때, 하나님께서 개입해 주시기를 기대하거나 또는 개입을 요청하곤 한다.

다윗의 인생 이야기는 윤리적인 교훈과 기적에 관해서 침묵하고 있다. 실제적으로 그의 인생에는 어떤 강요된 윤리나 해결사 역할을 하는 기적이 보이지 않는다.

그의 인생에 도덕성이 있는 것은 분명하지만, 그의 인생 상황(인간적인 조건) 내에서 그것이 작용하고 있으며 또한 그의 인생 이야기에는 기적이 아주 분명하게 존재한다. 그러나 그것은 무대 뒤에 있으며 그 이야기에 소개된 정황들 속에 감추어져 있다.

다윗의 이야기는 우리를 인간적인 상황 그 자체에 익숙해지도록 하여 우리의 인간성을 통제할 수 있는 특질을 갖춘 영성을 개발하도록 하려는 방식으로 진술되었다.

친숙해져야 할 상황은 결코 꾸미거나 과장된 그런 것이 아니라 현실적으로 당면하고 있는 그대로의 상태이며, 개발되어야 할 영성의 특징은 겸손함과 경외심, 희생과 용기, 회개와 순종, 공동체 속에서의 충성과 하나님에 대한 사랑으로 나타난다. 다윗의 인생은 아주 윤리적이지만 거기에 윤리라고 하는 폭군은 보이지 않는다. 다윗의 인생은 총체적으로 초자연적이지만 거기에 도깨비 방망이와 같은 기적적인 중재나 개입은 찾아 볼 수가 없다.

다윗의 이야기에서 윤리를 강조하는 "교훈들"을 윤색하는 것과 가상적인 "기적들"의 이야기를 매력적으로 보이게 하는 것은 사무엘서를 읽는 기독교인들이 흔히 저지르고 있는 잘못이다. 그러나 우리는 본문에 진술된 이야기를 가지고 그런 장난을 하지 않고 바로 접근할 수 있을 것이다. 본문의 이야기는 우리로 하여금 현재 직면하고 있는 인간적인 상황인 그 자체(우리가 바라는 이상적인 상태가 아니라)에 집중할 수 있게 해 준다. 윤리 지상주의가 강요되거나 기적 의존성 현실 도피주의는 결코 찾아 볼 수 없다.

우리는 다윗의 이야기에서 신앙생활(영적인 삶)을 참된 인간됨의 대체물로 사용하라는 격려를 만들면 안 된다. 예를 들자면 우리 자신과 다른 사람들을 윤리적인 상자 속으로 억지로 맞추어 넣거나, 하나님을 우리 인간성의 한계들과 조건들을 피하여 도망할 수 있는 탈출구로 착각하게 하므로 참된 인간이 되기 위해서 견디고 극복해야 할 인간적인 상황을 회피한 채 참된 인간이 누리는 삶과 영광을 기대한다.

우리에게 다가오는 대로 다윗의 이야기를 존중하고 그 본문에 우리 자신을 굴복시킬 때, 다양한 방법으로 우리와 동행하시는 하나님의 인도하심에 순종적이고 그것을 신뢰하는 내용으로 우리의 인생이 다듬어지게 될 것이다.

유진 피터슨
Eugene H. Peterson

제 1 부

다윗의 통치

1

유다의 왕이 된 다윗

사울의 죽음을 슬퍼하는 다윗의 애가(1:1-27)

지금까지 계속되어 온 사울과 다윗 사이에 얽힌 이야기의 최종 장면이 본문에서 소개되는데 이것은 왕이 된 다윗에 관한 이야기의 서막이기도 하다. 사무엘상 16장에서 시작된 다윗이 왕으로 부상하는 것과 사울의 몰락의 과정이 이제 거의 완료되는 시점이다.

사울 왕과 왕으로 기름 부음을 받은 다윗 사이의 충돌에 관한 성경의 이야기를 소포클레스(Sophocles, 고대 그리스의 비극 시인 - 역자 주)와 셰익스피어(Shakespeare)의 작품과 같은 종류의 고전적인 드라마처럼 읽고 감상하는 것이 쉬울지도 모른다.

두 위대한 작가가 남겨준 작품에서 보듯이 사울과 다윗의 이야기에는 옳고 그름에 관한 경박스러운 문제들, 가족 간의 음모와 배신, 충신들 사이의 내분, 심화되는 광기와 증오, 정치적인 계략, 예기치 않은 상황에서 표면에 드러나는 윤리적인 비리들이 다루어지고 있다. 사울과 다윗의 이야기에 이런 문제들이 다루어지고 있는 것이 사실이지만 그것이 이야기의 전부는 아니다.

감정적으로 말하자면 우리는 사울의 몰락을 기뻐하고 다윗의 등극을 축하하게 되어있다. 그러나 본문의 이야기는 그런 감정적인 유희를 허용하지 않는다.

1:1 사울의 죽은 후라 다윗이 아말렉 사람을 도륙하고 돌아와서 시글락에서 이틀을 유하더니 2 제 삼일에 한 사람이 사울의 진에서 나왔는데 그 옷은 찢어졌고 머리에는 흙이 있더라 저가 … 땅에 엎드려 절하매 3 다윗이 저에게 묻되 너는 어디서 왔느냐 대답하되 이스라엘 진에서 도망하여 왔나이다 4 다윗이 가로되 일이 어떻게 되었느뇨 … 저가 대답하되 … 무리 중에 엎드러져 죽은 자도 많았고 사울과 그 아들 요나단도 죽었나이다 … 6 … 내가 우연히 길보아산에 올라보니 사울이 자기 창을 의지하였고 … 9 또 내게 이르되 … 너는 내 곁에 서서 나를 죽이라 하시기로 10 … 그 곁에 서서 죽이고 그 머리에 있는 면류관과 팔에 있는 고리를 벗겨서 내 주께로 가져왔나이다

사울의 사망 경위를 보고하는 아말렉 사람은 거짓말을 하고 있다. 사울은 중한 부상을 당한 것을 알았을 때, 병기 든 자에게 명하여 자기를 칼로 칠 것을 명령했다. 병기 든 자가 명령을 거부하자 사울은 스스로 목숨을

끊었고, 왕의 죽음을 목도한 신하도 사울을 따라 자결했다(삼상 31:3-5).

본문을 참고할 때, 다윗은 그런 사실을 모르고 있다. 그러나 이야기의 전체를 읽고 있는 독자들인 우리들은 전체 경위를 알고 있다. 다윗이 남쪽으로 내려가서 아말렉 족속을 징벌하고 시글락으로 개선하는 동안에 이스르엘(Jezreel) 북쪽에 있는 길보아(Gilboa)에서 격렬한 전쟁이 휩쓸고 지나갔다. 다윗은 그 전쟁의 결과에 관해서 아직 아는 것이 아무것도 없었을 것이다. 지금 사울의 죽음을 설명하고 있는 아말렉 사람이 다윗에게 그 전쟁에 관해서 보고하는 최초의 사람이기 때문이다.

아말렉 사람은 원하는 목적 달성을 위해서 책략을 꾸미고 있는 음모의 사람이다. 구사일생으로 전쟁에서 살아남아 다윗에게로 탈주 한 것처럼 보이게 하려고 찢어진 옷을 입고, 머리에 먼지를 쓰고 피난민 행세를 했다. 그는 어떤 계획을 가지고 있었으나 그 전에 다윗의 반응을 테스트 해 보는 것이 필요했다. 신중하게 자신의 보고를 조정했다. 먼저 수많은 전사자들의 시체에 대한 언급과 함께 그의 전쟁 탈출에 관해서 적나라하게 말한 후, 이어서 사울과 요나단의 시체를 언급했다. 그러자 다윗은 자세한 설명을 요구했다.

다윗이 관심을 보이자 대담해져 자기가 사울을 죽였다고 주장했다. 사울의 병기든 자가 행하기를 거부했던 일을 자신이 직접 했다고 지금 말하고 있는 것이다.

사울의 실질적인 죽음은 간단하게 정리되었으나(삼상 31:4-5) 이 사람은 자신의 이야기를 아주 상세하게 설명하고 있다. 자기가 있었던 장소, 사울이 쓰러져 있던 위치, 사울과 자기 사이에 있었던 대화, 사울의 상태 그리고 자기가 그 상황을 어떻게 판단했는가에 대해서 자세하게 설명했다. 거짓말을 잘하는 사람들은 한결같이 상세한 설명을 해 주는 것의 중요성을 알고 있다. 이 아말렉 사람은 거짓말쟁이다. 그럴싸하게 꾸며낸 자신의 보고를 다윗이 아주 주의 깊게 경청하고 있는 것을 보며 더욱 자신에 차서 그는 사울의 시체로부터 취한 왕의 휘장, 왕관, 팔 고리를 다윗에게 바쳤다. 이 물건들은 그가 전쟁터에서 도망쳐 나오는 길에 우연히 발견하고 가져 온 것들이었다. 사울의 왕관과 팔 고리를 바치면서 그는 자기가 다윗을 왕으로 만들고 있는 것으로 여겼다. 그것에 대한 보상은 분명히 실질적인 것이 될 것이다.

이 시점에서 본문의 이야기는 두 가지 단계에서 작용을 하고 있다. 첫 번째, 우리는 진실을 알지만 다윗은 모르고 있는 이야기(삼상 31장)와 두 번째, 다윗이 듣고 있는 것이 거짓말이라는 것을 우리는 알고 있는 이야기(삼하 1장)이다. 다윗은 아말렉 사람의 거짓말에 속아 넘어갈 것인가? 다윗은 이 음모꾼 아말렉 사람에 의해서 왕이 되는 것을 묵인할 것인가?

1:11 이에 다윗이 자기 옷을 잡아 찢으매 함께 있는 모든 사람도 그리하고 12 사울과 그 아들 요나단 … 죽음을 인하여 … 울며 금식하니라 13 다윗이 그 고한 소년에게 묻되 너는 어디 사람이냐 대답하되 나는 아말렉 사람 곧 외국인의 아들이니이다 14 다윗이 저에게 이르되 네가 어찌하여 손을 들어 여호와의 기름부음 받은 자 죽이기를 두려워하지 아니하였느냐 하고 15 소년 중 하나를 불러 이르되 가까이 가서 저를 죽이라 하매 그가 치매 곧 죽으니라

거짓말이 성공하는 것같이 보이는 것은 오래가지 못한다. 다윗의 첫 반응은 아말렉 사람의 간담을 서늘하게 했음이 분명하다. 왜 다윗은 기뻐하며 축하하지 않는가? 다윗의 숙적이자 오랫동안 그를 괴롭히던 원수가 죽었는데 말이다. 왜 다윗은 왕관을 쓰고 팔 고리를 착용하여 왕처럼 행세하지 않는가? 왜 애가와 금식과 애곡인가?

애도와 슬픔이 진정된 후, 다윗은 아말렉 사람을 심문하기 위해서 불러들였다. 첫 번째 질문은 젊은 보고자가 아말렉 족속임을 확인하는 것이었

다. 두 번째는 그를 여호와의 기름 부으신 자를 죽인 살인자로 단정했다.

다윗이 아말렉 사람이 거짓말을 하고 있음을 의심하는 것을 짐작할 수 있는 근거는 본문에 보이지 않는다. 본문에서 우리가 확인할 수 있는 것은 아말렉 사람의 보고대로 다윗은 믿었다. 그러나 아말렉 사람은 다윗이 하나님을 믿는 사람이라는 사실을 간과했다. 하나님의 사람은 하나님께서 행하고 계시는 것을 찾는 눈을 가지고 사람들과 정황들을 보는 습관이 있다. 사람에게 기대할 것이 없으면 없을수록, 정황이 불합리해지면 해질수록 하나님의 행하심을 찾으려는 하나님의 사람의 분별력은 더욱 집요해진다. 아말렉 사람이 길보아 산에서 사울 왕의 시체를 발견했을 때, 그는 새로 세워질 통치체제에서 공신의 지위를 얻을 수 있는 기회를 본 것이다. 그러나 다윗이 사울을 주시하며 하나님께서 "기름부음을 받은 자" 가운데서 역사하시는 것을 보며, 자신의 반평생을 지내왔다는 것을 아말렉 사람이 어찌 알 수 있었겠는가?

현재까지의 본문의 내용을 바탕으로 "아말렉 족속" 이라는 단어는 모든 사람과 모든 상황을 자신의 승진 수단으로 보는 기회주의자적인 책략가를 지칭하는 의미를 가지고 현재 사용되고 있다(영어로 the Amalekites의 풍자적인 의미 - 역자 주). 하나님을 믿는 사람들과는 달리 아말레 족속들은 하나님의 주권에 대해서 개의치 않았다. 하나님께서 매사에 은밀하게 임재하심에 관해서도 감각이 없었다. 그들은 하나님의 백성들을 괴롭히고 하나님의 일들을 훼방하던 전력이 있는 사람들이다. 본문에서 보는 바와 같이 다윗을 이용하려고 하는 젊은 아말렉 사람은 아말렉 사람으로 명명되는 다른 두 사람의 이야기 사이에 놓여 있다.

먼저 아말렉 족속의 왕 아각인데 사울 왕 이야기의 초반부(삼상 15장)에 등장한다. 후에 보게 될 사람은 구약성서에서 취급된 이스라엘 역사의 거의 마지막 단계에 등장하는데 그를 "아각 사람 하만" 이라고 구체적으로 소개한다(에 3:1). 아말렉 사람들은 좋은 기회로 여겨지는 때마다 성소에 모습을 드러내는 방법을 사용했다(그 순간은 매력적인 기회이지만, 조금 지나면 그런 처세는 좋은 기록을 남기지 않는다. 아말렉 족속의 왕 아각은 칼로 "쪼개어져" 죽었고, 본문의 젊은 아말렉 사람은 "쳐 죽임"을 당했고, 하만은 "교수형"을 당했다).

본문의 아말렉 사람은 자기가 다윗에게 한 보고로 승리의 축제가 시작되게 한 것으로 생각했다. 그러나 그를 착각에서 깨어나게 한 것은 다윗의 장엄한 애가였다. 성경학자인 발터 브뤼게만(Walter Brueggemann)은 다윗의 애가를 가리켜 "비애를 표현하는 이스라엘의 독특한 능력" 이라고 평가했다. 그 분야에서 말하자면 다윗은 아주 특출한 감정 시인이다.

> 1:17 다윗이 이 슬픈 노래로 사울과 그 아들 요나단을 조상하고…
>
> 19 이스라엘아 너의 영광이 산 위에서 죽임을 당하였도다
>
> 오호라 두 용사가 엎드러졌도다
>
> 20 이 일을 가드에도 고하지 말며
>
> 아스글론 거리에도 전파하지 말지어다
>
> 블레셋 사람의 딸들이 즐거워할까,
>
> 할례받지 못한 자의 딸들이 개가를 부를까 염려로다

재난이 이스라엘을 덮쳤고, 왕이 전사하고, 왕의 시체는 모욕을 당했다. 이와 같은 차원의 슬픔은 덕망과 위엄으로 다루어져야만 한다. 이런 문제는 한쪽 모퉁이에서 입방아를 찧는 소문이나 연속극의 감흥과 같은 종류가 되지 않아야 한다. 이스라엘의 왕권에 참혹한 피해를 입힌 블레셋 족속은 자화자찬에 빠져 전쟁 결과에 대해서 자신들을 정당하게 간주할 수 있다. 그러나 사울과 그의 왕자들이 전사한 것은 큰 불행이다. 그들의 죽음

이 블레셋의 황색 저널리즘(yellow journalism 어떤 목적을 위해 특별한 관점에서 과장하거나 오도해서 사건을 기사화 함 - 역자 주)에 의해서 유린당해야만 하는 상황은 더 큰 불행이다.

> 21 길보아 산들아
>
> 너희 위에 우로가 내리지 아니하며
>
> 제물 낼 밭도 없을지어다
>
> 거기서 두 용사의 방패가 버린바 됨이라
>
> 곧 사울의 방패가 기름부음을 받지 않음같이 됨이로다

마지막 접전지였던 길보아 산지는 비옥한 땅이다. 만약 블레셋 사람들이 사울 왕과 그의 왕자들의 시체들을 명예롭게 처리할 수 있는 사람들이 아니라면 그 땅이 그 일을 직접 할 것이다. 그래서 그 비옥한 땅에서 금식과 애도의 기간이 선포되었다.

> 22 죽은 자의 피에서,
>
> 용사의 기름에서
>
> 요나단의 활이 물러가지 아니하였으며
>
> 사울의 칼이 헛되이 돌아오지 아니하였도다

본문에서 기술적으로 사용된 이미지들은 본문이 담고 있는 전체적인 모습을 연상하는 상상력에 전쟁의 두 요소, 즉 공포와 명예를 기억하게 하는 언어를 제공하고 있다. 전쟁은 진저리 날 정도로 무서운 것이다(흘러내린 '피'와 잘려진 '기름'). 한편, 전쟁은 명예로운 것이다(용맹한 자의 '활', 전사의 '칼'). 만약 공포와 명예 두 요소 중에 어느 하나라도 삭제된다면,

전몰자에 대한 추모는 감상주의나 천한 감정에 의해서 더럽혀 질 것이다.

> 23 사울과 요나단이 생전에 사랑스럽고 아름다운 자러니
>
> 죽을 때에도 서로 떠나지 아니하였도다
>
> 저희는 독수리보다 빠르고
>
> 사자보다 강하였도다

다윗의 원수와 다윗의 친구가 본문의 애가에서 똑같이 거론되고 있다. 일상적인 동기들과 원인들, 의도와 계획들의 교차로에서 흔히 애매하거나 드러나지 않았던 모든 관계들과 실체들을 죽음이 드러낸다. 죽음의 애도나 추도사는 죽은 사람을 비교하거나 그가 살고 간 인생에 어떤 등급을 매겨 주는 행사가 아니다. 대중의 여론 또는 개인적인 느낌에 상관없이 모든 인생은 정직한 추도사(애가)를 받을 가치가 있고, 또한 그것을 요구한다.

> 24 이스라엘 딸들아 사울을 슬퍼하여 울지어다
>
> 저가 붉은 옷으로 너희에게 화려하게 입혔고
>
> 금노리개를 너희 옷에 채웠도다
>
> 25 오호라 두 용사가 전쟁 중에 엎드러졌도다

한 사람의 죽음을 슬퍼하고 애도하는 것은 개인적인 행동일 뿐만 아니라 교제적인 행동이다. 예수님이 나사로의 무덤에서 슬퍼하셨던 것은(요 11장) 다윗이 사울과 요나단의 죽음을 애도하는 것과 일치하는 것으로 애가는 복음적인 행동이기도하다.

죽음을 애도하는 것은 혼자 슬퍼하는 것으로는 충분하지 않다. 그 슬픔을 함께하는 친구들이 반드시 필요하다. 이것이 우리가 장례식에서 비탄

에 빠진 친구들과 함께 해야 할 이유이다.

다윗은 슬픔에 잠긴 자신을 위해서 자기와 함께 있는 사람들의 도움을 구했다. 다윗이 당한 장례식은 다윗과 함께한 모든 사람들의 장례식이었다. "블레셋의 딸들"과는 대조적으로(20절) "이스라엘의 딸들"은 다윗의 요구에 적절하게 반응을 보이고, 사울의 인생 중에서 가장 좋은 일들을 기념하면서 공동체적인 애도에 참여할 것을 기대할 수 있는 사람들이었다.

25b 요나단이 너의 산 위에서 죽임을 당하였도다

26 내 형 요나단이여 내가 그대를 애통함은

그대는 내게 심히 아름다움이라

그대가 나를 사랑함이 기이하여

여인의 사랑보다 승하였도다

다윗의 애가에서 사울은 조금도 홀대 당하지 않았다. 그러나 애가에서 가장 격렬한 순간은 다윗의 평생 친구이자 언약을 맺은 친구인 요나단을 애도하는 내용이다.

다윗이 보여준 우정은 우리 시대에는 보기 쉽지 않은 것이다. 우리에게는 "만날 수 있는 사람들"이 많이 있다. 서로 얼굴을 알고 지내는 정도의 사람들, 어떤 이해관계나 목적 하에서 교제하고 있는 사람들, 팀 동료들, 함께 기숙을 하는 방 동료들, 기타 등등 다양한 형태의 인간관계를 가지고 있다. 그런데 친구는 어디 있는가? 우리는 교제를 하고 있고 인간관계를 "형성"한다.

이런 현실과는 대조적으로 C. S. 루이스는 다음과 같이 그의 책 〈네 가지 사랑〉에 기록했다. "우리의 선조들은 우리 자신을 거의 인간성을 초월할 수 있도록 성장시켜 주는 것이 우정이라고 여겼다. 본능으로부터 자유하며 모든 형태의 의무들로부터 자유하되 다만, 사랑하고 있는 사람들에게 매여 있으며, 자유롭게 생각하며, 거의 모든 면에서 질투로부터 자유하며, 요구하는 조건이나 권위가 무엇이든지 간에 요구되어진 필요로부터 무제한적으로 자유한 이 사랑은(우정 - 역자 주) 두드러지게 영적인 것이다. 이 사랑은 우리가 천사들 사이에서 이루어지는 그런 종류의 사랑으로 상상할 수 있는 것이다."

27 오호라 두 용사가 엎드러졌으며

싸우는 병기가 망하였도다 하였더라

다윗의 애가에서 "용사가 쓰러지다니!"라는 표현이 세 번이나 반복된다 (1:19, 25, 27). "두 용사가 엎드러졌도다"(한글 개역 성경)의 첫 번째 언급(19절)은 전쟁 결과를 듣고 사울을 두고 하는 말이며, 두 번째(25절)는 요나단을 두고 한 것이다. 그리고 세 번째(27절)는 앞의 두 경우를 함께 묶어서 두 사람에 대한 애도를 표시하므로 삼겹줄 조화의 미를 조성한다. 이것은 아름다움이다.

애가는 짐승의 짖어대는 소리나 알아들을 수 없는 울부짖음이 아니다. 죽음을 애도하는 애가는 고인의 삶의 내용과 생전의 모습들과, 그와 유지했던 관계들을 알려 주고, 집중된 관심을 나타내며 또한 그러한 것들의 의미를 음미하며 추억한다. 거기에 수반되는 기꺼이 받아들이고 감수하는 고통은 한편의 시로 승화될 수 있다. 그때의 고통은 감소되거나 사소한 것이 아니며 추하고 흉한 것도 아니다. 시는 말을 가장 개인적으로 사용하여 표현한 것이다. 시는 경험의 세계로 들어가 마치 그곳이 우리 가정인 것처럼 우리에게 일어난 사건들을 그냥 지켜보고만 있는 것이 아니라 우리의 방법이다.

애가는 심오하게 개인적인 것이지만 공개적으로 포용 될 수 있다. 본문의 애가는 개인적으로는 다윗에 의해서, 그리고 지역적으로는 시글락에서 시작되었다. 그러나 얼마 되지 않아 공동체로 확산되고 결국에는 온 나라가 동참하게 되었다. 다윗의 애가는 개인적인 것과 대중적인 것이 혼합되어 있다. 한 국민이 국민적 정서(또는 인간성)를 사회적으로, 문화적으로, 정치적으로 고양시키고 계속 유지함에 있어서 애가는 지금도 주요 수단 중에 하나이다. 다윗의 애가에는 이 세 가지 요소가 모두 포함되어 있다.

모든 지혜로운 가족들과 문화는 애가를 존중한다. 애가가 없으면 그 나라는 점차적으로 비인간화 되어 군사력 또는 경제 기능 중심 사회로 변한다. 만약 일개 국가의 관심의 전부가 시가행진에서 국기를 흔드는 것으로 국민 생활수준을 과시하는 것이라면, 그 나라는 전쟁을 일으키고 돈 버는 것에만 몰두한다.

그러나 얼마가지 않아서 빈껍데기만 남게 될 것이다. 애가는 공동체에 속한 모든 사람이 계속해서 그들의 지도자들과 친구들, 실패와 좌절, 한계와 고통, 공동체의 인간성을 접하게 해준다. 애가는 또한 지속적으로 우리가 본질적인 현재 **삶의 실체**이신 하나님과 연결되어 있도록 해준다. 이것이 다윗이 개인적으로 슬퍼했을 뿐만 아니라 이 애가를 "유다 족속에게 가르치라"고 명을 내린 이유이다(18절).

헤브론에 입성하는 다윗(2:1-4a)

지금까지 수년 동안 다윗은 실제로 기름부음을 받은 이스라엘의 왕이었지만, 왕으로써의 가시적인 구색을 갖춘 것은 아니었다. 사무엘이 다윗에게 기름을 부은 후(삼상 16:1-13), 지금까지 사울이 왕권에 있었다. 이제 사울의 죽음과 더불어 다윗의 왕의 신분이 최초로 공식화된다.

2:1 그후에 다윗이 여호와께 물어 가로되 내가 유다 한 성으로 올라 가리이까 여호와께서 가라사대 올라가라... 헤브론으로 갈지니라 2 다윗이... 그리로 올라갈 때에 4 유다 사람들이 와서 거기서 다윗에게 기름을 부어 유다 족속의 왕을 삼았더라

다윗이 사울의 추격을 피해 광야에서 도피생활을 하던 기간 중 마지막 몇 년 동안은 블레셋의 왕 아기스의 보호 아래 있는 시글락을 야전 본부로 삼아 지냈는데 아직 그곳에 머무르고 있다. 이곳에서 그는 자체 세력을 강화해 왔고, 자주 남쪽의 사막 족속들을 침략하여 얻은 노획물을 유다 사람들에게 나누어 줌으로써 유다 족속 내에 다윗에게 감사하고 충성스러운 추종자들을 형성했으며(삼상 30:26-30) 그리고 유다의 인근 "남쪽" 지역에 위치한 갈멜과 이스르엘 출신의 두 여인과 결혼했다. 결국 왕으로서 공식적인 무대에 등장하기까지 필요한 여러 가지 사전 준비가 완벽하게 갖추어 지는 것을 볼 때, 다윗의 거주 위치는 전략적으로 정해진 것임을 알 수 있다.

그러나 다윗은 먼저 기도했다. "여호와께 물어 가로되(1절)" 하나님의 인도하심을 구하기 위해서 기도했는데 실질적인 의미는 "왕으로서 사람들 앞에 나서야 할 때가 바로 지금인가?", "어디서 시작해야 하는가?"를 확인하는 것으로 인도하심을 구하는 다윗의 기도는 응답되었다. "그렇다! 지금이 바로 그때이다. 그리고 헤브론이 바로 그 장소이다."

이제 모든 일이 일사천리로 진행되는 듯했다. 다윗이 유다의 중심 성읍 중에 하나인 헤브론에 입성했다. 믿음의 조상인 아브라함과 사라를 장사 지낸 곳이기도 한 헤브론은 성스러운 전통이 풍성한 성읍이다. 이곳은 새

출발을 위해서 성별되고 적절하게 준비된 장소이다. 믿음의 조상 아브라함의 후손들은 다윗을 통하여 다스릴 하나님 나라를 시작하기에 알맞은 곳이다. 다윗이 헤브론으로 이동할 때, 광야에서 그와 함께 동고동락해 온 친위대와 같은 사람들, 그의 두 아내 아히노암과 아비가일 그리고 그의 지휘 하에 움직이던 게릴라 부대와 그들의 가족들을 대동했다. 이어서 그의 출신 지파가 주를 이루는 유다 족속을 다스리는 왕으로 추대되었다.

그러나 이 순간 다윗의 왕 됨은 단지 유다 족속에게만 해당되는 것이었다. 사울의 죽음과 함께 다윗이 사울을 이어 직접 이스라엘 전체를 통치하는 것을 가로막을 것은 아무것도 없는 것처럼 여겨질 것이다.

하지만 북쪽의 열한 지파들(그들을 통칭하여 이스라엘이라고 함)은 유다 족속이 주도하여 다윗을 왕으로 추대한 것을 인정하지 않았고, 더구나 일찍이 사무엘이 다윗에게 기름 부은 사실을 모두 잘 알고 있지 않았다. 이 모든 일이 제대로 정리되기까지 칠년 반이 걸렸다. 이스라엘의 열두 지파들은 다루기 힘든 무리들이었다. 어떤 형태의 단일 공동체로 그들을 묶는 것은 어렵고 심혈을 기울인 노력과 많은 인내를 요구하는 일이었다.

다윗은 북쪽의 지파들(이스라엘)을 그의 통치 아래로 들어오게 하는 임무를 시작했다. 동전의 양면과 같은 두 이야기가 배경을 구성하는데 길르앗 야베스를 상대한 외교와 아브넬의 권력 확보를 꿈꾸는 공작이었다.

길르앗 야베스의 마음을 구하는 다윗(2:4b-7)

2:4b 혹이 다윗에게 고하여 가로되 사울을 장사한 사람은 길르앗 야베스 사람들이니이다 하매 5 다윗이… 가로되 너희가 너희 주 사울에게 이처럼 은혜를 베풀어 장사하였으니 여호와께

복을 받을지어다 6 너희가 이 일을 하였으니 이제 여호와께서 은혜와 진리로 너희에게 베푸시기를 원하고 나도 이 선한 일을 너희에게 갚으리니

다윗이 북쪽 이스라엘을 그의 영향력 안으로 끌어 들이기 위해서 해야 할 첫 번째 일은 외교적인 수완으로써 길르앗 야베스의 사람들의 마음을 달래는 것이었다.

길르앗 야베스 사람들은 아주 용감하게 그리고 애정을 가지고 사울과 그의 왕자들의 시체들을 블레셋의 모욕으로부터 구출하고 정성스런 장례식과 함께 장지에 안장해 주었던 장본인들이다(삼상 31장). 길르앗 야베스는 사울이 왕으로 첫 출발을 시작했던 곳이었다.

왕으로서 사울이 취한 첫 업적은 그리 알려지지 않았던 암몬 족속의 왕 나하스의 잔인무도함으로부터 길르앗 야베스를 구출한 것이었다(삼상 11장). 말로 형용할 수 없는 능욕으로부터 사울이 구출했던 그 사람들이 능욕 당하고 있는 사울의 시체를 구출했다. 다윗은 그들의 충성심(loyalty)을 높이 치하하고, 그 대가로 그들을 위한 자신의 충성(loyalty)을 약속했다. 그들은 아직 다윗의 통치하에 있지는 않았으나 자신들에 대한 다윗의 호의는 확인할 수 있었다.

권력을 꿈꾸는 아브넬의 공작(2:8-11)

하지만, 다윗이 북쪽의 지파들을 그의 통치권 아래로 통합하기 위해서 접촉을 하고 있는 동안에 아브넬은 다윗과 적대적인 사울의 후손이 통치하는 왕국을 유지하기 위해서 일련의 계획을 세우느라 분주했다.

2:8 사울의 군장 넬의 아들 아브넬이 이미 사울의 아들 이스보셋을 데리고 마하나임으로 건너가서 9 길르앗과... 온 이스라엘의 왕을 삼았더라 10 ...유다 족속은 다윗을 따르니 11 다윗이 헤브론에서 유다 족속의 왕이 된 날 수는 일곱 해 여섯 달이더라

사울과 그의 아들들 중에 세 명은 블레셋과 치룬 길보아산 전투에서 전사했다. 그러나 사울의 아들 이스보셋은 생존해 있었다. 사울의 군대 총사령관이었던 아브넬이 길보아 전투에서 구사일생 한 후, 이스보셋을 블레셋의 추격 위험이 없는 요단강 동편 지역으로 데리고 가서 블레셋에게 점령당하지 않고 남아 있는 이스라엘 지역을 다스리는 왕으로 세웠다.

조금 후에 분명하게 드러나게 되겠지만, 아브넬은 이스보셋에게 그다지 관심이 있었던 것은 아니다. 자신의 권력에 대한 욕심을 합법적으로 만들기 위한 하나의 구실로써 이스보셋을 이용하고 있는 것이다. 아브넬의 움직임은 사울의 권력 구도에 깊이 관여한 사람들이 계속해서 권력을 유지할 수 있는 기회를 제공했다.

"사울 당"을 지지함으로써 아브넬은 무엇보다도 다윗이 사울을 이어 왕이 되는 것과 오래 전에 사무엘의 기름부음을 통해 그에게 적법하게 부여된 왕권을 수행하는 것을 저지한 것이 되고 말았다.

2

다윗의 시민 전쟁

유다의 장로들이 다윗에게 기름을 부음(2:1-4a), 길르앗 야베스에 대한 다윗의 외교(2:4b), 이스보셋을 이용한 아브넬의 정치 공작(2:8-11) 이 세 가지가 삼각 지주처럼 서로 연결되어 남쪽 유다와 북쪽 이스라엘 사이의 시민 전쟁을 발생시키고 판도를 가늠했다. 이 세 가지 사건은 간단하게 기록되어 있지만 함께 조화를 이루어 이후에 이어지는 전쟁에 관련된 주요 인물들의 개인적인 삶에 관한 설명을 뒷받침 해주기에 적절한 어떤 역사적인 구조를 제공한다.

시민 전쟁의 이야기는 대표적이고 이름이 잘 알려진 사람들을 중심으로 전개되는데 그 인물들은 당연히 다윗을 위시해서 아브넬, 스루야의 아들들(요압, 아비새, 아사헬), 이스보셋, 리스바, 미갈, 발디엘, 므비보셋, 레갑, 브나야 등 열한 명이다. 이 이름들은 아주 생생한 지역적인 특색과 신속하게 개입된 극적인 활동을 배경으로 하여 소개되고 있다(다윗의 아들들 중에 여섯 명이 거명되었으나, 그들은 본문에서 이야기하는 거사에는 개입되어 있지 않다).

첫 전투의 발발은 양편의 왕인 다윗과 이스보셋이 관련되지만 전투에 가담한 것은 아니다. 각 왕의 장군 요압과 아브넬이 이스라엘(남북 포함) 땅 중앙 지역에 있는 기브온에서 만나는데, 그곳은 북쪽 이스보셋의 진영과 남쪽 다윗의 진영 사이의 거의 중앙 지점이다. 고고학자들에 의해서 발굴된 "기브온의 못 터"는 지름이 약 11m, 깊이 25m나 되는 큰 못이었다.

아브넬과 요압(2:12-32)

2:12 넬의 아들 아브넬과 사울의 아들 이스보셋의 신복들은 마하나임에서 나와서 기브온에 이르고 13 스루야의 아들 요압과 다윗의 신복들도 나와서 기브온 못가에서 저희를 만나 앉으니 이는 못 이편이요 저는 못 저편이라 14 아브넬이 요압에게 이르되 청컨대 소년들로 일어나서 우리 앞에서 장난하게 하자… 15 저희가… 나아가니 베냐민과 사울의 아들 이스보셋의 편에 열둘이요 다윗의 신복 중에 열둘이라 16 각기 적수의 머리를 잡고 칼로 적수의 옆구리를 찌르매 일제히 쓰러진지라… 17 그날에 싸움이 심히 맹렬하더니 아브넬과 이스라엘 사람들이 다윗의 신복들 앞에서 패하니라

두 장군 아브넬과 요압은 전면전 전투를 하지 않고 각 진영에서 선발된

군인들끼리 싸우게 하여 승자를 가리게 했다. 각 진영에서 선발된 열두 명은 자기 진영을 대표하여 다른 진영을 대표하는 열두 명을 대항하여 싸우고, 다른 군인들은 자기 진영에 머물면서 대표자들을 응원하는 방식이었다. 일찍이 다윗이 엘라 골짜기에서 골리앗을 대항하여 싸웠던 것이 바로 이 방식이었다(삼상 17장). 현대의 스포츠가 이 전통을 계속 이어 가는데 차이점은 감정적인 흥분은 고조되지만 승부를 가리기 위해서 사람을 죽이지는 않는다.

그러나 기브온 못가에서 가진 게임은 한 팀이 다른 팀을 꺾어 승자를 가리려고 했던 기대와는 달리 스물네 명이 모두 죽고 말았다. 상대방을 한 명씩 맡아서 엉킨 열두 쌍이 서로 단단히 붙잡은 채 칼로 상대방을 찔렀기 때문이다. 자기 진영을 대표하여 선발된 탁월한 군인들이 적과 뒤엉켜 몰사한 것을 보고 비웃는 사람은 없었다. 오히려 양쪽 진영의 군사들이 전면전을 벌이므로 더욱 피비린내 나는 전투로 비화되었다. 날이 저물 무렵 요압의 군대가 아브넬의 군대를 누르고 전세를 잡았다.

2:18 그곳에 스루야의 세 아들 요압과 아비새와 아사헬이 있었는데

스루야는 다윗의 여자 형제이다(대상 2:16). 그녀의 아들이자 다윗의 조카이기도 한 요압, 아비새, 아사헬은 다윗의 군대에서 요직을 차지하고 있었다. 그들은 다윗에게 충직한 신하이자 유익한 사람들이었으나 끊임없이 문제를 일으키는 사람들이기도 했다. 생각이 깊고, 기도의 삶을 사는 다윗과는 달리 세 사람은 충동적이고, 폭력적이며, 완고하였다.

2:18b 아사헬의 발은 들노루 같이 빠르더라 19 아사헬이... 아브넬의 뒤를 쫓으니 20 아브넬이 뒤를 돌아보며 가로되 아사헬아 너냐... 22 아브넬이 다시 아사헬에게 이르되 너는 나 쫓기를

그치라 내가 너를 쳐서 땅에 엎드러지게 할 까닭이 무엇이냐... 23 저가 치우치기를 싫어하매 아브넬이 창 뒤 끝으로 그 배를 찌르니 창이 그 등을 꿰뚫고 나간지라 곧 그곳에 엎드러져 죽으매... 24 요압과 아비새가 아브넬의 뒤를 쫓아... 26 아브넬이 요압에게 외쳐 가로되 칼이 영영히 사람을 상하겠느냐... 27 요압이 가로되 하나님이 사시거니와 네가 흔단의 말을 내지 아니 하였더면 무리가 아침에 다 돌아갔을 것이요 그 형제를 쫓지 아니하였으리라 하고 28 나팔을 불매 온 무리가 머물러 서고 다시는 이스라엘을 쫓아가지 아니하고... 29 아브넬과 그 종자들이 밤새도록 행하여 아라바를 지나... 마하나임에 이르니라 30 요압이 아브넬 쫓기를 그치고 돌아와서 무리를 다 모으니 다윗의 신복 중에 십구 인과 아사헬이 궐이 났으나 31 다윗의 신복들이 베냐민과 아브넬에게 속한 자들을 쳐서 삼백육십 명을 죽였더라 32 무리가 아사헬을 베들레헴에 있는 그 아비 묘에 장사하고...

　　본문의 진술은 아사헬과 아브넬 사이의 추격전을 고의적인 상해죄의 범주에서 보도록 주의를 끌고 있다.

　　아브넬을 추격하는 아사헬, 추격 중단을 당부하는 아브넬의 호소가 거부당함, 아브넬이 아사헬을 살해함, 요압과 아비새가 아브넬을 계속 추격함, 추격 중지를 호소하는 아브넬, 요압과 아비새의 수용, 아사헬의 장례, 아브넬과 요압의 야간 행군, 한 무리는 북쪽으로, 다른 무리는 남쪽으로, 사건의 진행이 폭포에서 쏟아지는 물줄기처럼 묘사되어 있고 모든 내용은 날카롭게 양각되어 있다.

　　기브온 못가에서의 대결과 아사헬의 죽음. 이 두 사건에 대한 진술은 관련된 장소들, 사람 이름들, 대화, 행동 등의 상세한 내용을 제시하므로 현장감이 있으며 자세한 내용 하나하나를 주의 깊게 다루고 있다. 바로 앞에서 사건의 새로운 국면 전개를 알릴 때, "유다 사람들이 와서 거기서 다윗에게 기름을 부어 유다 족속의 왕을 삼았더라"(2:4) 하는 단순한 표현과 대조를 이루는 것은 주목할 만하다. 다윗이 어떻게 왕으로 세워지는지 관런된 협상, 협상의 조건들, 전 과정에 주역을 한 인물들 등에 대해서 우리는 알고 싶어 한다.

그러나 본문 기록자의 임무는 우리의 호기심을 채워주는 것이 아니라 우리를 이야기 속에 참여하도록 만드는 것이다. 그의 임무는 우리를 대관식의 장엄함과 상황을 지켜보고 있는 구경꾼으로 만들지 않고 오히려 평범한 내용들을 축적하므로 완성했다.

성경의 이야기는 근본적으로 위안을 목적으로 즐거움을 제공하기 위한 것이 아니라 모든 사람을 하나님 나라의 사역에 참여할 수 있도록 하려는 것이 **목적**이다. 곧 보게 되듯이 아브넬과 요압 그리고 아사헬의 통제하기 어려운 야심과 성급함은 본문을 대하는 우리에게 다윗의 대관식에 얽힌 내면의 사연들 보다는 그 이야기 속에 있는 우리 자신의 위치를 찾을 수 있게 해준다.

다윗의 밀약을 받은 아브넬(3:1-21)

3:1 사울의 집과 다윗의 집 사이에 전쟁이 오래매...

장기화 되고 있는 전쟁(전쟁이 오래매)은 현재 칠년 반을 지나고 있다(2:11). 이 한 구절의 설명이 많은 사연을 함축하고 있으며 그 사연들의 주역은 아브넬과 요압이다.

그런데 본 구절에 이어서 특별한 이름들을 소개하는 보충 설명이 삽입되어 있는데 그 이름들은 뒤에 전개되는 본문의 이야기에서 중요한 위치를 차지하기 때문이다.

3:2 다윗이 헤브론에서 아들들을 낳았으되 맏아들은 암논이라 이스르엘 여인 아히노암의 소생이요 3 둘째는 길르압이라 갈멜 사람 나발의 아내 되었던 아비가일의 소생이요 셋째는 압살롬이라 그술 왕 달매의 딸 마아가의 아들이요 4 넷째는 아도니야라 학깃의 아들이요 다섯째는 스바댜라 아비달의 아들이요 5 여섯째는 이드르암이라 다윗의 아내 에글라의 소생이니 이는 다윗이 헤브론에서 낳은 자들이더라

동족간의 전쟁이 주변 지역을 휩쓸고 있는 외중에 전체 이야기의 문맥에서 의미심장한 사건인 결혼식과 아이들의 출생이 헤브론에서 평온한 가운데 진행되었다.

시글락에서 결혼한 두 아내와 함께 헤브론에 정착한지 얼마 되지 않아서 다윗은 네 명의 아내를 더 맞이했다. 헤브론에 거하는 기간 동안 여섯 명의 아내들은 각각 아들을 낳았다. 여섯 아들 중 암논, 압살롬 그리고 아도니야는 장차 두드러지게 드러나게 되는데 이 세 아들의 외모와 행보를 주시하라.

공교롭게도(아니면, 의도적으로) 나열된 다윗의 아내들의 목록은 보편적이고 낭만적인 결혼생활이 다윗에게는 상관없는 것으로 연상하게 한다. 각 아내들의 출신을 밝히는 방식은 다윗이 각 아내와 결합되어 있는 것은 사랑이 아니라 정치적 계산에 의한 것임을 암시하기 때문이다.

3:6 사울의 집과 다윗의 집 사이에 전쟁이 있는 동안에 아브넬이 사울의 집에서 점점 권세를 잡으니라 7 사울에게 첩이 있었으니 이름은 리스바요 아야의 딸이더라 이스보셋이 아브넬에게 이르되 네가 어찌하여 내 아버지의 첩을 통간하였느냐 8 아브넬이 이스보셋의 말을 매우 분히 여겨 가로되 내가 유다의 개 대강이뇨 내가 오늘날 당신의 아버지 사울의 집과... 은혜를 베풀어서 당신을 다윗의 손에 내어주지 아니하였거늘 당신이 오늘날 이 여인에게 관한 허물을 내게 돌리는도다 9 여호와께서 다윗에게 맹세하신 대로 내가 이루게... 10 그 맹세는 곧 이 나라를 사울

의 집에서 다윗에게 옮겨서 그 위를... 세우리라 하신 것이니라 하매 11 이스보셋이 아브넬을 두려워하여 감히 한 말도 대답지 못하니라

자신의 야심을 위한 이용물로 삼기 위해 아브넬은 사울의 아들 이스보셋을 왕으로 세워 놓고 사울의 첩이었던 리스바와 동침하므로 자신의 권세를 과시했다. 당시의 문화에서는 성적인 정력 과시는, 곧 정치적인 권력을 표징 하는 것이었다. 아브넬이 리스바와 동침한다는 것은, 곧 그가 사울의 왕좌에 앉아 있는 것과 같은 의미이다. 무기력한 이스보셋의 반발은 아브넬의 감정적인 분노가 섞인 반응을 촉발했다. 그래서 아브넬은 자신의 행위를 신학적으로 정당화 하는 것으로 화제를 끌고 갔다(9-19절). 자신의 행위에 집중된 주의를 딴 데로 돌리기 위해서 아브넬이 사용하는 수법, 즉 하나님의 뜻을 들먹이면서 신학적으로 말을 만드는 수법의 사용은 인간의 역사만큼이나 긴 역사를 가지고 있고, 지금도 흔하게 사용되고 있다.

그 후, 아브넬은 사울 왕조를 유지하기 위해서 이스보셋을 이용하려는 자신의 책략을 포기하고 다윗의 진영으로 붙었다. 자기가 이스라엘 전체를 다윗의 통치 아래로 귀속시키므로 북쪽 이스라엘과 남쪽 유다가 다윗 왕 아래서 하나의 왕국이 될 것을 다윗에게 약속했다. 다윗은 그 제안을 받아 들였고, 향연을 베풀어 조약을 공식적으로 비준했다(20-21절).

아브넬과 다윗 사이에 타결된 밀약의 일부로써 다윗은 자신의 첫 아내이자 사울의 딸인 미갈을 자신에게 돌려보낼 것을 요구했다. 미갈은 다윗이 사울을 피해서 도망하여 목숨을 건질 수 있도록 도와주었던 아내였다(삼상 19:11-17).

그러나 다윗은 지금까지 그녀와 떨어져 지내야만 했었다. 이제 그녀가 자신의 아내로 돌아오기를 원하는 것이다. 이 요구는 과연 사랑일까? 아니면 정치일까? 그의 요구에 내포된 최소한의 정치적인 의미는 분명하다.

즉, 사울의 딸이 자기 아내로 다시 돌아오는 것은 사울의 왕조가 자기에게 통합되어진 것임을 북쪽 이스라엘에게 보여 주는 표시가 된다. 그런데 한 가지 문제가 있다. 다윗이 오랜 기간동안 광야에서 도피생활을 하는 동안에 미갈은 다른 남자 발디엘과 결혼해서 살고 있었다. 이스보셋이 보낸 사람들이 강제로 그녀를 남편과 격리시키고 데려갈 때 남편 발디엘이 울며 자기 아내를 따라 오는 모습을 묘사하는 구절은(16절) 성경에서 가장 뼈에 사무치는 표현 중에 하나이다.

본문의 이야기에 나오는 두 여인은 처음에는 사소한 역할을 하는 것처럼 보이지만, 두 사람을 나란히 두고 동시에 보면 보다 더 큰 중요성을 차지하고 있음을 알 수 있다. 리스바와 미갈은 불행한 운명을 공유하고 있는데 두 사람 다 인격적 존재에서 기능적 존재로 격하되어 진다. 본문을 보면 리스바는 아브넬에 의해서 그리고 미갈은 다윗에 의해서 정치적으로 부과된 상징들로써 이용되고 있다. 다시 말해서 리스바는 아브넬의 왕의 성적 정력을 과시하는 상징으로, 미갈은 다윗의 왕적 친밀감을 보여 주는 상징으로 이용 된다. 먼저 비인간화 하고, 그 다음 도구로 이용했다. 그런데 이것은 오늘날에도 여전히 자행되고 있는 것이다.

아브넬을 살해한 요압(3:22-38)

3:22 다윗의 신복들과 요압이 적군을 치고... 돌아오니 아브넬은 이미 보냄을 받아... 다윗과 함께 헤브론에 있지 아니한 때라 24 요압이 왕에게 나아가 가로되 어찌 하심이니이까... 어찌하여 저를 보내어 잘 가게 하셨나이까 25 왕도 아시려니와 넬의 아들 아브넬의 온 것은 왕을 속임이라... 왕의... 모든 하시는 것을 알려 함이니이다 하고

요압은 용장이지만 정밀한 외교술을 참지 못하는 사람이다. 그의 생각에는 모든 것이 흑과 백으로 이루어져 있을 뿐, 거기에 그림자 또는 다른 색깔은 없다. 이러한 요압의 생각에는 아브넬이 단순히 그리고 완전하게 원수로만 인식되었다. 사실 아브넬은 요압의 이중적인 원수이다. 그는 다윗에게 적대적인 사울의 군대를 대표하며, 자기 동생 아사헬을 죽였다. 요압은 자신의 원수를 다루는 길은 단 하나뿐인 것으로 믿었다. 그를 죽이는 것이다.

다윗이 요압을 모르게 아브넬과 평화 협정을 맺은 것처럼 요압은 그대로 다윗에게 돌려주었다. 그는 책략을 세우고 다윗이 모르게 아브넬을 죽이기를 감행한 것이다.

3:26 이에 다윗에게서 나와서 사자들을 보내어 아브넬을 쫓아가게 하였더니... 저를 데리고 돌아왔으나 다윗은 알지 못하였더라 27 ...요압이 더불어 종용히 말하려는 듯이 저(아브넬)를 데리고 성문으로 들어가서 거기서 배를 찔러 죽이니 이는 자기의 동생 아사헬의 피를 인함이더라 28 그 후에 다윗이 듣고 이르되 넬의 아들 아브넬의 피에 대하여 나와 내 나라는 여호와 앞에 영원히 무죄하니 29 그 죄가 요압의 머리와 그 아비의 온 집으로 돌아갈지어다 31 다윗이 요압과 및 자기와 함께 있는 모든 백성에게 이르되 너희는 옷을 찢고 굵은 베를 띠고 아브넬 앞에서 애통하라 하니라 33 ...왕이 아브넬을 위하여 애가를 지어 가로되

아브넬의 죽음이 어찌하여 미련한 자의 죽음 같은고

34 네 손이 결박되지 아니하였고

네 발이 착고에 채이지 아니하였거늘

불의한 자식의 앞에 엎드러짐 같이

네가 엎드러졌도다 하매

온 백성이 다시 그를 슬퍼하여 우니라 35 석양에 뭇 백성이 나아와 다윗에게 음식을 권하니 다윗이 맹세하여 가로되 내가 해 지기 전에 떡이나 다른 것을 맛보면 하나님이 내게 벌 위에 벌

을 내리심이 마땅하니라 하매 36 온 백성이 보고... 기뻐하므로 37 이날에야... 온 이스라엘이 넬의 아들 아브넬을 죽인 것이 왕의 한 바가 아닌 줄을 아니라

계속되는 전쟁의 시기를 보내고 있지만 다윗에 대한 설명은 그 전쟁과 무관하다. 다윗의 인간성을 엿보게 해주는 것은 지금까지 알려진 다윗의 삶의 방식 보다 더 많은 것이 있다. 아브넬이 죽은 것을 알고 다윗은 심히 슬퍼했다. 애도는 가장 진솔하고 가장 인간적인 반응 중에 하나이다.

다윗은 훌륭한 애도의 사람이다. 사울과 요나단의 죽음에 대한 그의 애도(삼하 1장)는 3000년이 지난 지금까지 세상에 존재하고 있는 슬픔에 관한 이야기들 가운데서 가장 극적인 위치를 차지하고 있는 것 중에 하나이다. 아브넬을 두고 슬퍼하는 그의 애도는 생명에 대한 마음 깊숙한 곳의 감정과 꾸밈없는 존중을 그리고 애도의 말을 통해서 죽음을 품위 있게 하려는 관심을 표명하고 있다.

그러나 다윗은 애도에 앞서 저주를 말한다(28-29절). 최근까지 자신의 통치에 반대를 주도해 왔던 아브넬을 애도하고 자신의 조카이자 군대의 총사령관인 요압을 저주하고 있다. 저주하는 것은 애도하는 것처럼 다윗의 인격적 특성과는 거리가 먼 것이지만 평화를 이루기 위한 다윗의 노력에 대한 요압의 잔인한 방해가 그 저주를 야기시켰다.

다윗은 공개적으로 요압과 그의 부하들의 행위를 거부했다. 자기는 그들의 살인 음모에 관련이 없음을 분명히 했다. 한 걸음 더 나아가서 살인에 관련된 사람들에게 시체 안치를 도와주고 장례식 행렬에서 곡하는 자의 차림으로 행진하게 했다.

그들이 사용한 무기와 그들이 저질러 온 폭력에 의해서 신분이 알려져 있는 이 살인 주동자들이 자신들이 자부심을 가지고 저지른 그 일로 인해서 수치와 조롱을 당하고 있는 것이다.

다윗의 대응에 백성이 공감했다. 전쟁 상황에 있는 헤브론은 살인자 요압에 의해서 쉽게 전쟁의 감정으로 흥분되고 잔인한 학살 현장으로 변했다. 그런데 다윗 때문에 헤브론은 추모의 자리로 변모되어진 것이다. 다윗의 통치는 단순히 정치에 매이지 아니하고 백성이 자신들의 존재 가치와 생명의 존엄성과 품위에 대해서 깨닫도록 할 정도로 사람들의 감정과 정서에까지 미치는 것이었다.

3:38 왕이... 이르되 오늘 이스라엘의 방백이요 또는 대인이 죽은 것을 알지 못하느냐 39 내가 기름부음을 받은 왕이 되었으나 오늘날 약하여서 스루야의 아들인 이 사람들을 제어하기가 너무 어려우니 여호와는 악행한 자에게 그 악한 대로 갚으실지로다 하니라

다윗의 두 조카인 요압과 아비새(그리고 사망한 아사헬)는 다윗의 옆구리를 찌르고 있는 가시와 같았고, 이어지는 본문의 이야기에서 계속 그런 역할을 하는 것을 보게 될 것이다. 그들이 알고 있는 것은 폭력과 살인이 전부인 것처럼 여겨질 정도로 처신하므로 다윗은 조카들 때문에 감정이 자극 받아 심하게 마음 상하는 일을 반복해서 겪어야 했다.

스루야의 아들들은 다윗의 편에 있긴 하지만 다윗의 일 처리 방식, 즉 하나님 앞에서 살아가는 다윗의 **삶의 원리**를 따르지 않았다. 그들은 다윗을 알고 그와 함께 살고 있긴 하지만 다윗의 하나님에 대해서는 관심이 없었다. 옳은 사람의 편에 머무는 것만으로는 충분하지 않다. 옳은 방식으로 행하는 것이 필요하다. 다윗의 조카들인 "스루야의 아들들"은 지금까지 흘러 온 역사 속에서, 교회 안에서, 세상에서 하나님과 하나님의 일을 섬긴다고 고백하는 사람들 가운데서 방대한 수의 후예들을 얻었다. 다윗의 후손으로 오신 예수님 역시 당신의 육신의 가족들의 방해 때문에 비슷한 어려움을 직면하셨다(막 3:21, 요 7:1-5).

이스보셋을 암살한 레갑과 바아나(4:1-12)

4:1 사울의 아들 이스보셋이 아브넬의 헤브론에서 죽었다 함을 듣고 손맥이 풀렸고 온 이스라엘이 놀라니라 2 사울의 아들 이스보셋에게 군장 두 사람이 있으니 하나의 이름은 바아나요 하나의 이름은 레갑이라... 4 사울의 아들 요나단에게 절뚝발이 아들 하나가 있으니 이름은 므비보셋이라 전에 사울과 요나단의 죽은 소식이 이스르엘에서 올 때에 그 나이 다섯 살이었는데 그 유모가 안고 도망하더니 급히 도망하므로 아이가 떨어져 절게 되었더라 5 ...레갑과 바아나가... 이스보셋의 집에 이르니 마침 저가 낮잠을 자는지라 7 저희가... 저를 쳐죽이고 목을 베어... 8 헤브론에 이르러 다윗 왕에게 이스보셋의 머리를 드리며 고하되 왕의 생명을 해하려 하던 원수 사울의 아들 이스보셋의 머리가 여기 있나이다 여호와께서 오늘 우리 주 되신 왕의 원수를 사울과 그 자손에게 갚으셨나이다 9 다윗이... 레갑과 그 형제 바아나에게 대답하여 가로되 내 생명을 여러 환난 가운데서 건지신 여호와의 사심을 가리켜 맹세하노니 10 전에 사람이 내게 고하기를 사울이 죽었다 하며 좋은 소식을 전하는 줄로 생각하였어도 내가 저를 잡아 시글락에서 죽여서 그것으로 그 기별의 값음을 삼았거든 11 하물며 악인이 의인을 그 집 침상 위에서 죽인 것이겠느냐... 12 소년들을 명하매 곧 저희를 죽이고 수족을 베어 헤브론 못가에 매어 달고 이스보셋의 머리를 가져다가 헤브론에서 아브넬의 무덤에 장사하였더라

본문의 줄거리를 볼 때, 므비보셋에 대한 묘사는(4절) 삽입구와 같다. 이것은 앞에서 다룬 삽입구(3:2-5)와 같은 역할을 하는데 그 본문은 전체 이야기를 이해하기 위해 더욱 요청될 자료들을 제공하는 맥락에서 다윗의 아내들과 아들들을 나열한다. 다윗의 아들들의 이야기가 조금 후에 다루어 질 때, 므비보셋에 대한 이야기를 접하게 될 것이다.

그러나 특별한 이름들이 우리 앞에 소개되는 것은 이후에 다루게 될 이야기를 그 배경과 함께 이해하는 것을 돕기 위해서이다. 이것은 기록자의

노련한 기술로서 이야기가 계속 전개되는 동안 우리가 이미 들은 이름과 그것에 관련된 정황을 대하게 함으로써 우리의 주의와 이해를 이야기의 초점에 집중하게 하려는 것이다.

러시아의 유명한 단편 소설 대가인 안톤 체홉(Anton Chekhov)의 글에서 "만약 어떤 저자가 그의 이야기 초반부에 장전된 총을 테이블에 놓아 둔다면 그 이야기가 끝나기도 전에 발사되고 말 것"이라고 주장했다. 이 주장과 같이 본문의 삽입구절을 보며 어떻게 그리고 언제 므비보셋(그리고 암논, 압살롬, 아도니야)이 "발사" 될 것인지 기대한다.

본문에 나오는 레갑과 바아나에 관한 설명은 시민전쟁 기간에 포함되는 이야기로써는 마지막이다. 전쟁이 종결되는 시점에서 레갑과 바아나는 아말렉 사람의 오산을 되풀이 했는데, 즉 다윗은 권력에 굶주려 있으므로 자신의 야심을 채우는데 일조를 한 사람에게는(합법적이냐 불법이냐를 가리지 않고) 포상을 할 것으로 생각했다. 앞서서 아말렉 사람이 그러했듯이, 다윗은 권력보다는 의에 더 관심이 있다는 사실을 레갑과 바아나가 미처 알지 못했다.

다윗은 하나님께서 살아계시는 세상에서 살아가고 있다는 것을 그들은 몰랐다. 이러한 사실에 대한 그들의 무지는 자신들의 목숨을 잃게 만들었다. 하나님과 하나님의 일하시는 방법(신학)을 아는 것이야 말로 실제적인 지식, 즉 생명을 구원하게 해주는 지식이다. 만일 레갑과 바아나가 하나님에 관해서 조금이라도 제대로 알고 있었다면, 두 사람은 그들의 목숨을 잃지 않았을 것이다(비유적으로든지 글자 그대로의 의미로든지).

지금까지 본문을 살피는 동안 사람 죽이는 것을 많이 접해 왔다. 거짓 보고를 한 아말렉 사람이 즉결 처형당하고, 기브온 못가에서 벌인 피의 결투로 스물네 명의 군인들이 죽고, 그 결투에 이어서 벌어진 전투에서 삼백 칠십구 명이 죽었다. 그리고 아사헬이 전사하고, 아브넬이 복수를 당해 살해되고, 이스보셋은 암살되고, 이제 이스보셋을 암살한 레갑과 바아나가 참수형으로 처형당했다. 아브넬이 요압에게 던졌던 "칼이 영영히 사람을 상하겠느냐"(2:26) 라는 질문은 전체 다윗의 이야기 중에서 시민전쟁 부분(2-4장)을 위한 비문으로 아주 적합한 것일지도 모른다.

위에 나열된 사망자들 중에 최초(아말렉 사람)와 최후(레갑과 바아나 형제)의 죽음은 다윗의 명령으로 집행된 법적인 사형이다. 그러나 나머지 다른 죽음들에 대해서도 암시적인 정당성이 있다. 죽은 자들은 파렴치하고 탐욕적인 사람들이었는데 "최고가 되고, 최상의 보상을 받는" 기회들이 그들 앞에 놓여 있는 것으로 여기고 각각 그 기회를 자신을 위해 극대화하기 위해서 다투고 싸웠던 것이다.

그들의 운명은 "그 잔해는 자기 머리로 돌아오고 그 포학은 자기 정수리에 내리리로다"(시 7:16) 라는 진술이 진리임을 확인하게 해준다. 요압은 그러한 죽음에서 벗어나긴 했으나 저주 아래 있게 되었다. 즉, 그의 사형 집행은 약 30년 연기된 셈인데(왕상 2:28-34) 사형을 기다리는 사형수를 상상해보라. 그 기간인 30년은 분명히 저주이다.

"악인은 그 손으로 행한 일에 스스로 얽혔도다"(시 9:16) 라고 노래한 다윗의 통찰력은 그가 겪은 칠년 반 동안의 시민전쟁의 경험에서 비롯된 것일까? 아마 그럴지도 모른다. 그 전쟁은 억울한 희생자들을 만들었는데 "이용당한 여인인 리스바와 미갈, 마음 붙일 곳 없이 외롭게 된 발디엘, 도무지 왕이 될 요건이 없는 사람"(맥카터, McCarter)이 타의에 의하여 왕이 되어 꼭두각시로 이용당하다가 암살당해 불행한 이스보셋이 희생자들이다. 본인과 상관없는 일을 당하게 되는 희생자들은 언제나 있게 마련이다.

그런 희생자들은 시민전쟁의 어두운 면을 드러내 준다. 그러나 이야기의 전체적인 면에서 또다른 요소가 조성되고 있다. 회상해 보면 비록 이야기가 진술되어 오는 과정에서 거의 드라마틱하게는 아닐지라도 전체 이야기를 주도하는 중요한 요소로 부상되고 있는데, 그 요소는 바로 다윗이라는 인물이다.

기도하는 다윗, 하나님의 주권 아래에서 자기에게 맡겨진 한 나라의 통치를 기다리고 있는 다윗, 정치적 게임이나 조급증 때문에 결코 서둘지 않는 다윗, 때가 되면 자기를 왕이 되게 하실 하나님의 기름부음의 효력을 굳게 믿고 있는 다윗, 성가시게 하고 분열을 획책하는 동료들을 잘 참는 다윗, 명예와 정의를 지키려는 열정에 있어서는 격렬한 다윗, 다른 사람의 불행을 애도함에 있어서는 연민이 풍부한 다윗.

우리가 이야기를 계속 읽어 갈 때, 이야기의 핵심 요소인 다윗에 대한 두 가지 요소가 두드러지게 드러난다. 첫 번째는 다윗은 자신의 손으로 사울의 왕위를 찬탈하지 않는다. 두 번째는 "피 흘린 죄"라고 일컫는 일을 저지르지 않는다. 공석이 된 사울의 왕위 때문에 흥분한 주위 사람들 가운데서 볼 수 있는 광적인 야망과는 대조적으로 다윗은 장례식을 이어서 치르고, 애도의 시들을 짓고, 결혼하여 자녀를 낳고, 정의를 세우고 집행했다. 권력 찬탈을 위해서 살인과 암살이 자기 주변에서 계속 일어나고 있는 상황과는 달리 다윗은 자신의 경쟁자로 여겨질 수 있는 사람들 중 어느 누구도 죽이지 않았다.

한편, 냉소적인 시각에서 본문의 이야기에 비쳐지는 다윗의 인물됨을 읽는 사람들이 있다. 그들은 본문의 내용은 다윗의 측근 신하들이 다윗의 정치적 행적을 좋게 꾸며서 사울의 왕위 계승에 대한 백성들의 반감을 없애고 동시에 찬성 여론을 형성하기 위한 선전용으로 각색된 것이라고 주장한다. 그리고 그러한 시각에서 보는 사람들은 이스라엘 가운데 다윗의 의도에 대해서 회의적으로 믿게 하기 위해 "너무 선하게" 꾸며진 의도라고 생각하는 사람들의 의혹이 어쩌면 다윗의 성공을 질투하는 사람들의 의혹들을 대응하기 위해서 아주 교묘하고 능숙하게 기록된 것으로 주장할 수도 있다.

그러나 주의 깊게 읽어보면 다윗은 믿을 수 없을 정도로 아주 좋게 묘사된 것이 아님을 알게 될 것이다. 다윗은 그 시대의 환경 속에서 살았던 지극히 시대적인 사람이다. 본문의 구조를 형성하고 있는 저변에 흐르는 이야기의 구성은 다윗의 선함 또는 결백함이 아니라 **하나님의 섭리**이다. 다윗이 권좌로 부상하는 그 배후에는 **하나님의 주권**이 있다. 이 이야기는 무엇보다도 신학적으로 진술된 것이다.

그러나 이 신학은 삶으로부터 추론해 낸 것이 아니라(서적들이나 연구 이론들에서 우리가 흔히 보듯이) 삶 가운데서 구체화된 신학이다.

우리 시대에 있어서 다윗 이야기(사무엘서)의 가장 존경 받는 주석가로 불리는 허츠버그(Hertzberg)는 다음과 같이 평했다. "다윗이 왕으로 부상함은 운이 좋은 기회 탓이거나 지혜로운 정책으로 된 것이 아니라 세상 권세보다 더 높은 분의 손에 의해서 부여된 기적적인 사건으로써 묘사되고 있다. 바로 이 관점에서 다윗의 이야기는 전체 성경의 보다 큰 문맥 안으로 들여져서 하나님의 인도하심의 역사 가운데 일부를 차지하는 삽화적인 사건이 된다."(구속사적 관점에서 사무엘서의 신학적 의미를 평가)

3

이스라엘과 유다를 통합한 다윗

이스라엘의 장로들이 다윗을 왕으로 기름 붓다(5:1-5)

5:1 이스라엘 모든 지파가 헤브론에 이르러 다윗에게 나아와 말하여 가로되 보소서 우리는 왕의 골육이니이다 2 전일 곧 사울이 우리의 왕이 되었을 때에도 이스라엘을 거느려 출입하게 한 자는 왕이시었고 여호와께서도 왕에게 말씀하시기를 네가 내 백성 이스라엘의 목자가 되며 이스라엘의 주권자가 되리라 하셨나이다 하니라 3 이에 이스라엘 모든 장로가 헤브론에 이르러 왕에게 나아오매 다윗 왕이 헤브론에서 여호와 앞에서 저희와 언약을 세우매 저희가 다윗에게 기

름을 부어 이스라엘 왕을 삼으니라 4 다윗이 삼십 세에 위에 나아가서 사십 년을 다스렸으되 5 헤브론에서 칠년 육 개월 동안 유다를 다스렸고 예루살렘에서 삼십삼 년 동안 온 이스라엘과 유다를 다스렸더라

다윗이 세 번째 기름부음을 받았다. 첫 번째는 어릴 때 사무엘에게서 받았고(삼상 16장), 두 번째는 그가 속해 있는 지파인 유다 지파의 장로들에 의해서 받았는데 그의 나이 삼십 세였다(삼하 2:1-4). 세 번째로 이스라엘의 장로들에 의해서 기름부음을 받았다. 이제 다윗은 이스라엘과 유다가 통합된 통일 왕국의 왕이 되었다. 다시 말해서 열두 지파 전체가 그의 통치 아래 있게 된 것이다. 이때 그의 나이 삼십칠 세였다.

장로들이 다윗의 진실을 파악해서 결정을 내리기까지 칠년 반이 소요되었다. 그러나 이제 그들은 다윗이 변함없이 그들과 함께 해왔음을 깨달았다. 그들은 다윗과 본질적인 동족 관계임을 인정하므로 북쪽과 남쪽 사이의 해묵은 라이벌 의식을 초월하고, 더구나 사울의 오랜 적개심에 영향을 받지 않았다. 그들은 "보소서 우리는 왕의 골육이니이다"(1절) 라고 고백하므로 그들이 다윗에 대해서 확신하고 있는 관계를 인정했다. 또한 장로들은 "이스라엘을 거느려 출입하게 한 자는 왕이시었습니다"(2절) 라고 고백하므로 다윗이 그들의 역사에서 보여준 결정적인 역할을 기억하고 있음을 분명히 했다. 그들은 다윗을 이스라엘의 왕으로 삼을 준비가 되었다.

다윗을 왕으로 세우려는 시도는 이스라엘의 장로들로부터 비롯되었음을 본문은 분명히 밝히고 있다. 비록 어릴 때 사무엘에 의해서 이미 왕의 직분을 위해 기름부음을 받았으나 다윗은 자신의 권리를 주장하거나, 북쪽의 지파들에게 자신의 왕권을 강요하기 위해서 헤브론에 주둔하는 뛰어난 군사력을 사용하지 않았다. 다윗은 **기다리는** 법을 알았다. 그의 기다림은 꾸물거림이 아니며, 나태함도 아니다. 그것은 균형 잡힌 복종, 즉 다른 사람들을 통해서 일을 주도하시는 하나님에게 적절한 공간과 시간을 내어 드리기 위해서 멈추고 기다리는 것이다. 다윗은 긴 시간을 기다려 왔다. 기다림의 세월동안 그가 한가하고 여유 있었던 것은 아니다. 그러나 그는 참지 못하고 자기 자신의 자격들을 내세우지도 않았고, 하나님께서 부여하신 권리들을 주장하지도 않았다. 다윗은 힘과 과묵함, 자신감과 겸손 등이 보기 드물게 잘 조화된 사람이었다. 그는 사욕이 없는 지도자였다.

다윗을 왕으로 세우기 위해서 장로들이 먼저 다윗에게 접근했다는 이해는 본문의 다음과 같은 내용이 지지 하고 있다. "…여호와께서도 왕에게 말씀하시기를 네가 내 백성 이스라엘의 목자가 되며 이스라엘의 주권자가 되리라 하셨나이다"(2절). 그들은 널리 기억되고 있는 하나님의 명령을 인용하고 있는 것으로 보인다. 하나님의 명령에서 지목된 당사자로써 다윗이 왕의 여정을 실제로 시작한 것은 어린 시절 목동이었을 때부터였다(삼상 16:11). 그런데 이제 왕으로써 그의 어린 시절의 직업적 신분(목자)을 계속 유지하게 되었다.

가장 유명한 다윗의 시(시편 23)는 하나님을 목자에 비유하고 있다. 선지서에서는 하나님과 때로는 하나님의 지도자들을 대상으로 목자 비유를 폭 넓게 사용되고 있다(사 40:11, 렘 23:3-4, 겔 34, 37:24). 예수님께서도 자신의 신분을 설명하실 때, 선한 목자라고 하셨다(요 10:11, The Good Shepherd 다른 일반 목자들과 구별되는 목자 - 역자 주). 목자는 관심어린 보호와 돌봄으로 양들을 인솔한다.

다윗을 왕으로 인정하며 그에게 기름을 부으면서 "목자" 라고 부름으로써 이스라엘의 장로들은 "왕" 이라는 말의 의미를 정밀하게 회복시켰다. 사울은 자신의 통치 기간 동안 그 용어의 의미를 상당히 왜곡시켰다. 그는 축복 대신에 위협을 일삼는 절대 주권자로써 자신을 하나님의 위치에 두기 위한 하나의 자격증으로써 왕의 지위를 이용했다.

그러나 이스라엘 안에서의 왕권은 하나님의 왕권을 강탈하는 것으로 결코 해석되어지지 않았다. 지금 다윗을 "목자"라고 부르는(의도적이든지 아니면 본능적이든지) 장로들은 "왕", "목자"와 같은 용어들의 중요성을 아는 사람들이다. "목자"의 의미가 지배적인 개념으로 오도된 "왕"의 의미를 대치하므로 왕은 보호와 돌봄의 모습과 관련된 통치를 제공하는 일종의 목자로써 이해되어지게 했다. 우리가 선택한 용어들과 우리가 그런 용어들을 사용하는 방식은 우리의 사고방식과 생활 내용에 영향을 미치게 되어 있다. 예수님은 왕이시다. 그러나 목자가 양을 돌보듯이 자기 백성을 다스리시는 왕이시다.

다윗의 성이 된 예루살렘(5:6-10)

5:6 왕과 그 종자들이 예루살렘으로 가서 그 땅 거민 여부스 사람을 치려하매 그 사람들이 다윗에게 말하여 가로되 네가 이리로 들어오지 못하리라 소경과 절뚝발이라도 너를 물리치리라 하니 저희 생각에는 다윗이 이리로 들어오지 못하리라 함이나 7 다윗이 시온 산성을 빼앗았으니 이는 다윗성이더라 8 그날에 다윗이 이르기를 누구든지 여부스 사람을 치거든 수구로 올라가서 다윗의 마음에 미워하는 절뚝발이와 소경을 치라 하였으므로 속담이 되어 이르기를 소경과 절뚝발이는 집에 들어오지 못하리라 하더라 9 다윗이 그 산성에 거하여 다윗성이라 이름하고 밀로에서부터 안으로 성을 둘러 쌓으니라 10 만군의 하나님 여호와께서 함께 계시니 다윗이 점점 강성하여 가니라

예루살렘은 성경에 진술된 역사 안에서 중심 역할을 하는 성인데 이제 다윗의 이야기에 본격적으로 개입이 되면서 그 성의 역사적인 역할이 시

작되고 있다. 왕국의 도읍지를 결정하는 전략은 명백하다.

다윗이 통합된 이스라엘과 유다를 통치하려면 양쪽 모두 접근하기 용이한 중앙 지역을 확보하는 것이 중요했다. 이스라엘과 유다의 경계에 위치해 있으면서 그 당시 어느 쪽에도 속해 있지 않는 예루살렘이 목적에 가장 적합했다.

본문은 다윗이 예루살렘을 정복한 방법에 대해서는 말하지 않는다. 예루살렘은 여부스 족속의 성이었는데 새 도읍지로 사용되어지기 전에 이미 정복되었음이 틀림없다. 군사작전에 관한 신비한 설명과 그 설명에 사용된 원색적인 용어들은 공교롭게도 수수께끼 같은 구절들을 푸는 것을 좋아하는 학자들에게는 기쁨이 되고, 성경을 평이하고 단순하게 이해하는 것을 좋아하는 사람들에게는 절망케 하는 것이 되고 있다. "수구로 올라가서 치라"는 암호 같은 지시는 수수께끼이다. 핵심 단어들의 의미는 분명하지 않다.

성 밖에 있는 기혼(Gihon) 샘에서 성 안으로 물을 끌어 들이기 위해 축조된 수로가 예루살렘 성에 있었다. 정복자들이 성 안으로 잠입할 때, 이 수로를 이용한 것일까?

성경학자들은 문제의 단어를 고고학 자료들과 비교해서 해석을 만들고 본문에 소개된 군사작전의 정황을 나름대로 제시하지만 다른 이론들을 무시해도 좋을 만큼 만족한 설명은 없다.

원색적인 표현인 "소경과 절뚝발이"는 본문에서 경멸적인 의미로 세 번이나 사용되고 있다(6, 8절). 성경의 가르침을 따라서 장애자들과 불우한 사람들을 관심을 가지고 대하도록 훈련된 사람들에게 이런 표현은 공격이나 다름없다. 한편, 그 표현을 부드럽게 만들어서 다윗이 장애자들에게 편견을 가지고 있는 사람이라는 오명을 벗기기 위해 의도된 정교한 해석들이 있다.

그러나 보다 바람직한 해석은 다윗을 그가 살던 당시의 원색적인 철기 시대 문화의 지배적인 선입관과 둔감함에 영향 받을 수밖에 없는 시대적인 존재로써 단순하게 받아들이는 것이다. 그리고 그가 서투르게 처리한 것을 "다윗의 자손"이 어떻게 제대로 다루는 가를 주목해 보는 것이다. 왜냐하면 마태는 다윗의 이야기가 비유하는 예수님의 이야기를 진술하는데 다윗의 이야기에서 아주 공격적으로 다루어진 것을 예수님은 정반대로 처리하시는 것을 볼 수 있다.

다윗과 예수님의 공통점 중에 두 사람은 하나님의 통치를 세우기 위해서 예루살렘에 들어갔다. 그리고 두 사람은 그 성의 신성함을 더럽히는 자들의 자리를 깨끗하게 했다. 그러나 그 성 안의 "소경과 절뚝발이"의 운명은 완전히 바뀌었다. 즉, "다윗의 마음에 미워하는" 자들은 예수님이 치료해 주신 바로 그 사람들이었다.

비유의 관점에서 볼 때, 사무엘서와 마태복음의 이야기들은 대조를 이용해서 이루어진 하나의 연구로 볼 수 있다. 히브리 이야기들을 잘 알고 있는 마태는 자신이 기록하는 내용의 깊이를 위해서 그런 이야기들을 배경으로(대조를 위해서 또는 비교를 위해서) 사용하는 법을 알고 있었다. 다윗이 이스라엘의 새로운 왕으로써 온 나라의 통치를 시행할 새 도읍지를 세우기 위해서 예루살렘 성에 들어갈 때, 하나님을 믿지 않는 여부스 족속의 거주지였던 그 성의 부정함을 없애고 성결케 하는 노력을 기울였는데 그 상황에서 소경과 다리를 저는 자들은 "다윗의 마음에 미워하는" 사람들로서 지칭되었다.

그 후 약 1000년이 지난 뒤, 왕이시며 다윗의 자손으로 인정받는 예수님께서 예루살렘 성에 들어가실 때, 이기적인 목적을 위한 활동들과 일들로 성전의 신성을 더럽히고 있는 사람들의 자리를 청결케 하셨다. 바로 그 청결케 하심 후에 예수님께서 행하신 첫 번째 일이 "소경과 저는 자들"을

고치시는 것이었다. "소경과 저는 자들이 성전에서 예수께 나아오매 고쳐 주시니"(마 21:14)

장애자들에 대한 태도가 불손함에서 존중함으로 바뀌기까지는 선지자들로부터 비롯된(특히, 이사야가 돋보임 사 29:18, 35:3-6, 42:7, 56:8, 61:1) 상당한 도움과 함께 1000년의 시간이 소요되었다. 태도와 민감도에 있어서 이런 변화는 결코 완성된 것이 아니다. 그러나 그 변화에 필요한 권위(The Authority 다윗의 자손)는 견고하게 구축되었다.

아직 주의를 요하는 문제가 남아 있는데 얼마 지나지 않아서 다윗의 이야기에 관련된 실제적인 인물인 "저는 자" 므비보셋을 다루게 될 것이다(삼하 9장). 다윗은 그를 예루살렘으로 데려오게 하여 자기 집으로 환대해 들이고 최대한의 관심을 가지고 그를 대우하는 것을 보게 될 것이다. 다윗의 행동은 자신의 말보다 훨씬 낫다.

시온(7절)은 아마 예루살렘 내에 있는 한 요새였을 것이다. 이 이름이 성경에 언급되는 것은 여기가 최초이며, 이후부터 시온은 예루살렘의 동의어가 된다. 그러나 시온이라는 단어의 근본적인 의미는 분명하지 않다. 시간이 지나면서 그 이름과 함께 광범위한 신학적 의미가 발전됨을 구약 성서에서 볼 수 있다.

밀로(9절)는 성의 동쪽에 있는 주요 건축물인데 성벽, 망대, 아니면 성루 중 어떤 종류의 건물인지는 확실하지 않다.

집과 가족(5:11-16)

5:11 두로 왕 히람이 다윗에게 사자들과 백향목과 목수와 석수를 보내매 저희가 다윗을 위하

여 집을 지으니 12 다윗이 여호와께서 자기를 세우사 이스라엘 왕을 삼으신 것과 그 백성 이스라엘을 위하여 그 나라를 높이신 것을 아니라

두로 왕 히람은 이스라엘 북쪽에 위치한 나라 중 인접해 있는 다윗과 친근한 이웃 왕이다. 히람은 다윗이 다른 왕들과 같은 반열에 들어오게 됨을 환영하는 의미로 그에게 궁전을 지어주었다. 다윗은 히람 왕의 환영을 자신의 왕으로서의 새로운 지도력과 통치권에 대한 하나님의 확증의 증표로 이해했다.

5:13 다윗이 헤브론에서 올라온 후에 예루살렘에서 처첩들을 더 취하였으므로 아들과 딸들이 또 다윗에게서 나니 14 예루살렘에서 그에게서 난 자의 이름은

본문의 가족 구조에 관한 설명은 사무엘하 3:2-5에 소개된 족보를 보완함으로써 다윗 통치의 합법성과 견실함을 더욱 확증하게 하려는 것이다. 헤브론에서 태어난 여섯 아들에 더하여 열한 명의 아들이 예루살렘에서 출생했다.

모두 열일곱 명의 왕자들은 아주 강한 인상을 주는 후손들이다(역대상 3:1-9에는 다윗의 아들들에 관해서 본문의 내용과 조금 다르게 기록되어 있다). 본문에 거론되는 이름들 중에 이후에 다시 등장하는 유일한 이름은 솔로몬이다.

본문에서 다룬 사건들, 즉 예루살렘 정복, 두로 왕 히람의 환영 그리고 번성하는 가족, 이 세 가지는 새 왕조를 효과적으로 강화해 준다. 이 세 가지의 설명들을 통해서 다윗이 예루살렘 성을 도읍지로 정하는 것의 정당함과 그의 왕권과 통치는 견고한 기초 위에 서 있음을 쉽게 납득할 수 있기 때문이다.

블레셋(5:17-25)

5:17 이스라엘이 다윗에게 기름을 부어 이스라엘 왕을 삼았다 함을 블레셋 사람이 듣고 다윗을 찾으러 다 올라오매… 18 르바임 골짜기에 편만한지라 19 다윗이 여호와께 물어 가로되 내가 블레셋 사람에게로 올라가리이까… 여호와께서 다윗에게 말씀하시되 올라가라 내가 단정코 블레셋 사람을 네 손에 붙이리라 하신지라 20 다윗이 바알브라심에 이르러 거기서 저희를 치고… 21 거기서 블레셋 사람들이 그 우상을 버렸으므로 다윗과 그 종자들이 치우니라 22 블레셋 사람이 다시 올라와서 르바임 골짜기에 편만한지라 23 다윗이 여호와께 묻자온대 가라사대 올라가지 말고 저희 뒤로 돌아서 뽕나무 수풀 맞은편에서 저희를 엄습하되 24 뽕나무 꼭대기에서 걸음 걷는 소리가 들리거든 곧 동작하라 그때에 여호와가 네 앞서 나아가서 블레셋 군대를 치리라 하신지라 25 이에 다윗이 여호와의 명대로 행하여 블레셋 사람을 쳐서 게바에서 게셀까지 이르니라

그동안 견고하게 구축되고 자주 확인된 다윗의 왕권이 이제 이스라엘의 오랜 원수인 블레셋에 의해서 도전을 받게 된다. 사울의 왕조를 붕괴시킨 블레셋 사람들이 이제 다윗을 몰락시키려고 하는 것이다.

사울의 신하로 있을 당시 다윗은 블레셋과의 전쟁 덕분에 사람들 가운데 좋은 평판을 구축했었다. 이제 다윗은 왕으로써 그가 오래 전에 했던 그 일로 돌아간다. 그는 일의 감각을 여전히 유지하고 있었고, 블레셋을 물리치는데 있어서는 변함없이 능숙했다.

두 번의 전쟁이 연속적으로 이어지는데 첫 번째는 르바임 골짜기에서, 그 다음은 예루살렘 남쪽에서 있었다. 두 번 다 전쟁 전에 기도가 선행되었다. 다윗은 명령을 수행하는 왕이었다. 사울과 달리 그는 왕 중의 왕을 섬기는 한 왕이었다.

비록 각 전쟁의 전략은 달랐으나 두 전쟁에서 모두 승리했다. 사무엘하 8:1에서 잠깐 언급되는 것을 제외한다면, 블레셋과 얽힌 사건들을 다루는 본문은 여기가 마지막이다. 앞으로 다윗은 다른 적들을 상대하여 전쟁을 하게 된다. 그러나 오랫동안 상황을 압도했던 블레셋의 위협은 이것으로 끝난다.

역사가 흘러오는 동안 어느 시점에서부터 "블레셋"은 상징적 용어로 사용되고 있다. "블레셋"은 하나님에 대해 오만불손한 사람, 힘을 정의로 믿는 사고방식, 조잡하고 둔감한 정신상태 등을 지칭하기 위해서 지금도 보편적으로 사용되고 있다.

그러나 블레셋 사람들의 힘은 영속하지 못했다. 그들은 갑각류 동물에 비교될 수 있다. 갑각류는 그들의 모든 힘과 무기를 외부로 드러내어서 모습을 흉측하고 사납게 보이도록 만들긴 하지만, 단단한 뼈들을 드러나지 않게 지니고 있으면서도 부드러운 모습을 지닌 척추동물들에게 적수가 될 수 없다. 하나님께 대한 관심과 기도로 형성된 골격을 지닌 다윗이 갑각류와 같은 블레셋을 무찌르고 승리자가 되는 것은 당연한 일이지 전혀 놀라운 일이 아니다.

언약궤(6:1-23)

이스라엘과 함께 하시는 하나님의 임재를 상징하는 증표인 언약궤는 기럇 여아림 근처의 언덕에 있는 아비나답의 집에 오랫동안 안치되어 있었다. 블레셋 사람들이 언약궤를 탈취해 간 때부터 언약궤를 아비나답의 집에 안치하기로 결정하게 되는 전 과정이 사무엘상 4:1-7:2에 상세하게 기록되어 있다. 그 모든 일은 사울 왕과 다윗 왕의 이야기에 앞서 일어났다. 그런데 그 언약궤가 다시 이야기 속으로 등장하고 있다.

6:1 다윗이 이스라엘에서 뺀 무리 삼만을 다시 모으고 2 …하나님의 궤를 메어 오려하니… 3 저희가 하나님의 궤를 새 수레에 싣고 산에 있는 아비나답의 집에서 나오는데 아비나답의 아들 웃사와 아효가 그 새 수레를 모니라 4 저희가 산에 있는 아비나답의 집에서 하나님의 궤를 싣고 나올 때에 아효는 궤 앞에서 행하고 5 다윗과 이스라엘 온 족속이 잣나무로 만든 여러 가지 악기와 수금과 비파와 소고와 양금과 제금으로 여호와 앞에서 주악하더라

다윗은 왕으로서 예루살렘에 견고하게 정착했다. 한편, 하나님께서는 언약궤의 "그룹들 사이에 좌정"하고 계셨다(2절). 언약궤는 하나님의 주권과 구원하시는 임재를 상징하는 이스라엘의 핵심적인 상징이었다. 여호수아의 지휘 아래 가나안을 정복한 때로부터 언약궤는 실로의 성소에 안치되고 그 장소는 이스라엘 예배(제사)의 중심이 되었다. 이 궤가 있는 곳이 예배의 중심이 되는 것이 오랜 세월동안 지속되어 왔으나, 지난 이십여 년 동안 언약궤는 잘 알려지지 않은 한 마을에 감추어져 있다시피 안치되어 있었던 것이다.

이제 다윗이 이 궤를 찾아와서 특별하고도 잘 알려진 장소에 둘 것을 결심한다. 이것은 이스라엘을 위한 상당한 결과를 기대하며 내린 하나의 전략적인 결정이다.

하나님의 언약궤를 예루살렘으로 가지고 와서 안치하는 다윗의 행동은 자신의 왕 됨이 무엇을 의미하든지 상관없이 예루살렘에 위치한 신생 왕국의 정치적 그리고 군사적인 차원을 포함하여 그는 왕이신 하나님께 복종할 것임을 공포하는 것이다. 다시 말해서 하나님만이 진정한 왕이시며, 하나님만이 만왕의 왕이심을 선언하며 고백하는 것이다. 하나님께서 권세

를 가지시고 다스리시므로 하나님의 통치를 판단할 수 있는 권세를 가진 더 높은 왕은 없다. 하나님께서는 우주적인 통치자이시므로 그분의 통치를 피해서 도망할 수 있는 중립적인 장소나 인간세계에 속하지 않은 장소는 없다.

하나님의 주권은 이스라엘의 신앙을 지배하는 요소이다. 다윗은 지금 하나님의 주권이 이스라엘의 생각과 정치를 지배할 것을 미리 내다 보고 있다. 언약궤를 새로운 중심지인 실로가 아니라 예루살렘에 안치함으로써 다윗은 하나님의 주권과 이스라엘의 신앙에 대한 자신의 신뢰를 보여준 것이다.

언약궤를 가져오는 행위는 많은 사람들이 마음에 품고 있을 다음과 같은 질문에 대한 대답이다. "고대근동 지역에서는 왕을 신적인 존재로 간주하므로 왕이 절대 재량권을 행사하는 것이 보편적이었는데 다윗 역시 자신의 왕권에 그런 재량권이 있음을 주장할 것인가? 아니면 조상들과 모세에게 주신 하나님의 계시에 그의 왕권을 복종시킬 것인가?" 언약궤를 가져오는 것은 이 질문에 대한 다윗의 대답이다. 이스라엘의 국운과 백성들의 삶을 통치하는 중심은 계시, **구원** 그리고 **섭리**를 통해서 자신을 알게 해주신 하나님이시다.

언약궤는 하나님(신학적으로)과 정부(정치적으로)에 동시적으로 관련된 이스라엘의 사고방식과 생활방식을 직접적으로 형성할 수 있는 장소에 안치되었다.

성경적인 계시를 특정한 문화에 동화시키려는, 즉 당면한 사회적, 정치적 문제들에 관한 가설이나 필요들과 관련하여서 일관되게 하나님을 재해석하도록 부추기는 교활하고도 완고한 압력이 행해지고 있다. 다윗 시대에는 그런 압력이 주변 나라들의 신적 존재로 자부하는 왕들에 관한 수많은 신화들과 같은 맥락에서 하나님의 통치를 이해하고 받아들이도록 하는 것으로 행해졌을 것이다. 현재 우리가 살아가는 이 시대에는 그런 압력이 여론조사 기관이 제공해 주는 유권자들의 선호도와 관련해서 하나님의 통치를 이해하는 현상을 만들어 내고 있다. 성경에 기록된 이야기들과 그것을 진술하는 방식은 성경을 읽는 사람들이 그런 압력에서 벗어나 성경을 이해해야 함을 지속적으로 상기시켜 준다. 온 세상이 하나님의 통치 아래로 들어와야만 하는 것이지, 세상의 정치에 일조를 하는 위치로 하나님을 두려 해서는 안 된다.

예배는 하나님의 주권의 실재에 대한 충분하고도 적절한 반응인 동시에 하나님의 주권을 무시하는 여러 가지 유형의 오도하는 주권들의 실상을 은연중에 드러낸다. 다른 어떤 것도 예배를 대신할 수 없다.

새로운 경배의 중심지(성소)로 정하기 위해 경배 의식 속에서 언약궤를 예루살렘으로 들이고 있다(5절). 수단(예배하는 행위)과 목적(예배함)은 완벽하게 일치했다. 성경적인 예배는 바로 이런 일치와 조화를 요구한다. 사람들을 하나님께 예배하도록 하려고 분위기를 조장하는 인위적인 수단을 사용하는 것은 잘못된 것이다.

인간적인 대의명분을 정당화하기 위한 하나의 "보호막" 으로써 하나님께 대한 예배를 이용히는 것은 치명직인 과오이나. 예배 공동체가 본분에서 보는 그런 일치와 조화를 이루는 예배를 드리게 되는 것이 예배 공동체에게는 항상 어려우며, 그런 예배드리는 것을 실패하는 것이 성공하는 것보다 현저하게 많은 것이 사실이다. 그럼에도 불구하고 본문에 이어지는 이야기는 예배의 요소들(수단과 목적)을 말하고 있다.

6:6 저희가 나곤의 타작마당에 이르러서는 소들이 뛰므로 웃사가 손을 들어 하나님의 궤를 붙들었더니 7 여호와 하나님이 웃사의 잘못함을 인하여 진노하사 저를 그곳에서 치시니 저가 거기 하나님의 궤 곁에서 죽으니라 8 여호와께서 웃사를 충돌하시므로 다윗이 분하여 그곳을 베레스

웃사라 칭하니 그 이름이 오늘까지 이르니라 9 다윗이 그날에 여호와를 두려워하여 10 여호와의 궤를 옮겨 다윗 성 자기에게로 메어 가기를 즐겨하지 아니하고 치우쳐 가드 사람 오벧에돔의 집으로 메어 간지라 11 여호와의 궤가 가드 사람 오벧에돔의 집에 석달을 있었는데 여호와께서 오벧에돔과 그 온 집에 복을 주시니라

그런데 본문 전체의 분위기를 압도하고 있는 그 장엄한 예배 환경 속에서 예배하지 아니하는 한 사람이 있었으니 그의 이름은 웃사이다.

우선 보기에 웃사의 죽음은 억울하게 여겨진다. 그러나 자세히 살펴보면 납득할 만한 이유가 있음을 알게 될 것이다. 이해의 실마리는 "저희가 하나님의 궤를 새 수레에 싣고"(3절) 라는 설명에 있다. 그 설명은 언약궤의 기원과 의미를 알고 있는 사람의 주의력을 간과하고 있다. 모세는 궤를 운반하는 방법에 관한 구체적인 지침을 일러주었다. 그것은 운반 중에 언약궤에 사람의 손을 대서는 안 된다. 단지 정해진 막대기를 궤에 붙어 있는 네 개의 고리에 끼워서 레위인들이 막대기를 어깨에 메고 정중하게 옮기도록 되어 있다(출 25:13-14, 대상 15:14-15).

다윗 시대에 언약궤를 돌보고 섬기는 책임을 맡은 제사장인 웃사와 아효가 모세의 율법을 무시했다. 막대기로 궤를 운반하는 대신에 발달된 블레셋 기술의 산물인 소가 끄는 수레를 사용했다(삼상 6장 참고). 소달구지는 더 효율적인 것이 분명하지만 그러나 결정적인 문제는 그것은 비인격적인 것이다. 성별된 사람들을 노동력이 절감되는 기계로 대치했다. 비인격적인 것이 인격적인 것을 제거해 버렸다. 웃사는 성령님의 본질과 상관없이 무비판적으로 기술문명을 수용하는 사람들의 수호성인과 같다.

오랜 세월을 걸쳐서 기독교적 입장에서 웃사의 죽음을 숙고할 때, 거듭해서 떠오르는 한 통찰력이 있는데 하나님의 명령을 수행하는 것은 운명을 가름하는 것이라는 것이다. 수레를 끄는 소들이 뛰자 언약궤가 수레에

서 떨어지지 않도록 웃사가 반사적으로 손을 내밀어 궤를 잡았다. 그것은 돌발적인 행동이 아니라 웃사가 언약궤를 다루는 그의 습관이었다. 그리고 그것을 보아 짐작컨대 언약궤의 하나님을 대하는 습관이기도 하다.

자신의 강박관념에 매여서 하나님을 다루려는 이런 식의 태도에 대한 궁극적인 결과는 **죽음**이다. 그 결과가 서서히 나타나든지 아니면 즉석에서 나타나든지의 차이가 있을 뿐이다. 그 궤가 세공된 목조 제품이든, 돌로 다듬은 것이든, 뛰어난 생각이나 순수한 감정으로 제조된 것이든, 그런 것과 상관없이 하나님은 어떤 궤 속에 밀쳐 넣어져서 그 속에 보관되어 있을 분이 아니다. 우리가 하나님을 보호하는 것이 아니라 하나님께서 우리를 돌보아 주시는 것이다.

웃사는 하나님을 예배하는 것에 전념하는 것이 아니라 하나님을 그 궤 안에 있도록 하고 세상의 먼지와 진흙탕으로부터 하나님을 안전하게 지켜 줘야 한다는 책임감을 상상하면서 부질없는 참견을 하고 있는 사람이다. 세상의 수많은 사람들이 종교적인 분위기와 환경 속에서 죄인들의 야비함과 일반 사람들의 무지함으로부터 하나님을 보호해야 할 임무가 자신들에게 있다는 것을 자랑하고 있다.

바로 그 상황에서 다윗은 눈앞에서 벌어진 그 모든 일을 소화하고 감당할 수 있는 처지가 아니었다. 생명이 다하여 죽는 죽음이 아니라 하나님의 진노의 형벌로 죽는 그 갑작스러운 죽음을 목도하는 것은 충격이었다. 계속 진행하는 것이 두려웠으므로 다윗은 행진을 중지하게 하고 언약궤를 다시 보관할 만한 장소에 안치하도록 했는데 이번에는 가드 사람 오벧에돔의 집이었다. "가드 사람"(the Gittite)이라는 말은 아마 "가드(Gath) 출신의 사람", 즉 블레셋 사람이라는 의미일 것이다.

이 사람은 다윗의 이야기에 등장하는 블레셋 사람 중에 그 이름과 함께 알려진 사람으로써는 세 번째 인물이다. 첫째는 다윗이 죽인 골리앗, 둘째는 다윗에게 보호를 제공했던 아시스, 그리고 이제 다윗이 아주 위험한 임무를 맡기고 있는 오벧에돔이다. "블레셋"이라는 말과 함께 연상되는 고질적인 것이 대단히 많은 것이 사실이다. 그러나 블레셋 사람들도 하나님께 사용되어 질 수 있다.

르바임 골짜기에서 블레셋을 대항하여 이스라엘이 싸우는 전투를 다루는 이 본문에서(5:17-25) 다윗은 그 장소를 바알브라심(Baal-perazim)이라고 불렀다(5:20). 그러나 제사장 웃사의 죽음을 목격하면서 다윗은 베레스웃사(Perez-uzzah)라고 불렀다(6:8). 두 장소의 이름에서 어근으로 사용된 "바라스"(paraz)는 두 개의 별개의 사건을 함께 연결시켜 주고 있다. "바라스"는 "분출하다", "솟아 나오다", "돌발하다"라는 의미를 가진 히브리어 동사이다. 두 사건에서 그 동사는 문제의 현장에서 거룩한 힘을 분출하시는 하나님의 행동을 지칭하고 있다.

그러나 두 이름 사이에는 어떤 대조가 있다. 첫 번째 이름은 위험한 악(블레셋)으로부터 하나님께서 구원해 주셨음을 기뻐하는 다윗의 감탄이다. 두 번째 이름은 충분하다고 여겼던 신앙(제사장 웃사)을 하나님께서 심판하시는 것에 대해서 다윗이 화를 분출하는 것이다. 하나님께서는 당신의 방식대로 나타내신다. 하나님의 행동은 우리의 기대나 욕망에 항상 어울리는 것이 아니다. 하나님께서는 다윗의 편에 계셨다. 그러나 그의 호주머니 안에 계신 것은 아니었다.

6:12 혹이 다윗 왕에게 고하여 가로되 여호와께서 하나님의 궤를 인하여 오벧에돔의 집과 그 모든 소유에 복을 주셨다 한지라 다윗이 가서 하나님의 궤를 기쁨으로 **메고** 오벧에돔의 집에서 다윗 성으로 올라갈 새 **15** …즐거이 부르며 나팔을 불고 여호와의 궤를 메어 오니라 **16** 여호와의 궤가 다윗 성으로 들어올 때에 사울의 딸 미갈이 창으로 내다보다가 다윗 왕이 여호와 앞에서 뛰놀며 춤추는 것을 보고 심중에 저를 업신여기니라

"여호와 앞에서 힘을 다하여 춤을 추는" 다윗의 모습은 창가에서 그를 내려다보며 냉소적인 경멸을 보이는 그의 아내 미갈(20, 23절 참고)과 적나라한 대조를 이룬다. 이 대조는 하나님을 예배하는 것 보다는 예배의 순서나 의식을 더 중요시 여기는 사람들에 대한 경고인 동시에 꾸짖음의 역할을 한다.

6:17 여호와의 궤를 메고 들어가서 다윗이 위하여 친 장막 가운데 그 예비한 자리에 두매 다윗이 번제와 화목제를 여호와 앞에 드리니라 18 다윗이… 백성에게 축복하고 19 모든 백성… 무론 남녀하고 떡 한 개와 고기 한 조각과 건포도 떡 한 덩이씩 나눠주매 모든 백성이 각기 집으로 돌아가니라 20 다윗이 자기의 가족에게 축복하러 돌아오매 사울의 딸 미갈이 나와서 다윗을 맞으며 가로되 이스라엘 왕이 오늘날 어떻게 영화로우신지 방탕한 자가 염치없이 자기의 몸을 드러내는 것처럼 오늘날… 몸을 드러내셨도다 21 다윗이 미갈에게 이르되 이는 여호와 앞에서 한 것이니라… 23 그러므로 사울의 딸 미갈이 죽는 날까지 자식이 없으니라

언약궤를 예루살렘으로 들여오는 다윗의 행동과 여호와 앞에서 춤추는 디윗의 태도를 통해서 다윗 사신이 왕으로서 하나님께서 통치하고 계신 도읍지이며, 백성들의 삶의 중심지에 예배를 확립했다. 만약 하나님께서 일반적으로는 인간 존재의, 그리고 특별하게는 인간 삶의 핵심적인 실체라면 예배는 우리의 "실제적인 일"이다. 우리가 하는 어떤 일도 예배(경배)보다 더 근본적인 것이 없고, 우리가 하는 어떤 일도 예배보다 더 앞선 것은 없다.

성경적인 예배는 순환적인데 두 요소가 순환을 이룬다. 한 요소는 하나님의 계시이며, 다른 요소는 인간의 반응이다. 예배에 관련된 심오한 단순성이 있으나 그것은 목적 성취에 일치된 **단순성**이다. 왜냐하면 예배가 여

러 가지 일들을 포함하여 복잡해지면 예배가 본질을 벗어나기 쉽기 때문이다. 단순성과 복잡함이 제대로 시행되도록 하는 것은 지극히 중요하다. 그러나 본문은 당장 활용할 수 있는 명료한 정의를 주는 대신에 우리의 직접적인 참여를 초청하는 한 이야기를 제공해 준다. 잘 경청하면 이 이야기는 예배의 본질과 위험에 관한 우리의 생각을 정리해 주는 것을 알게 될 것이다.

언약궤를 예루살렘으로 들여오는 다윗의 이야기는 다양하고 복잡한 실들을 사용하여 예배라고 하는 정교한 그림이 새겨진 융단을 만들어 내는 탁월한 직조물과 같다. 그러므로 본문의 이야기를 대할 때, 우리는 복잡성과 단순성을 동시에 인식하게 된다.

예배는 하나님의 계시 안에서 시작된다. 하나님은 누구시며, 그분은 무엇을 행하시며, 어떻게 행하시는가에 대한 것이 계시의 **제일**의 요소이다. 하나님의 언약궤는 바로 이런 계시 내용에 집중할 수 있게 해준다. 이스라엘에서 언약궤는 하나님의 임재와 그분의 역사하심에 대한 가시적인 증거가 되었는데, 이스라엘 백성들이 언약궤를 볼 때마다 그들은 홍해에서의 구원(모세의 지팡이), 시내산에서 계시하심(두 돌판), 광야에서 인도하심(만나가 든 항아리), 모든 것 위에 뛰어나신 주권(그룹 가운데 있는 속죄소)을 상기하면서 하나님을 구체적으로 이해했다.

이스라엘이 부르는 "하나님"은 특별한 역사를 가지고 있다. 그 "하나님"은 보편화 시켜 놓은 추상적인 이론이 아니라, 사람들이 실제로 체험한 내용을 가지고 있는 신적인 존재이시다. 예루살렘으로 들어오는 과정에서 춤추고 노래하는 것으로서 나타낸 사람들의 반응은 부차적인 요소이다. 그들은 먼저 하나님의 실체에 의해서 자신들의 존재를 규명한 후, 그것에 따라 적절하게 반응을 하고 있는 것이다.

그러나 본문에는 그것에 더하여 항상 예배(경배)에 존재하는 어떤 다른 요소가 암시되고 있다. 세 명의 이름이 눈에 띄게 거론되는데 다윗 자신과 웃사 그리고 미갈이다. 다윗은 예배와 예배 행위들을 리드하면서 이야기의 시작과 끝을 맺는 중심 역할을 하고 있다. 웃사와 미갈 역시 눈에 띄는 위치를 차지하고 있긴 하지만 부정적인 역할이다.

예배(경배) 상황 중에 있으면서 그 두 사람은 예배하지 않는다. 웃사는 예배하지 않고 요란 법석을 떨면서 사소한 기능을 발휘한다. 그는 일종의 종교적인 업무만을 다루고 있을 뿐이다. 미갈 역시 예배하지 않고 비판적으로 예배를 관찰한다. 그녀는 예배와 예배하는 사람들의 겉모습을 두고 예배 행위를 평가하고 있다. 예배하는 자리에 참석하는 것과 예배하지 않으려는 것은 흔히 볼 수 있는 현상인 동시에 위험스러운 것이다. 살아계신 하나님을 예배(경배)하기를 거부함은 결국 생명을 잃게 된다(죽음 - 웃사, 불임 - 미갈).

다윗은 예배하였다. 여기서 "예배"라는 단어 대신에 "춤추다"라는 은유적인 표현이 사용되는데 네 번 반복되고 있다(6:5, 14, 16, 21). 예배를 대신한 은유적인 표현인 춤은 우리에게 예배에 대한 실제적인 어떤 감각을 형성해 주는데 하나님에 대한 우리의 반응이 우리의 자의식에서 벗어나고 단순히 길을 건너가기 위해서 터벅터벅 무서운 발걸음을 옮겨 놓는 것과 같은 억지 행위에서 자유하고, 신성하고, 거룩한 춤 속으로 우리 자신을 끌어 들이는 것을 연상케 하는 감각이다.

다윗의 근본적인 방향은 하나님을 향해 있었으며 역사에 미친 그의 일차적인 영향은 예배의 본질과 예배자의 태도에 대한 모범과 이해를 제시한 것이다. 왕으로서의 그의 임무는 때가 되었을 때 완료되었고, 그의 정치적인 영향력도 끝났다. 그러나 예배를 위해 그가 행한 일은 지속되고 활성화 되었다. 그가 보여준 예배 모범과 그가 지어서 사용한 노래와 기도들(시편)은 앞으로도 계승될 위대한 유산이며, 여전히 그 영향력이 번성하고 있다. 예수님을 제외하고 나면 유대교와 기독교 교회에서 이루어지는 예배에 가장 중요한 영향을 끼친 단일 인물이 다윗이다. 그는 자신의 정치력으로 사람들에게 영향을 끼친 것보다 자신의 예배생활을 통해서 훨씬 더 많은 사람들에게 영향을 끼치고 있다.

언약궤를 예루살렘으로 들여오는 본문의 이야기가 이스라엘과 교회의 삶 가운데 모델로 자리 잡는 때부터 그 이야기는 하나님을 예배하는 사람들에게 제도와 통찰력 그리고 경고를 제시해 주고 있다. 때때로 그리스도인들은 이제 막 예수님을 임신한 마리아가 엘리사벳을 만나러 왔을 때, 엘리사벳의 태중에서 뛰놀던 요한에 관한 누가의 설명(눅 1:41)을 언약궤 앞에서 힘을 다하여 춤을 추는 다윗의 이야기의 메아리로 이해한다.

언약과 기도(7:1-29)

이 시점에서 이야기의 진술 속도와 분위기가 갑자기 바뀐다. 다윗이 헤브론에서 왕이 되는 그때부터(2:1-4) 이야기는 극적인 한 사건에서 다음 사건으로 숨을 돌릴 여유도 없이 연속적으로 달려서 왔다. 그런데 갑자기 잠잠하다. 물보라를 뿜어대던 파도가 없어지고 고요한 물만 있다. 행동이 멈췄다.

그러나 단지 겉보기에만 그러하다. 사실은 행동이 내면으로 옮겨 간 것이다. 다윗이 기도하고 있다. 잠잠함을 유지하는 경우는 성경에서 허다하게 볼 수 있지만 본문에서 설명하는 것과 같은 방식으로 설명될 수 없는 상황들이다. 만약 빠른 속도로 진행되면서 감정을 흥분케 하는 내용이 아니므로 본문과 같은 내용을 가볍게 대한다면, 본문의 내용 속에 암시되어 있는 위기전환의 중심축을 보지 못하게 될 것이다. 발터 브뤼게만(Walter Brueggemann)에 의하면 본문은 "사무엘서 전체의 극적인 그리고 신학적인 중심지이다. 실제로 본문은 구약성서 중에서 복음적인 신앙을 위한 가장 결정적인 본문들 가운데 하나이다."

7:1 여호와께서 사방의 모든 대적을 파하사 왕으로 궁에 평안히 거하게 하신 때에 2 왕이 선지자 나단에게 이르되 볼지어다 나는 백향목 궁에 거하거늘 하나님의 궤는 휘장 가운데 있도다 3 나단이 왕께 고하되 여호와께서 왕과 함께 계시니 무릇 마음에 있는 바를 행하소서

결국에는 모든 일들이 합력하여 다윗을 위해 작용하고 있다. 위험과 투쟁과 기다림의 세월을 거친 후, 다윗은 이제 "여호와께서 사방의 모든 대적을 파하사 왕으로 궁에 평안히 거하게 하신 때에"(1절) 성취를 실감하고 있다. 그러나 아직 은퇴할 계획은 없다. 지금 그의 능력과 힘은 절정에 있으며, 이루어야 할 다음 과제를 살필 정도로 의욕은 왕성하고 사기는 충천해 있다.

다윗은 과제를 멀리서 찾지 않았다. 하나님의 언약궤를 이제 막 예루살렘으로 들여왔으므로 이어서 언약궤를 위해 성소, 즉 예배 상소를 지으려 할 것이다. 다시 말해서 그는 이스라엘 가운데서 하나님을 예배함의 중심성과 중요성을 건축으로 표현할 것이다. 다윗은 예루살렘에 자신의 궁을 지었다. 이제 그는 하나님의 집을 세울 것이다.

다윗은 자신의 멘토로 신뢰하는 나단 선지자에게 건축 계획을 알리고 선지자의 재가와 축복을 받았다. 모든 상황이 아주 분명하고 명료한 동시에 우리의 동기에 사심이 없고 순수해서 기도하는 것이 거의 불필요할 정도로 여겨지는 경우들이 있다. 본문의 상황이 바로 그러하다 보니 당연히 다윗도, 나단도 기도하지 않았다. 이스라엘의 역사에서 그리고 다윗의 개인적인 생애 중에서 바로 이 순간에 하나님의 영광을 드러내기에 보다 더 적절한 것이 무엇이겠는가? 성소를 짓는 것이 유익한 시점이다.

> 7:4 그 밤에 여호와의 말씀이 나단에게 임하여 가라사대 5 가서 내 종 다윗에게 말하기를 여호와의 말씀이 네가 나를 위하여 나의 거할 집을 건축하겠느냐 6 내가 이스라엘 자손을 애굽에서 인도하여 내던 날부터 오늘날까지 집에 거하지 아니하고 장막과 회막에 거하며 행하였나니 7 ...내가 말하기를 너희가 어찌하여 나를 위하여 백향목 집을 건축하지 아니하였느냐고 말하였느냐 8 그러므로 이제 내 종 다윗에게 이처럼 말하라... 11 ...여호와가 또 네게 이르노니 여호와가 너를 위하여 집을 이루고 12 네 수한이 차서 네 조상들과 함께 잘 때에 내가 네 몸에서 날 자식을 네 뒤에 세워... 13 저는 내 이름을 위하여 집을 건축할 것이요 나는 그 나라 위를 영원히 **견고케 하리라**

한 밤을 기도한 후, 나단은 건축 허가를 취소했다. 열정적이지만 기도가 없는 선한 의도가 낮 시간에는 아주 훌륭하게 보이던 것이 이제 아주 부적절한 것으로 판단되어졌다. 다윗이 하나님을 위해 세운 건축 계획은 다윗을 위해서 세운 하나님의 계획들을 오도하고 방해하는 결과를 초래하게 될 것을 하나님께서 나단에게 나타내 보이셨다. 하나님께서 나단을 통해서 다윗에게 주신 말씀은 본질적으로 다음과 같이 표현할 수 있다.

"네가 나를 위해서 집을 지어 주기를 원하느냐? 그럴 필요 없다. 내가 너를 위하여 집을 세우고 있다. 내가 여기에 형성하고 있는 왕국은 네가 나를 위하여 하고 있는 것이 아니라 너를 통해서 내가 하고 있는 것이다. 내가 여기에 건축을 하고 있는 것이지 네가 아니다. 네 힘으로 창의적으로 건축 공사를 시작함으로써 네가 일들을 혼란시키는 것을 허락하지 않을 것이다. 만일 내가 네게 네 자신의 계획대로 건축하도록 허용하고, 건축 현장의 광경들과 목수들의 망치질, 정으로 돌 다듬는 소리들, 무거운 짐을 끌고 있는 짐승 떼들을 호령하는 자들이 예루살렘에 가득하게 된다면 얼마 안가서 모든 사람의 관심은 네가 하고 있는 것에 집중될 것이고, 내가 하고 있는 것에는 거의 무관심하게 될 것이다. 이것은 네가 세우고 있는 왕국이며, 네가 왕이다.

나는 지금까지 오랫동안 소위 말하는 '왕궁' 이라는 것 없이 지내왔다. 그런데 너는 어디서 내가 왕궁을 원하거나 필요로 한다는 생각을 하게 되었느냐? 만일 어떤 건물을 지어야 한다면 내가 할 것이다. 너의 목동 시절부터 너와 함께 왕국을 세우는 일을 해왔다. 그 왕국은 구원과 정의 그리고 평화가 실현될 수 있는 장소이다. 이것이 네가 지금 여기에 있는 이유이다.

나는 너를 통해서 내가 하고 있는 것을 볼 수 있게 하고, 납득이 되도록 하기 위해서 너와 함께 일하고 있는 것이지 네가 관심의 초점이 되게 해주기 위해서, 내가 너를 위해서 일하는 것이 아니다. 나는 그런 유감스러운 경우를 사울에게서 경험했으므로 그런 경우를 다시 되풀이 하지 않을 것이다. 지금 네가 마음에 두고 있는 그런 것을 지어야 할 적절한 때가 올 것이다. 너의 아들이 그 일을 할 것이다.

그러나 지금은 그때가 아니다. 우선 네가 해야 할 것은 백성들의 생각과 생활 속에 나의 주권에 대한 개념이 정립되게 해야 한다. 너의 왕권은 나의 왕권에 대한 하나의 증거이지 그것을 모호하게 만드는 어떤 것이 아니다. 그게 바로 내가 세우는 왕궁, 즉 나의 주권에 대한 증거이자 표현으로 삼기 위해서 내가 세우는 너의 왕권이다. **중요한 일을 먼저 하라!**"

하나님께서 나단 선지자를 통해서 다윗에게 주신 이 메시지는 하나님께서 행하신 것, 지금 하고 계신 것 그리고 앞으로 하실 것에 대한 통지가 지배적이다. 하나님께서는 이 메시지에 나오는 23개의 동사의 일인칭 주어이시며, 이 모든 동사들은 하나님의 행동을 나타낸다.

하나님을 위해서 무엇을 하려는 생각에 꽉 차있던 다윗이 하나님께서 다윗을 위해서 하고 계신 것에 대한 광범위한 낭송에 순복하고 있다. 나단의 메시지는 계속 존속되어 기도하는 신앙 공동체의 생활 속으로 흡수되었는데 "여호와께서 집을 세우지 아니하시면 세우는 자의 수고가 헛되며"(시 127:1)는 그 증거 중의 하나이다.

7:18 다윗 왕이 여호와 앞에 들어가 앉아서 가로되 주 여호와여 나는 누구오며 내 집은 무엇이관대 나로 이에 이르게 하셨나이까 19 주 여호와여 주께서 이것을 오히려 적게 여기시고 또 종의 집에 영구히 이를 일을 말씀하실 뿐 아니라 주 여호와여 인간의 규례대로 하셨나이다 22 여호와 하나님이여 이러므로 주는 광대하시니… 주와 같은 이가 없고… 23 땅의 어느 한 나라가 주의 백성 이스라엘과 같으리이까… 25 여호와 하나님이여 이제 주의 종과 종의 집에 대하여 말씀하신 것을 영원히 확실케 하옵시며 말씀하신 대로 행하사 27 만군의 여호와 이스라엘의 하나님이여 주의 종에게 알게 하여 이르시기를 내가 너를 위하여 집을 세우리라 하신 고로 주의 종이 이 기도로 구할 마음이 생겼나이다 29 이제 청컨대 종의 집에 복을 주사 주 앞에 영원히 있게 하옵소서 주 여호와께서 말씀하셨사오니 주의 은혜로 종의 집이 영원히 복을 받게 하옵소서 하니라

"그때 다윗 왕이 여호와 앞에 들어가 앉아서…"(18절) 이것은 지금까지 다윗이 한 행동 중에 가장 결정적인 행동을 멈추게 하는 행동 일지도 모른다. 이 행동이 그렇게 결정적인 이유는 이것을 통해서 다윗은 막 취임한 왕권에 적임자로 인정받게 될 시험이기 때문이다. 그 자리에 앉으므로 다윗은 왕의 주도권을 포기한 것이다.

운전자의 자리에서 물러나 참된 왕이신 하나님 앞에 스스로 자신을 기도하는 자리에 두었다. 시편 가운데서 가장 의미심장한 기도들 중 몇 가지

는 하나님을 왕으로 인정하며, 그분께 말씀드리고, 반응하는 기도들이다. 다윗은 이러한 기도들이 드려질 때 반드시 취해야 할 태도를 찾아내었다. 시편 93편은 하나님을 왕으로 경배하는 여러 시적인 기도들 가운데 대표적인 것이다.

여호와께서 통치하시니
스스로 권위를 입으셨도다
여호와께서 능력을 입으시며 띠셨으므로
세계도 견고히 서서 요동치 아니하도다
주의 보좌는 예로부터 견고히 섰으며
주는 영원부터 계셨나이다

여호와여 큰 물이 소리를 높였고
큰 물이 그 소리를 높였고
큰 물이 그 물결을 높이나이다
높이 계신 여호와의 능력은 많은 물소리와
바다의 큰 파도보다 위대하시니이다
여호와여 주의 증거하심이 확실하고
거룩함이 주의 집에 합당하여
영구하리이다

다윗이 하나님 앞에 앉아 기도할 때, 그의 기도는 다윗이 나단을 통해서 들려 준 하나님의 말씀을 아주 조심스럽게 경청했음을 보여준다. 나단의 설교는 행동하시는 하나님에 관한 복창이었다. 하나님께서는 23개 동사의 일인칭 주어이시다. 다윗이 경청하고 있었다는 증거는 그의 기도를 구성하는 문법에서 나타난다. 하나님을 어떤 비인격적인 대상으로서 간주하듯이 그분에 관해서 말하는 것에서(2절) 하나님을 2인칭으로 부르는 것으로 전환이 되는 것을 볼 수 있다. 본문의 기도에서 다윗은 17번이나 하나님의 성호(하나님, 여호와 하나님, 여호와, 만군의 하나님)를 사용하여 하나님께 말씀드리고 있다.

그리고 하나님을 가리키는 인칭 대명사를 40번이나 사용한다. 자신과 하나님을 위한 자신의 계획으로 가득했던 상태로부터 다윗은 자기를 위한 하나님의 계획들에 완전히 주의를 집중하게 된 것이다. 바로 그 기도가 하나님을 위하여 무언가를 하는 것으로부터 하나님께서 자기를 위하여 무언가를 하시도록 하는 급진적인 전환을 명백하게 한다.

"만군의 여호와 이스라엘의 하나님이여 주의 종에게 알게 하여 이르시기를 내가 너를 위하여 집을 세우리라 하신 고로 주의 종이 이 기도로 구할 마음이 생겼나이다"(27절) 그리고 그 기도는 엄청난 용기로 이루어질 수 있었는데 자신의 지배를 포기하고, 하나님께 주도권을 넘겨드리는 결단력 있는 실천이었다.

우리가 하나님을 위하여 무언가를 하지 않는 것은 실제로 무언가를 하는 것보다 종종 훨씬 더 중요하다. 하나님께서는 이 세상 생명의 시작이시며, 중심이시며, 목적이시다. 즉, 존재 그 자체이시다. 그러나 우리는 흔히 희미하게 그리고 부수적으로만 하나님의 행동을 인식한다. 특별히 우리가 힘이 있다고 여길 때에 학벌인 화려한 경력, 우리를 추앙하고 부추기는 사람들 등 자기 자신이 세상의 시작이며, 중심이며, 목적이라고 생각하기 쉽든지 아니면 전체는 아니더라도 최소한 자신이 부분적으로는 그러한 사람인 것처럼 자부한다. 어떤 것을 세우겠다는 야심적인 프로젝트들은 건물을 짓는 것이거나, 도덕적인 것이거나 아니면 실용적인 것이든 간에 그것은 신앙적인 정신을 위해서 소중한 것이다.

그러나 우리 자신을 위해서 선지자적인 개입이 필요한 것이 바로 이러한 순간들이다. 우리는 나단이 필요하다. 우리가 하고 있는 것이 무엇이든지 간에 그것을 중단하고 앉아야 한다. 털썩 주저앉아 그 자리에서 정중동하는 것이 중요하다. 그래서 우리가 무언가를 짓고 있는 것 때문에 발생되는 소음이 잠잠해지면 그때 본질적인 세상으로서 하나님의 세상을 자각하게 된다.

체질적으로 그리스도인들은 하나님을 위하여 하는 것이 너무 없다는 자의식에 사로잡히는 것을 두려워한다. 그러나 우리가 상상하는 것보다 훨씬 더 자주 아무것도 하지 않는 것이 오히려 해야 할 복음적인 일임이 분명한 경우들이 있다. 때때로 이 의미심장하고 경배하는 마음으로 가득한 순종적인 "아무것도 하지 않음"(Nothing)이 잘못 인식되어 무책임한 "하는 것이 아무것도 없음"(Nothing Doing)으로 오도하는 옛 이단이 때때로 나타나곤 한다.

하나님께서 모든 것을 다 이루셨으므로 우리는 아무것도 하지 않는 것에 익숙해져야만 한다고 가르치는 머리가 잘못된 성경학자들이 자주 보인다. 그들은 다음과 같이 일종의 경건한 게으름을 주장하고 부추긴다. "우리가 하나님을 위하여 하는 것이 적으면 적을수록, 하나님께서 우리를 위하여 하실 수 있는 것이 더욱 많아진다." 어떤 사람들은 일어나는 모든 일은 "하나님의 뜻" 이라는 이유를 들어서 매사에 자포자기적인 체념을 권장한다. 지금도 어떤 사람들은 기도와 신앙의 삶을 필연적인 운명에 대한 복종으로 오해하고 있다. 그러나 성경적이며, 다윗이 모범을 보이는 "하지 않음(Not-Doing)"은 나태함도, 자포자기를 권장하는 금욕주의도 아니다. 그것은 일종의 삶에 대한 전략이다.

다윗이 하나님 앞에 앉았을 때, 그것은 비 활동성 또는 체념과는 아주 거리가 먼 것이었다. 그것은 기도였다. 하나님의 임재 속으로 들어가는 것이며, 그분의 말씀을 깨닫게 되는 것이며, 그분의 계획을 받아들이기 위해 자신의 계획을 버리는 것이며, 하나님을 위해서, 무언가를 하기 위해서 권력과 힘으로 왕이 되고자 하는 자신의 욕망이 왕이신 하나님의 참된 주권을 나타내는 도구로 쓰여 지는 한 왕이 되고자 하는 열정으로 대치되어 지게 하는 것이다.

다윗이 모범을 보인 그러한 "아무것도 하지 않음"은 우리가 할 것이 아무것도 없는 채 끝나게 될 위험은 거의 없다. 하나님 앞에 앉기 전에 다윗이 많은 것을 했고, 그 후에 역시 많은 것을 했다. 하나님께서 명령하시고 그는 순종했다. 하나님께서 보내시고 그는 갔다. 성령님께서 우리 안에서 우리를 통하여 그리스도의 사역을 이루고 계시므로 그리스도인의 삶은 영광스럽게 **행동하는** 삶이다. 그러므로 주님 앞에 앉아 있는 것 때문에 우리 다리의 기능이 쇠퇴된다든지 자리에서 다시 일어서지 못하게 되는 위험은 전혀 없다.

그러나 위에서 말한 바와 같이 하나님을 위해 세운 우리의 계획들에 아주 몰두하게 되면 우리는 하나님에 관해서 모든 것을 잊어버리게 될 큰 위험이 있다. 다윗이 앉았을 때, 실제적인 행동이 시작되었다! 다윗이 하나님을 위해서 집을 짓는 것이 아니라, 하나님께서 다윗을 위해 집을 세우고 계시기 때문이었다.

성격이 다른 전쟁(8:1-14)

8:1 이후에 다윗이 블레셋 사람을 쳐서 항복받고 블레셋 사람의 손에서 메덱암마를 빼앗으니라

블레셋과 얽힌 내용을 진술하는 이야기가 막바지에 이르면서 본문은 블레셋에 관한 마지막 언급이다. 긴 세월동안 이스라엘의 전 삶을 지배한 이 야만적인 원수의 영향력은 이제 하나의 역사가 되었다는 것은 믿기 어려운 사실이다.

그러나 그 사실의 근본 개념인 불의한 자들, 우둔한 자들, 하나님에 대해서 무지한 채 또는 하나님을 무시하며 사는 것에 "집착되어 있는" 사람의 영혼을 거부하는 인생을 비유하는 상징으로써 "블레셋"의 개념은 지금까지 지속되고 있다.

8:2 다윗이 또 모압을 쳐서 저희로 땅에 엎드리게 하고... 3 르홉의 아들 소바 왕 하닷에셀이 자기 권세를 회복하려고 유브라데강으로 갈 때에 다윗이 저를 쳐서 6 다메섹 아람에 수비대를 두매 아람 사람이 다윗의 종이 되어 조공을 바치니라 다윗이 어디를 가든지 여호와께서 이기게 하시니라 7 다윗이 하닷에셀의 신복들의 가진 금방패를 빼앗아 예루살렘으로 가져오고 9 하맛 왕 도이가 다윗이 하닷에셀의 온 군대를 쳐서 파하였다 함을 듣고 10 그 아들 요람을 보내어 다윗 왕에게 문안하고 축복하게 하니 이는 하닷에셀이 도이로 더불어 전쟁이 있던 터에 다윗이 하닷에셀을 쳐서 파한이라 요람이 은 그릇과 금 그릇과 놋그릇을 가지고 온지라 11 다윗 왕이 그것도 여호와께 드리되 저가 정복한 모든 나라에서 얻은 은금 12 곧 아람과 모압과 암몬 자손과 블레셋 사람과 아말렉에게서 얻은 것들과 소바 왕 르홉의 아들 하닷에셀에게서 노략한 것과 같이 드리니라 13 다윗이 염곡에서 에돔 사람 일만 팔천을 쳐 죽이고 돌아와서 명예를 얻으니라

이제까지 다윗이 치루어 온 전쟁의 대부분은 방어적이었다. 그런데 여기서는 그가 공격하는 입장에서 전쟁을 하며, 이스라엘의 국경을 사방으로 확장하고 있다. 다윗에게 패배 당한 여섯 나라(블레셋, 모압, 아람, 에돔, 암몬, 아말렉)와 두 왕(하닷에셀, 도이)의 이름을 소개하는 것은 다윗의 공격적인 전쟁 특성을 뒷받침한다.

본문의 기록자는 이 확장을 하나님의 통치의 현현으로써 이해하고 있다. 다시 말해서, 하나님께서는 자기 백성에게 다양한 차원에서 언약의 삶을 살도록 하시려고 자기 백성에게 공간을 제공하신 것으로 이해한 것이다. "다윗이 어디를 가든지 여호와께서 이기게 하시니라"(6, 14절)

에돔 족속과의 전쟁에 관한 상세한 내용(13-14절)은 시편 60편의 표제에 사용되었다.

통치체제 구성(8:15-18)

8:15 다윗이 온 이스라엘을 다스려 모든 백성에게 공과 의를 행할새 16 스루야의 아들 요압은 군대장관이 되고 아힐롯의 아들 여호사밧은 사관이 되고 17 아히둡의 아들 사독과 아비아달의 아들 아히멜렉은 제사장이 되고 스라야는 서기관이 되고 18 여호야다의 아들 브나야는 그렛 사람과 블렛 사람을 관할하고 다윗의 아들들은 대신이 되니라

주변 나라들을 상대한 다윗의 외무 업무는 기본적으로 군사적인 전쟁들이었다. 국내의 전선에서는 다윗이 "모든 백성에게 공평과 정의를" 행했다(15절). 두 단어인 공평과 정의는 하나님의 주권적인 통치에 있어서 근본적인 요소이다.

다윗은 전쟁을 치루는 것만큼 평화를 유지하는 것에도 용의주도했다. 전쟁의 승리들로 인해서 구축된 안정과 안전함 덕분에 정의를 실천하는 것에 주의를 쏟을 수 있게 되었다.

그러나 이러한 용어들(안전, 정의 - 역자 주)이 이스라엘의 기도(시편)와 사회적인 양심(선지서)에 새겨져 있을지라도, 전쟁에 집중되고 있는 것

과 같은 정도의 관심을 받고 있는 것은 아니다.

정치 행정은 전쟁처럼 손에 땀을 쥐게 하는 것은 아니다. 그러나 그것은 더욱 중요하고 그 결과는 더욱 지속적이다. 사람들의 이름과 직위를 나열한 목록은 자기 백성들이 잘 살도록 돕기 위해서 다윗이 기울인 신중한 관심의 정도를 보여준다. 조정 대신(정부 각료) 명부의 기록 순서는 일반적으로 공신 서열을 반영하는데 대개 명부의 상위 부분은 전쟁 공신들의 이름으로 채워진다. 전쟁의 공훈자가 쉽게 돋보이기 때문이다.

그러나 그런 명부가 전쟁 영웅으로 일색 되는 것만은 아니다. 그리고 회의 중에는 결정을 만들기까지 지루한 논쟁이 일어나기도 하지만 이런 논쟁은 대개 언급되지 않는다. 그러나 정해진 결정들은 사람들의 일상적인 일들에 스며들어서 그들이 자신들의 이웃들을 사랑하고 돌보는 방식들에 영향을 미치게 된다.

므비보셋의 등장(9:1-13)

9:1 다윗이 가로되 사울의 집에 오히려 남은 사람이 있느냐 내가 요나단을 인하여 그 사람에게 은총을 베풀리라 하니라 2 사울의 종 하나가 있으니 그 이름은 시바라 저를 다윗의 앞으로 부르매 왕이 저에게 묻되 네가 시바냐 가로되 종이 그로소이다 3 왕이 가로되 사울의 집에 남은 사람이 없느냐 내가 그 사람에게 하나님의 은총을 베풀고자 하노라 시바가 왕께 고하되 요나단의 아들 하나가 있는데 절뚝발이니이다 5 다윗 왕이 사람을 보내어 로드발 암미엘의 아들 마길의 집에서 저를 데려오니 6 사울의 손자 요나단의 아들 므비보셋이 다윗에게 나아와서 엎드려 절하매 다윗이 가로되 므비보셋이여 하니 대답하되 주의 종이 여기 있나이다 7 다윗이 가로되 무서워 말라 내가 반드시 네 아비 요나단을 인하여 네게 은

총을 베풀리라 내가 네 조부 사울의 밭을 다 네게 도로 주겠고 또 너는 항상 내 상에서 먹을지니라 8 저가 절하여 가로되 이 종이 무엇이관대 왕께서 죽은 개 같은 나를 돌아 보시나이까 11 시바가 왕께 고하되 내 주 왕께서 온갖 일을 종에게 명하신대로 종이 준행하겠나이다 하니라 므비보셋은 왕자 중 하나처럼 왕의 상에서 먹으니라 12 므비보셋에게 젊은 아들 하나가 있으니 이름은 미가더라 무릇 시바의 집에 거하는 자들은 므비보셋의 종이 되니라 13 므비보셋이 항상 왕의 상에서 먹으므로 예루살렘에 거하니라 그는 두 발이 다 절뚝이더라

어떤 사람들은 성공했을 때, 자신의 성공을 보호하고 지키려는 목적으로 모든 힘과 자원을 이용한다. 그러나 어떤 사람들은 그들이 얻은 것을 다른 사람들과 공유할 수 있는, 즉 축복의 영역을 넓히는 방법을 찾기 위해서 자신의 사는 방식에서 벗어나려고 한다. 다윗은 사람들에게 관대할 수 있는 길들을 모색했다.

므비보셋이라는 이름은 이스보셋 암살 사건을 설명하는 중에 사울족으로 소개되었다(4:4). 사울과 요나단이 패전하자 두 집의 가신들이 재난을 피해서 요단강 건너편에 있는 로드발(Lo-debar)로 황급히 피난을 가는 중에 요나단의 아들 므비보셋의 유모가 아이 므비보셋을 안고 블레셋의 추격을 피해 필사적으로 도망하다 아이를 떨어뜨렸는데, 그때 발이 부러졌다. 므비보셋의 나이 다섯 살이었고 그 부상으로 제대로 걸을 수 없게 되었다.

므비보셋은 세상에 알려지지 않고 미천하게 자란 지체 장애인이었다. 그를 소개하는 단 한 구절(4:4)의 내용에 근거해서 우리가 정리할 수 있는 므비보셋에 관한 이해는 이 만큼이 전부다. 그런데 이제 이 본문에서 므비보셋에 관한 자세한 이야기를 대하게 되었다.

그의 원래 이름은 아마 므립바알(Meribbaal)이었을 것이다(대상 9:40 참고). 그렇다면 "므비보셋"이라는 이름은 억울하게 희생되어 불행해진

그의 인생에 관심을 가지게 하려고 다른 사람들이 붙여준 별명일 것이다. 그러나 이것은 어디까지나 추측이다.

다윗이 "요나단을 인하여 은총을 베풀기" 원하여 사울의 가문에서 생존자가 있는지 묻는 것(1절)은 실제로 이런 질문과 같다. "원수의 진영에 생존자가 있어서 내가 사랑할 수 있는 사람이 있느냐?" 그는 요나단과 아주 짧은 기간 나누었던 진귀하고 더할 수 없이 훌륭했던 그 사랑(삼상 20장 참고)을 대신할 수 있는 것을 구하고 있는 것이 아니다. 그는 사랑해야 할 원수를 찾고 있는 것이다.

다윗을 거부하면서 여전히 사울에게 충성스러운 사람으로 남아 있기를 원하는 사람들이 있었다. 사울의 사망 후, 아브넬은 사울의 아들 이스보셋을 왕으로 세우고 배후에서 이스라엘 왕국을 조정하는 실세 역할을 함으로써 사울의 군사적 힘을 집결하려고 했다. 아브넬의 죽음과 이스보셋의 암살과 더불어 그 시도는 물거품이 되고 말았으나, 그렇다고 해서 사울의 충성 세력이 완전히 없어진 것은 아니었다. 사울의 후손이라면 누구든지 간에 사울 왕조를 재건할 수 있는 가능성을 지닌 잠재적인 왕이었다. 표면화 되는 것은 시간 문제일 뿐이다. 다윗이 그런 위협을 무시할 정도로 안전한 상태는 아니었다. 그런데 그가 바로 그런 위협을 자기 집으로 직접 불러들이고 있다.

본문에서 "은총"(kindness)으로 번역된 히브리어는 광범위하고 복잡한 의미를 지닌 단어로써 태양 빛 안에 있는 다이아몬드로부터 발산되는 색채로 구성되는 무지개처럼 여러 가지 의미를 내포하고 있는 스펙트럼과 같다. 그 의미의 범주는 은총, 인애, 견고한 사랑, 언약적인 우정, 충성스런 사랑, 정의 등과 같은 개념으로 구성된다. 그 단어는 우리와 맺은 하나님의 독특한 관계를 표현하기 위해서 시편 기자들이 애용하는 표현이다.

그리고 서지자들 사이에서도 애용되는데 서지자들은 그 표현을 사용하여 우리가 상호 간에 형성해야 할 가장 적절한 관계를 지칭했다. 다윗과 므비보셋의 이야기는 이런 의미들 가운데 여러 가지를 전달하고 있다. 다시 말해서 본문의 이야기는 그 단어의 의미를 한마디로 정리하려는 어떤 정의보다 독자들이 직접 그 단어의 의미를 이해할 수 있도록 훌륭한 설명을 제공해 준다.

안전한 권력의 위치에서 그 권력을 사용하여 다윗은 사랑할 수 있는 특정한 방법과 다양한 방법들을 찾고 있었다. 다윗과 요나단이 우정 언약을 맺을 그때에 둘 중에 누가 왕이 될 것인지 아무도 몰랐다. 두 사람이 서로 약속을 한 것은 둘 중 누가 왕이 되든지 권력이 아니라 사랑이 그들의 관계의 특징을 나타낼 것이라는 것이다. 그들의 관계는 복수가 아니라 사랑, 자기 편리를 위해서가 아니라 사랑에 의해서 지켜져야 할 것을 약속한 것이다.

므비보셋에 대해 다윗이 사용한 첫 단어는 그의 이름에 관해서 말하는 것이다(6절). 그것은 므비보셋이 드디어 한 인격체로서 인정받고 있음을 의미한다. 그는 이름이 없는 유랑자가 아니다. 그리고 인간 이하의 취급을 받아 당연한 희생물이 아니다. 그는 자신의 이름을 가지고 있었고, 다윗은 그 이름 "므비보셋"을 알게 되므로 겪게 될 어려움을 감수했다. 만약 여러 해를 지나는 동안 이 이름과 결부된 수치스러움이나 불명예가 있었다면 그 이름은 자신이 사람들에게 알려지도록 사용된 정식 호칭이라기보다는 사람들이 그를 평가하여 그에게 붙인 딱지이다. 그런데 다윗이 충성스런 사랑으로 므비보셋을 정식으로 호칭하므로 그 이름과 함께 그에게 붙어 다니던 불명예와 수치가 깨끗하게 씻겨지게 된 것이다.

두 사람이 만나는 이 상황 속에서 그 이름이 일곱 번이나 사용되는데 어느 경우에서도 이름의 주인의 품위를 비하시키려는 목적으로 사용함을 짐작하게 하는 암시는 없다. 이제부터 므비보셋은 그 이름의 어원론적인 의미에 의해서가 아니라 다윗과 요나단이 세운 언약에 의해서 정의될 것이다. 그는 자신의 정체성을 찾게 되는데 어휘 사전이 아니라 사랑이 그 출처이다.

충성스런 사랑의 본질은 그를 안심시키기 위해 다윗이 "두려워하지 말아라"고 하는 말 속에서 분명하게 나타난다. 그 말은 성경에서 흔히 볼 수 있는 표현이다. 그렇게 자주 나타나는 것은 삶 속에는 두려워할 것이 많기 때문이다. 우리는 우리가 가진 것보다 더 큰 힘을 지닌 사람들과 계속해서 마주쳐야 한다. 그들은 그 힘과 그 권력을 어떻게 사용할 것인가? 그들은 우리를 왜소하게 만들 것인가? 우리를 착취할 것인가? 우리를 이용할 것인가? 아니면 우리를 제거해 버릴 것인가? 우리는 경계심을 유지하면서 저항과 방어를 계속해야 하는 것을 알고 있다.

어느 날, 다섯 살 된 손자와 함께 약국에서 순서를 기다리며 줄을 서있는 동안 내 앞에 있는 어떤 남자와 대화를 나누게 되었다. 각자의 순서가 될 때까지 우리는 서로에게 상냥하고 친절한 대화를 나누었다. 얼마 후 차를 운전하여 집으로 출발할 때, 손자가 "할아버지, 그 사람 잘 아세요?"라고 질문했다. 처음 만난 사람이라고 대답하자 손자가 대뜸 하는 말이 "그래요? 할아버지는 그 사람과 이야기를 나누면 안 돼요. 낯선 사람과 이야기하는 것은 위험하단 말이에요!" 라고 하는 것이었다. 내 손자는 제 부모로부터 "낯선 사람에게 이야기하는 것은 위험하다." 라고 주의 깊게 교육을 받아 온 것이었다. 우리는 경계적이고, 자기 보호적이 되는 것은 매우 잘한다.

그러나 다윗은 므비보셋을 집으로 불러들일 때, 다윗도 위험 부담을 감수했지만 므비보셋 역시 알지 못하는 다윗의 초청에 응해서 그의 집으로 가는 것이 위험하기는 마찬가지였다. 므비보셋은 두려워해야 할 일을 잘 해내었다.

우리는 능력과 신비의 하나님께로 나아간다. 하나님께서 우리를 어떻게 대하실까? 우리를 벌하시고, 파멸시키시고, 우리의 자유를 거두어 가버리시는 것은 아닐까? 우리 자신이 겪은 이전의 경험들에 비추어 보면 분명히 그럴 가능성이 있다. 어쩌면 거의 확실시 된다. 그렇기 때문에 우리는 "두려워하지 말아라" 하는 재차 안심시켜 주는 말씀을 그렇게 많이, 자주 듣는 것이 필요한 것이다. 안심하라! 모든 것이 순조롭게 잘 될 것이다! 이런 표현은 종종 하나님의 복음을 전하는 심부름꾼인 천사의 입을 통해서 나타난다. 또한 놀라고 당황해 있는 사람들을 하나님 앞으로 인도해 주시는 예수님께서 자주 그렇게 말씀하셨다. 바로 그 표현을 지금 다윗이 말하고 있는 것이다.

므비보셋은 다윗에 대하여 죽음의 공포를 느끼며 무서워해야 할 모든 이유를 가지고 있었다. 사울 집안의 자손 중 유일하게 살아 있는 사람이므로 다윗의 왕권을 위협할 수 있는 잠재적인 경쟁자인 사람을 다윗이 제거하지 않고 살려 둘 것이라고 생각할 수 있는 어떤 이유도 찾을 수 없었다. 그런데다 지금 그는 무장해제 된 상태에서 그의 아버지 요나단과 다윗이 자기가 태어나기도 전에 약조한 우정 언약에 근거하여 다윗이 준비한 새로운 생활에 포함되도록 되어 있는 상태이다.

다윗은 자신의 진의를 충성스런 사랑의 말로 나타냈다. 사울의 모든 사유지를 그의 손자 므비보셋에게 돌려주므로 므비보셋이 별도의 수입을 가질 수 있도록 해주었다. 한때 사울의 하인이었던 시바를 보내어서 므비보셋의 땅과 경작을 관리하고 그의 일상적인 일을 돌봐 주도록 조치했다. 그런 다음, 다윗은 자기 집안의 사람이 되는 자격으로 므비보셋을 왕궁으로 불러들였다. 한 친구와 맺은 언약 안에서 싹트기 시작한 그 사랑이 이제 확실하지 않은 상속자를 찾아내고, 빼앗긴 땅을 회복시켜주고, 왕의 식탁에서 매일 후대하는 실천을 통해서 완숙함을 보이고 있다.

충성스런 사랑은 인사장을 돌리는 것으로 모든 것을 때우려는 그런 정서가 아니다. 그 사랑은 좋은 땅이라는 실재성과 그 사랑을 강화 시켜주는 하루 세끼의 실속 있는 식사 제공, 이 두 가지의 조화를 이루는 노력을 포함하고 있다.

사랑이 아주 광범위하게 낭만적이고 개인화 되어 있는 현대 문화의 상황에서, 본문의 므비보셋 이야기는 폭풍과 같은 감정을 대응할 수 있도록 흔들림 방지용 모래주머니를 제공해 준다. 그래서 우리가 살아가고 있는 시대의 분위기가 사랑에 대한 우리의 일상적인 생각과 경험 위에서 누그러지게 된다. 물론 감정 상태는 사랑의 본질적인 요소이다. 그러나 단지 무아지경의 상태(실제적인 삶이 없는 감상적인 상태 - 역자 주)를 말하는 것도 아니며, 오로지 성적으로만 지향되는 감정 상태를 의미하는 것도 아니다. 관심(concern)과 불쌍히 여기는 동정심(compassion), 책임감과 약속 이행 등과 같은 것에는 감정의 영역들이 있다.

충성스러운 사랑(Loyal-love)은 삶의 한 방식인데 이런 방식으로 사는 사람은 다른 사람의 유익을 위해서 무언가를 실천하고, 그 사람 안에서 가장 좋은 것이 나타나게 해주며, 사회가 붙여 놓은 딱지가 무엇이든지 간에 (장애지, 마음 편하지 잃은 사람, 겅생사, 무가지한 사람, 쓸모없는 사람) 그 배후 또는 그 아래를 이해하고, 하나님께서 창조하신 사람임을 증언하기 위해 행동한다. 사랑에 관한 이해들이 약화되어 가고, 사랑 실천을 위해 필요한 수용력이 쇠퇴해 가는 현상이 심화되고 있는 우리가 속해 있는 사회를 위해서 그리스도인 공동체가 도움을 끼칠 수 있는 여러 가지 방법들 중에 한 가지는 세상에서 가장 위대한 사랑 이야기들의 경전인 성경 속에 있는 다윗과 므비보셋 이야기를 사회 속에 설치하는 것이다.

므비보셋은 사무엘하 16-19장의 이야기에서 재등장하는데 철저하게 뒤바뀐 상황이다.

암몬 족속 징벌(10:1-19)

10:1 그 후에 암몬 자손의 왕이 죽고 그 아들 하눈이 대신하여 왕이 되니 2 다윗이 가로되 내가 나하스의 아들 하눈에게 은총을 베풀되 그 아비가 내게 은총을 베푼것 같이 하리라 하고 그 신복들을 명하여 그 아비 죽은 것을 조상하라 하니라 다윗의 신복들이 암몬 자손의 땅에 이르매 4 이에 하눈이 다윗의 신복들을 잡아 그 수염 절반을 깎고 그 의복의 중동볼기까지 자르고 돌려보내매 5 혹이 이 일을 다윗에게 고하니라 그 사람들이 크게 부끄러워하므로 왕이 저희를 맞으러 보내어 이르기를 너희는 수염이 자라기까지 여리고에서 머물다가 돌아오라 하니라

6 암몬 자손이 자기가 다윗에게 미움이 된줄 알고 사람을 보내어 벧르홉 아람 사람과 소바 아람 사람의 보병 이만과 마아가 왕과 그 사람 일천과 돕 사람 일만 이천을 고용한지라 7 다윗이 듣고 요압과 용사의 온 무리를 보내매...

9 요압이 앞 뒤에 친 적진을 보고 이스라엘의 뺀 자 중에서 또 빼서 아람 사람을 대하여 진 치고 10 그 남은 무리는 그 아우 아비새의 수하에 붙여 암몬 자손을 대하여 진 치게 하고 11 가로되 만일 아람 사람이 나보다 강하면 네가 나를 돕고 만일 암몬 자손이 너보다 강하면 내가 가서 너를 도우리라 12 너는 담대하라 우리가 우리 백성과 우리 하나님의 성읍들을 위하여 담대히 하자 여호와께서 선히 여기시는대로 행하시기를 원하노라 하고 14 암몬 자손은 아람 사람의 도망함을 보고 저희도 아비새 앞에서 도망하여 성으로 들어간지라 요압이 암몬 자손을 떠나 예루살렘으로 돌아오니라

15 아람사람이 자기가 이스라엘 앞에서 패하였음을 보고 다 모이매 19 하닷에셀에게 속한 왕들이 자기가 이스라엘 앞에서 패함을 보고 이스라엘과 화친하고 섬기니 이러므로 아람 사람들이 두려워하여 다시는 암몬 자손을 돕지 아니하니라

암몬 족속과의 전쟁은 충절을 지키려는 다윗의 행동에서 비롯된다(2절). 이 행동은 므비보셋 이야기를 시작하던 그 표현과 실제적으로 동일시

된다. "사울의 집에 오히려 남은 사람이 있느냐 내가 요나단을 인하여 그 사람에게 은총을 베풀리라"(9:1)

"신실하게 대함"(10:2, Deal loyally)과 "은총"(9:1, kindness)은 히브리어 성경에서는 똑같은 단어로 표기되며 9장과 10장을 다윗의 성격 설명서로써 연결해 준다. 이 단어는 하나님의 사랑을 말하는 히브리어 중에서 가장 포괄적인 용어이다. 다윗은 하나님의 은총(kindness), 자비로우신 하나님의 충성, 인정스러운 하나님의 관심을 표현할 수 있는 방법들을 적극적으로 찾았다. 왕의 권세를 가지고 있는 다윗이 자신의 왕이신 하나님의 권세에 누를 끼치는 부정적인 힘이 아니라 유익을 주는 긍정적인 힘이 됨을 실증하는 것에 몰두해 있다.

다윗은 삶을 위축시키는 것이 아니라 삶을 확대시키는 일에 종사하고 있다. 관심을 표명할 대상으로 삼은 두 사람 모두 다윗의 오랜 원수였던 사울과 관계된 사람들이다. 첫째 인물 므비보셋은 사울의 손자이며(9장), 본문의 하눈(Hanun)은 나하스의 아들이다.

나하스는 비인간적인 박해자로써 이스라엘 사람들에게 잔인하게 굴다가 사울 왕의 손에 죽었다(삼상 11장). 암몬 족속 나하스를 대항한 전쟁은 사울이 행한 최초이 군사적인 모험이었다. 그러나 사울이 스스로 원수로 간주하는 다윗에게 집착해 있을 동안 나하스는 외형적으로 다윗을 도와주었다. 그 동기는 "나의 원수의 원수는 곧 나의 친구다." 라는 격언 속에 잘 표현되어 있다. 그러므로 나하스 왕이 임종했을 때, 다윗은 왕자 하눈에게 조문 사절단을 보내서 나하스가 자기에게 베푼 은총을 잊지 아니한 것과 자신의 충심어린 고마움을 표시하려고 했다.

그러나 하눈은 사절단을 스파이들로 간주하고, 노골적이며 공개적으로 그들을 굴욕스럽게 만들므로 다윗이 선전포고를 할 정도로 심히 자극했다. 사랑을 위한 다윗의 포용력은 그의 후손으로 오신 예수님께서 가르치시고 실제로 보여주신 수준에 이를 정도로 성숙하지는 않았다. 다른 뺨을 돌려대는 대신에 다윗은 전쟁을 선언하고 출정했다.

본문의 진술은 잘 정돈되고 긴장이 흐른다. 적은 말로 본문의 이야기가 마무리되지만 내용은 살아있다. 일차적으로 본문의 이야기는 다윗이 행한 여러 전투들 가운데 하나에 관한 역사적인 연대기이다. 그러나 본 이야기에 포함되어 있는 두개의 부수적인 이야기는 하눈이 행한 모욕(4-5절)과 요압의 책략(9-14절)에 대한 회상과 기억을 생생하게 해주는 극적인 힘을 실어주는 역할을 한다.

다윗의 조문사절단을 염탐 목적으로 온 스파이들로 간주 했으므로 하눈은 사절단 일행 개개인의 수염을 어중간하게 잘라 우스꽝스러운 모습으로 만들고, 입고 있는 옷을 허리 아래 부분에서 잘라버리므로 하반신을 완전히 노출시켰다. 사절단은 다윗의 조정 대신들 중에 존귀한 자들로서 하눈을 찾았다. 그러나 그들이 하눈의 거처를 나올 때는 거리의 사람들이 비웃고 조롱하는 우스꽝스러운 사람들, 즉 광대와 같은 모습으로 떠났다. 하눈의 모욕에는 사춘기적인 기질이 있는데 장난질을 좋아하는 학생들이 자기들이 저지른 장난질 때문에 동료들이 아주 곤란한 상황에 처하게 되어 쩔쩔매는 것을 보며 즐거워하는 것과 같은 종류의 기질이다.

아버지와 아들인 나하스와 하눈이 한 짝을 이룬다. 나하스는 이스라엘 사람들의 오른쪽 눈을 뽑겠다고 위협함으로써 역사에 그의 흔적을 남겼고, 그의 아들은 다윗의 사람들에게 당치도 않는 모욕을 행함으로써 파렴치함의 서열에 함께 했다. 그 아버지에 그 아들이라는 말처럼 잔인함과 경멸적인 언동이 대를 이었다. 하눈은 자기 아버지의 저속한 성향을 타고 났기 때문이다.

요압의 전략은 본 이야기의 전체 균형을 잡아 주는 반대의 이야기이다. 요압은 분명히 수적으로 열세였으나(9절), 그의 군사들을 교묘하게 분산시켜 자신이 직접 한쪽 편의 공격을 이끌고, 동생 아비새를 다른 편의 공격대를 지휘하게 하는 뛰어난 전략을 사용하여 승리를 거두었다. 대강 약식으로 된 상황 묘사이지만 요압을 능숙한 군사 전략가로 나타내기에는 충분한 내용이다.

이 특별한 군사적인 사건에서 다윗의 입장에 대해 주어진 관심은 사울의 초기 지도력과 함께 다윗의 통치를 묶어서 취급한다. 다시 말해서 불의함과 경멸은 하나님의 방법들을 위배한 것이며, 하나님의 왕은 창조의 질서를 회복해야 할 책임이 있다.

이야기는 간결하게 진술되고 있다. 암몬 족속이 아람 족속을 동맹군으로 끌어들이므로 전쟁은 확대되었다. 그러나 그 무렵 다윗은 강대한 군사력을 보유하고 있었는데 그 힘은 암몬 족속이나 아람 족속이 상상하는 것보다 훨씬 더 막강했다. 따라서 이스라엘의 국경에 인접해서 괴롭혀 오던 오랜 원수인 두 족속이 이스라엘에게 패배했다. 아람 족속은 이스라엘에게 화친을 요구하고 그 조건으로 이스라엘을 섬기는 나라가 되었다. 암몬 족속은 전쟁에서 도망하여 철수하였으나 계속해서 위협적인 존재가 되었다. 이런 지속적인 암몬 족속의 적대 행위는 곧 보게 될 밧세바와 우리아의 사건(11-12장)의 무대를 만들어 준다.

본문에서 우리가 다윗의 이야기를 읽는 동안 줄곧 우리를 따라다니는 몇 가지 어려운 문제들 중에 한가지인 윤리적인 행위에 대한 전반적인 질문을 여기서 고찰해 보는 것이 유익할 것이다. 어떤 이유에서든지 다윗은 많은 사람들의 죽음에 대해서 책임이 있다. 우리는 다윗을 좋게 기억하고 있다. 하나님께서 "내 마음에 합한 사람"(행 13:22)이라고 지칭했던 바로 그 사람이다. 우리는 그를 "이스라엘의 노래 잘하는 자"(23:1 The sweet psalmist of Israel)로 존중한다. 그는 우리가 자녀들에게 제시하는 도덕적인 모범들 가운데 전형적인 인물이다.

그러나 회피할 수 없는 사실은 그는 수많은 사람을 죽이는 것에 관련이 되었다. 그는 골리앗을 죽이므로 이스라엘에서 대중의 주목을 받게 되었다. 그는 블레셋 사람들을 죽이므로 사울의 군대에서 그의 지위를 확보했다. 그는 광야에서 도피생활을 하는 기간에 아말렉 족속과 잡다한 국경지역의 적들을 죽이므로 살아남을 수 있었다. 그는 사울과 이스보셋을 죽인 자들을 즉석에서 처형했다. 엄청난 수의 암몬 족속과 아람 족속들이 다윗에게 책임이 있는 사망자의 숫자에 포함된다. 도덕적인 상황을 계속해서 보다 더 복잡하게 만들자면 다윗은 여러 여인들과 결혼했고, 처첩들의 별궁을 가졌고, 곧 보게 되겠지만 이 모든 목록에 간음을 더하게 된다.

이런 사건들 하나하나를 대할 때, 우리는 어떻게 도덕적인 평형을 지탱하겠는가? 우리는 어떻게 이런 이야기를 모세와 예수님과 바울과 어긋남이 없이 조리 있게 유지할 것인가? 생명에 대한 경외심을 흐리게 하고, 모든 영역에서 폭력을 부추기고 있는 시대에 아동학대, 배우자 학대, 종족간의 전쟁, 국제적인 분쟁, 낙태, 안락사, 자살, 성희롱, 핵 위협 등 우리의 구원 이야기 속에 혼란을 야기함이 없이 다윗을 포함시키려면 우리는 어떤 장치를 만들어야 할까? 이것은 반드시 그 대답을 찾아야 할 질문이다. 대답을 찾으려는 다양한 시도들이 간헐적으로 이루어지고 있다.

그러나 우리가 성경의 이야기를 방해하거나 왜곡하지 않고 문제 해결을 위해서 전반적으로 가장 도움이 되는 것은 진술된 이야기에 주어진 조건들을 단순히 수용하고 그 진가를 올바로 이해하는 것이다.

이것은 도덕을 향상시키기 위한 운동에 관한 이야기가 아님은 아주 명백하다. 다윗의 이야기는 우리에게 살아가는 방법을 보여 주기 위해서 마련된 것이 아니다. 다윗은 도덕적인 모범이 아니다. 기독교 교회내에 "경건한 해석"(Pious reading)의 긴 역사가 있는데 그것은 우리가 성경을 읽을 때, 그리스도인들의 윤리적 기준에 적합하지 않는 행위는 어떤 것이든지 간과해 버리거나 삭제해 버리는 것이다.

그러나 진술이라는 그 자체에는 이런 식의 해석을 정당화 할 수 있는 뚜렷한 근거는 없다. 이것은 브뤼게만이 말하고 있는 "세탁되지 않은 역사"(Unlaundered history)이다. 다윗의 이야기에 연루된 모든 사람들은 하나님께서 일을 이루실 때 사용했던 사람들이다. 하나님께서는 그 사람들과 함께 일하셨다는 말이다. 그 사람들은 하나님께서 지금도 여전히 함께 일하고 계시는(사용하시는) 사람들, 매일 아침 우리가 거울 안에서 마주 대하고 그리고 매일 어깨를 스치는 바로 그 사람들보다 더 나은 것도, 더 못한 것도 없는 똑같은 인간이다.

거룩한 역사는 이상적인 역사가 아니다. 성경 시대는 우리가 이상적인 표현으로 재생산하려고 시도하고 있는 어떤 "황금시대"가 아니다. 오히려 그것은 그런 사람들과 그들이 연루된 사건들은 구원에 필수적인 요소를 제공해 주는 환경들과 사람들임을 단언하는 것이다. 처음부터 끝까지 성경의 이야기는 그 자체로써 사회적, 문화적, 정치적 그리고 윤리적인 세상의 언어로(표현으로) 진술되고 있다.

하나님의 계시는 허공에서 우리의 삶 가운데 떨어져 우리가 지금 그것을 접하게 된, 어떤 도덕적이고 영적인 유도피아의 번역이 아니다. 다시 말해서 어느 한 순간에 주어진 것이 무엇이든지 간에 그것을 하나님의 임재와 뜻을 드러내기 위한 재료로 사용함으로써 하나님의 나라는 내부로부터 역사한다. 도덕성은 성결이나 구원의 선결 조건이 아니다.

이 모든 것 중에서도 놀라운 사실은 순수하게 윤리적이고(ethical), 도덕적인(moral) 양심은 문화적으로 성질이 다른 조건들 속에서 그 자체를 단언할 수 있는 능력이 있다는 것이다. 전쟁과 일부다처와 권력에 관한 철기시대의 전제들은 조건들을 제공하기는 하지만 그러나 결과를 통제하지는 않는다. 이런 조건들 속에서 다윗은 그의 적을 훌륭하게 처리할 수 있었고, 그의 멘토(선지자 나단)에 의해서 책망을 받을 수 있었고, 그의 죄에 대한 사죄의 은총을 구하며 기도할 수 있었다. 가나안 족속의 사회만큼 하나님의 계획에 본질적으로 이질적인 문화를 상상하기란 어렵다.

하나님께서는 우리의 구원을 이루시는 사역 안에서는 모든 것, 심지어 죄까지도 포용하신다. 그분은 우리 가운데 하나님의 나라(The Kingdom)를 세우고 발전시키는 사역에 종사할 사람들을 선택할 때에 까다롭게 따지지 않으신다. 다윗이 야비한 요압을 사용하는 것처럼 하나님께서는 결점이 있는 다윗을 사용하셨다.

성경의 전체 내용은 본래 하나님의 이야기이지 인간의 이야기가 아니다. 성경 내용의 일부인 다윗의 이야기는 우리에게 이 사실을 주지시켜 준다. 다윗의 이야기는 하나님께서 우리를 구원하시기 위해서 하신 것에 대한 진술이다. 우리가 하나님을 기쁘게 해드리기 위해서, 해야 할 것에 대해서 말하는 것이 아니다. 우리는 이 이야기를 넘어다보면서 우리 스스로의 힘으로 하나님을 기쁘게 해드릴 방법들을 찾기를 원하고 있다.

결과적으로 우리는 하나님께서 우리가 만들어 내는 삶을 보시며 즐거워하는 구경꾼이 되시도록 하려는 것이다. 물론, 이것은 우리가 하나님을 기쁘시게 할 수 있는 것이 아무것도 없다는 것을 의미하지 않는다. 우리의 인간적인 신뢰와 순종은 하나님께서 이루시는 것에 대한 이야기 속에서 중요한 요소로서 끊임없이 작용하고 있다. 그러나 우리가 하는 것이 아무것도 없다는 표현은 이 세상에서 하나님의 주권과 구원에 관한 최초의 말 아니면 최후의 말이라는 것은 아주 분명한 사실이다.

이 시점에서 다윗의 이야기의 신학적 구조, 즉 이것은 하나님의 방법들을 우리 가운데 나타내시는 하나님의 계시이지, 행동 양식에 관한 예증을 섞은 교훈을 담고 있는 하나의 도덕 지침서가 아님을 이해하는 것이 특별히 중요하다.

　이 이야기에서 다윗의 처신은 급격하게 곤두박질하는 것 같은 특별한 행동들을 취하는데 그것은 도덕적 교훈과 모델에 관심을 가진 독자들의 주의를 끌 수 없고, 심지어 싫증을 느끼게 만드는 행동이다. 그러나 인간의 최악의 상태에서 조차도, 다윗의 삶은 하나님의 최선의 상태에서 하나님을 나타내는 재료로 사용되기를 계속했다.

제 2 부

다윗의 시련

4

밧세바와 우리아를 상대로 한 다윗의 죄악

밧세바(11:1-27a)

하눈(Hanun)이 매우 모욕적으로 조문 사절들의 품위를 손상시킨 것 (10:4-5)을 응징하기 위하여 치룬 암몬 족속과의 전쟁이 다시 발발되었다. 이번 전쟁은 악명 높은 다윗의 간통이 저질러지는 배경이 된다.

다윗과 연결된 잊을 수 없는 두 이름이 있는데 골리앗과 밧세바이다. 성경과 그렇게 친숙한 사람이 아니더라도 모두 두 사람의 이름은 잘 기억한다. 이 이름의 당사자들의 겉모습은 더 이상의 대조가 어려울 정도로 서로 다르다. 골리앗은 추하게 생긴 난폭한 거인인 반면에, 밧세바는 아름답고 온화한 여인이다. 골리앗은 악한 독재자이지만, 밧세바는 순진한 희생자이다.

그러나 골리앗과 밧세바가 성격과 외모에 있어서 다른 반면에, 다윗의 인생에 있어서 두 사람이 차지하는 위치에 있어서는 비슷함이 있다. 두 사람은 다윗을 시험(testing) 받는 자리에 서게 했다. 이 거인과 여인은 대조를 이루는 시기에 다윗의 인생에 개입되었다. 골리앗과 마주칠 시기에는 다윗은 어리고, 잘 알려지지 않았고, 검증되지도 않은 상태였다. 그러나 밧세바를 만날 무렵에는 다윗은 성숙하고, 유명해져 있었고, 철저한 검증을 거쳐 인증된 상태였다. 첫 번째 만남에서 다윗은 의기양양한 성공자로 나타났다. 하지만 두 번째 만남에서는 실패의 나락으로 떨어졌다.

두 만남에 있어서 공통된 요소는 하나님이다. 그 이유는 두 만남의 이야기 역시 다윗의 인생 속에서 드러내신 하나님의 목적을 말씀하고자 하는 것이기 때문이다. 또한 이 본질에 근거해서 이 이야기의 도덕적이자 인간적인 정념(pathos)을 이해해야 한다.

11:1 해가 돌아와서 왕들의 출전할 때가 되매 다윗이 요압과 그 신복과 온 이스라엘 군대를 보내니 저희가 암몬 자손을 멸하고 랍바를 에워쌌고 다윗은 예루살렘에 그대로 있으니라

2 저녁때에 다윗이 그 침상에서 일어나 왕궁 지붕 위에서 거닐다가 그곳에서 보니 한 여인이 목욕을 하는데 심히 아름다와 보이는지라 3 다윗이 보내어 그 여인을 알아보게 하였더니 고하되 그는 엘리암의 딸이요 헷 사람 우리아의 아내 밧세바가 아니니이까 4 다윗이 사자를 보내어 저를 자기에게로 데려 오게 하고 저가 그 부정함을 깨끗케 하였으므로 더불어 동침하매 저가 자기 집으로 돌아가니라 5 여인이 잉태하매 보내어 다윗에게 고하여 가로되 내가 잉태하였나이다 하니라

6 다윗이 요압에게 기별하여 헷 사람 우리아를 내게 보내라 하매 요압이 우리아를 다윗에게로 보내니 7 우리아가 다윗에게 이르매 다윗이 요압의 안부와 군사의 안부와 싸움의 어떠한 것을 묻고 8 저가 또 우리아에게 이르되 네 집으로 내려가서 발을 씻으라 하니 우리아가 왕궁에서 나가매 왕의 식물이 뒤따라 가니라 9 그러나 우리아는 집으로 내려가지 아니하고 왕궁 문에서 그 주의 신복들로 더불어 잔지라 10 혹이 다윗에게 고하여 가로되 우리아가 그 집으로 내려가지 아니하였나이다 다윗이 우리아에게 이르되 네가 길 갔다가 돌아온 것이 아니냐 어찌하여 네 집으로 내려가지 아니하였느냐 11 우리아가 다윗에게 고하되 언약궤와 이스라엘과 유다가 영채 가운데 유하고 내 주 요압과 내 왕의 신복들이 바깥 들에 유진하였거늘 내가 어찌 내 집으로 가서 먹고 마시고 내 처와 같이 자리이까 내가 이 일을 행치 아니하기로 왕의 사심과 왕의 혼의 사심을 가리켜 맹세하나이다 12 다윗이 우리아에게 이르되 오늘도 여기 있으라 내일은 내가 너를 보내리라...

14 아침이 되매 다윗이 편지를 써서 우리아의 손에 부쳐 요압에게 보내니 15 그 편지에 써서 이르기를 너희가 우리아를 맹렬한 싸움에 앞세워 두고 너희는 뒤로 물러가서 저로 맞아 죽게하라 하였더라 16 요압이 그 성을 살펴 용사들의 있는 줄을 아는 그곳에 우리아를 두니 17 성 사람들이 나와서 요압으로 더불어 싸울 때에 다윗의 신복 중 몇 사람이 엎드러지고 헷 사람 우리아도 죽으니라 18 요압이 보내어 전쟁의 모든 일을 다윗에게 고할새 19 그 사자에게 명하여 가로되 전쟁의 모든 일을 네가 왕께 고하기를 마친 후에 21 여룹베셋의 아들 아비멜렉을 쳐 죽인 자가 누구냐 여인 하나가 성에서 맷돌 윗짝을 그 위에 던지매 저가 데벳스에서 죽지 아니하였느냐 어찌하여 성에 가까이 갔더냐 하시거든 네가 말하기를 왕의 종 헷 사람 우리아도 죽었나이다 하라

22 사자가 가서 다윗에게 이르러 요압의 모든 보낸 일을 고하여 23 가로되 그 사람들이 우리보다 승하여 우리를 향하여 들로 나온고로 우리가 저희를 쳐서 성문 어귀까지 미쳤더니 24 활 쏘는 자들이 성 위에서 왕의 신복들을 향하여 쏘매 왕의 신복 중 몇 사람이 죽고 왕의 종 헷 사람 우리아도 죽었나이다 25 다윗이 사자에게 이르되 너는 요압에게 이같이 말하기를 이 일로 걱정하지 말라 칼은 이 사람이나 저 사람이나 죽이느니라 그 성을 향하여 더욱 힘써 싸워 함락시키라 하여 너는 저를 담대케 하라 하니라

26 우리아의 처가 그 남편 우리아의 죽었음을 듣고 호곡하니라 27 그 장사를 마치매 다윗이 보내어 저를 궁으로 데려 오니 저가 그 처가 되어 아들을 낳으니라...

때는 봄이었다. 요압의 지휘 하에 시작된 전쟁(10장)이 다시 전면전으로 재발되자 다윗의 군대가 암몬 족속을 섬멸하기 위해서 출정했다. 다윗은 출정하지 않고 뒤에 남았다. 그 무렵 그는 왕으로서 자리를 굳힌 터라 전투를 통해서 자신을 증명할 필요가 없었다. 그러나 전투 일선에 참전하지 않고 뒤로 물러나 있는 다윗을 볼 때, 본문 위에 어떤 그림자가 덮이면서 본 이야기를 어둡게 만들고 있다. 집에 머무는 것은 영적 빈혈증의 징조인가? 그는 생명 그 자체를 포기한 것인가? 어떤 대답을 듣기 위해서 오랫동안 기다릴 필요가 없다. 본문이 그 대답을 하고 있기 때문이다.

어느 날 오후, 주변에 있는 집들의 뜰이 내려다보이는 왕궁의 옥상에서 서성거리다가 다윗은 목욕하고 있는 한 여인을 보았다. 그녀는 대단히 아름다웠다. 사람을 보내어서 그녀를 데려오게 하여 자기 침실에서 욕정을 채운 후 집으로 돌려보냈다. 동침한 후에 집으로 돌려보냈다는 것은 그녀를 버린 것을 의미한다. 그 여자의 이름은 밧세바이다. 남편은 암몬 족속과의 전쟁에 참전 중이었다. 그 일이 있은 지 두 달이 채 못 되어서 밧세바는 자기가 임신한 것을 알고 그 사실을 다윗에게 알렸다(5절).

문제를 처리하는데 달인인 다윗이 이 문제를 해결하기 위해서 우리아를 데려오도록 사람을 전선으로 보냈다. 전쟁 상황의 최근 소식을 그에게서 직접 듣는다는 것을 핑계로 삼아 그에게 며칠간의 휴가를 주려는 심산이었다. 휴가와 함께 우리아는 곧바로 자기 아내에게로 가서 동침할 것으로 기대했다. 그렇게 되면 밧세바의 임신은 당연히 남편의 책임이 될 것으로 생각했다(8절에서 '발을 씻으라' 는 표현은 일반적으로 성행위를 의미하는 완곡어법이다).

그러나 우리아는 충직한 군인이므로 동료들이 전선에서 야숙하며, 불편을 견디고 있는 동안에 자기는 아내와 함께하는 잠자리를 즐기는 것을 옳게 여기지 않았다. 그는 왕궁의 현관에서 그날 밤을 보냈다. 우리아의 도덕적인 자제력은 다윗의 비도덕적인 방종에 대한 암시적인 책망이다. 다윗이 다시 시도해 본 후, 우리아는 교묘한 수단으로 조종할 수 있는 사람이 아님을 깨닫고 그를 전선으로 다시 돌려보냈다.

그때 우리아 편에 전쟁을 총지휘 하고 있는 요압에게 편지를 보냈다. 그 편지에서 다윗은 요압에게 지시하기를 전투가 치열할 때, 우리아를 가장 선두에 배치해서 죽게 하라고 했다. 음모의 전과자인 요압은 다윗의 계략에 수족 역할을 해주기에 충분했다. 다음 날 전투에서 우리아는 전사했고, 그의 사망이 다윗에게 보고 되었다. 죽은 남편을 애도하도록 정해진 기간이 지나자 다윗은 밧세바를 데려오게 해서 그녀와 정혼하여 아내로 삼았다.

우리는 이런 유의 다윗을 대할 준비가 되어있지 않다. 호색적이고 일시적인 기분이 성관계와 살인이 연결된 극악한 범죄로 발전했을 때, 무엇이 그것을 시작했는가? 그 범죄는 어떻게 일어나게 되었는가? 대부분의 범죄와 마찬가지로 다윗의 범죄도 서서히 그리고 소심스럽게 진전된 것이다.

공교롭게도 이 다윗의 범죄는 겉으로 보기에 도덕성과 관계가 없는 동사인 "보내다"와 관련된 행적을 따라 추적될 수 있다. 그러나 본문을 읽어 갈 때, 이 동사는 도덕적으로 중립적인 것이 아니라 비인격적인 권력 행사를 경고하는 신호를 보내고 있음을 우리는 점차적으로 알아차리게 될 것이다. 이 동사의 사용을 따라가면 사랑과 순종으로부터 계산과 잔인함으로 떨어진 다윗의 추락을 추적할 수 있다. 동사 하나하나를 통하여 다윗이 동정심을 가지고 경청함과, 다른 사람들과의 인격적인 친밀함으로부터 명령하고 권력을 휘두르면서 다른 사람들과 상관없이 그들 위에 어떤 위치를 차지하려는 것으로 스스로 이동하는 것을 우리는 볼 수 있다.

본문은 "다윗이 요압과... 보내니"라는 간단한 표현으로 시작된다. 여기에는 잘못된 것이 아무것도 없다. 자기 부하들에게 임무를 부여하고, 명령과 함께 그들을 보내는 것은 다윗의 할 일이다. 그러나 두 구절 뒤(3절)에 다윗은 밧세바에 관해서 알아보도록 사람을 보냈다. 이것은 임무를 부여하고 명령을 줄 때, 사용했던 권력과 동일한 권력을 행사한 것이다. 그러나 지금은 그의 본연의 임무에서 벗어났다. 그 동사가 세 번째 나타날 무렵(4절), 즉 밧세바와 동침하기 위해서 다윗이 사자를 보냈을 때, 다윗이 나라를 다스리기 위해서 합법적으로 사용되어야 할 권력이 이제 개인적이고 일시적인 기분을 즐기기 위해서 이용되고 있다. 권력을 가진 사람들을 부패시키기로 악명 높은 권력이 다윗을 부패 시켰다.

"보내다"라는 동사가 세 번이나 무더기로 등장하는 사실을 볼 때, 이 부패는 분명하다. "다윗이 요압에게 기별하여 헷 사람 우리아를 내게 보내라 하매 요압이 우리아를 다윗에게로 보내니"(6절) 반복된 동사들은 도덕성이나 책임감 또는 인격적인 관계에 대한 압박감에서 벗어나기 위해서 실속 없는 권력의 무자비한 남용으로 자신을 안전지대로 도피시키기 위해서 몸부림치는 것을 보여 준다.

지금, 자신의 혈관에 권력 아드레날린이 넘치고 있는 다윗을 말릴 수 있는 것은 아무것도 없다. 그가 요압을 사주하여 우리아를 전투에서 죽게 한 것과 우리아 편에 자신의 사망증서를 들려서 요압에게 보낸 것을 우리는 알고 있다(14절). 은폐 공작을 완성한 후, 다윗은 밧세바에게 두 번째 사람을 보냈고, 그리고 그녀와 정혼했다(27절).

본문에서 "보내다"라는 동사가 등장하는 다른 두 경우는 우리로 하여금 한 사실을 직면할 수 있도록 준비시켜 준다. 비인간화 된 왕의 권위를 행사하여 자신의 야심을 채우는데 성공한 것처럼 보임에도 불구하고, 다윗은 기대한대로 상황을 자기 뜻대로 거의 조절하지를 못했다. 밧세바가 다윗에게 사람을 보내어 자신이 "잉태"하였음을 알렸다(5절). 요압은 사람을 보내어 전쟁의 모든 소식을 다윗에게 보고했다(18절). 이 두 보고는 다윗이 자기가 지금 정확하게 어떤 상태에 놓여 있는지를 깨닫게 해주는 것이다. 밧세바의 건강한 태와 요압의 공범자적인 정신, 이 두 가지의 효능은 다윗의 통제 능력을 피해갔다.

이 이야기에서 "보내다"의 **마지막**이자 결정적인 사용은 "여호와께서 나단을 다윗에게 보내시는"(12:1) 것이다. 이제 하나님의 주권이 역사하기 시작한다. 그리고 그것이 사람의 생명을 "마음대로 가시고 장난 칠 수 있는 신"처럼 행세하던 다윗의 외도의 끝이기도 하다.

하나님! 그 유일하신 하나님만이 **주권**을 가지고 계신다.

이상이 본문의 이야기이다. 이것은 지금까지 긴 세월을 거치는 동안 사람들에게 여러 형태로 계속 반복되어 온 이야기 중의 하나이다. 모든 범죄 이야기는 시간이 조금 지나면 아주 비슷하게 들려지는 경향이 있다. 실제로 모든 죄악들은 자신이 신이 되기를 원하고, 자기 생명을 스스로 책임지려 하고, 다른 사람들의 생명을 통제할 권력을 주장하는 것 등과 같은 주제들 위에서 이리저리 이동을 만드는 것이다.

이런 이동을 만들 수 있는 방식들은 단지 한정된 수이기 때문에 본문을 읽는 사람 중에 어떤 사람도 이 이야기 속에서 자기 자신을 발견하지 못할 정도의 어려움에 직면하게 되는 일은 없을 것이다. 이 이야기 속에서 자신의 모습(현실적으로든지, 아니면 상상으로든지)을 발견하더라도 우리는 놀라지 않는다. 우리는 모두 죄인들이다. 우리의 죄에 관해서 상세한 내용이 다윗의 죄와 일치하지 않을지도 모른다.

그러나 죄의 실존과 재발에 있어서 우리의 죄와 다윗의 죄가 서로 **일치**한다. 우리의 일반적인 죄가 다윗에게 있는 것을 인식하는 순간, 우리는 이 이야기 안에 있는 유일한 참된 놀라움, 즉 죄의 이야기에서부터 발전된 용서의 이야기를 들을 수 있는 준비가 되어 질 것이다.

나단(11:27b-12:15a)

11:27b …다윗의 소위가 여호와 보시기에 악하였더라 12:1 여호와께서 나단을 다윗에게 보내시니 와서 저에게 이르되 한 성에 두 사람이 있는데 하나는 부하고 하나는 가난하니 2 그 부한 자는 양과 소가 심히 많으나 3 가난한 자는 아무것도 없고 자기가 사서 기르는 작은 암양 새끼 하나뿐이라 그 암양 새끼는 저와 저의 자식과 함께 있어 자라며 저의 먹는 것을 먹으며 저의 잔에서 마시며 저의 품에 누우므로 저에게는 딸처럼 되었거늘 4 어떤 행인이 그 부자에게 오매 부자가 자기의 양과 소를 아껴 자기에게 온 행인을 위하여 잡지 아니하고 가난한 사람의 양 새끼를 빼앗아다가 자기에게 온 사람을 위하여 잡았나이다 5 다윗이 그 사람을 크게 노하여 나단에게 이르되 여호와의 사심을 가리켜 맹세하노니 이 일을 행한 사람은 마땅히 죽을 자라 6 저가 불쌍히 여기지 않고 이 일을 행하였으니 그 양 새끼를 사배나 갚아 주어야 하리라

7 나단이 다윗에게 이르되 당신이 그 사람이라 이스라엘의 하나님 여호와께서 이처럼 이르시기를 내가 너로 이스라엘 왕을 삼기 위하여 네게 기름을 붓고 너를 사울의 손에서 구원하고 8 네 주인의 집을 네게 주고 네 주인의 처들을 네 품에 두고 이스라엘과 유다 족속을 네게 맡겼느니라 만일 그것이 부족하였을 것 같으면 내가 네게 이것저것을 더 주었으리라 9 그러한데 어찌하여 네가 여호와의 말씀을 업신여기고 나 보기에 악을 행하였느뇨 네가 칼로 헷 사람 우리아를 죽이되 암몬 자손의 칼로 죽이고 그 처를 빼앗아 네 처를 삼았도다 10 이제 네가 나를 업신여기고 헷 사람 우리아의 처를 빼앗아 네 처를 삼았은즉 칼이 네 집에 영영히 떠나지 아니하리라 하셨고 11 여호와께서 또 이처럼 이르시기를 내가 네 집에 재화를 일으키고 내가 네 처들을 가져 네 눈앞에서 다른 사람에게 주리니 그 사람이 네 처들로 더불어 백주에 동침하리라…

다윗의 멘토인 선지자 나단이 하나님의 말씀을 그에게 들려주는 것과 함께 이야기는 급진적으로 호전된다. 분명히 그 순간에 다윗은 자기가 설교를 듣고 있다고 생각했을 리가 없다.

그는 교회에 설치되어 있는 것과 같은 긴 의자에 앉아 있는 것도 아니고, 그렇다고 선지자 나단이 강단에 서있는 것도 아니었다. 하지만 그것은 특정한 성경 본문 없이 하는 설교였고, 그 설교에는 하나님이라는 분명한 표현이 단 한번도 언급되지 않았다. 어떤 일이 벌어질 것인가를 다윗은 어떻게 알 수 있었을까?

이것은 나단이 잘하는 것이다. 그는 많은 양 떼를 소유하고 있는 어떤 부자가 저녁식사를 위해서 새끼 양을 찾고 있는 꾸밈없고 단순한 이야기를 한다. 자신이 소유하고 있는 양 떼 중에서 새끼 양을 취하지 아니하고, 근처에 살고 있는 가난한 사람이 아끼고 사랑하는, 하나 밖에 없는 새끼 양을 잔인하게 그리고 오만하게 갈취했다. 그 부자는 그 양을 잡아서 자기 손님들에게 대접했다.

이야기를 듣다가 그 잔인함에 격분한 다윗이 생각지도 않게 스스로 의로운 재판관이 되어서 그 부자에게 사형을 선고했다.

그때 나단이 선언했다.

"당신이 그 사람이라!"(7절)

최초로 이 선언이 있은 이래로 이것은 개인적이고도 직접적인 선언으로서 "**당신**이 그 사람(남자)이라!" "**당신**이 그 사람(여자)이라!" 라는 지적이 없었던 세대는 없었다. 그것이 어떻게 시작되었던지, 그리고 그 말씀이 받아들여지기까지 얼마나 오랜 시간이 걸렸던지, 하나님의 말씀은 언제나 직접적이고 개인적으로(내게, 너에게) 종결된다. 하나님의 말씀은 어떤 다른 사람에 관한 것이 아니다. 결코 일반적이고 추상적인 진리가 아니라 언제나 개인적인 말씀(Personal address)이다.

성경의 계시는 이상이나 문화 또는 환경이나 삶의 조건들에 대한 하나의 주석이 결코 아니다. 그것은 언제나 현재의 사람들, 현실적인 고통, 현실적인 문제, 자신이 저지르는 죄에 관한 것이다. 너와 나에 대한 것이다. 당신의 존재와 삶, 나의 존재와 삶에 대해서 말하는 것이다.

바로 이런 개인적인(또는 인격적인) 초점을 놓치고 성경의 이야기가 일반적인 선언들로 듣기에는 그럴싸하지만 초점이 흐린 광대한 의견들로 그리고 종교적인 분노로 흐릿해지게 하는 것은 쉽고도 흔하다. 사실 다윗이 한 것은 다음과 같다. 그는 나단이 어떤 사람에 관해서(자기가 생각하기에는) 설교하는 것을 경청했다. 그리고 이름을 공개하지 않은 그 사람의 범죄에 대해서 격분하였다. 이것은 공동체 내의 자유토론의 종교, 텔레비전 시청의 종교, 토크 쇼 만담의 종교의 전형이다. 그것은 윤리적 판단주의의 종교이며, 자신을 의롭게 여기고 상대방에게 손가락질을 하는 종교, 비난과 책임 전가의 종교이다.

나단의 설교가 더 구체화 될수록 다윗은 더욱 종교적이 된다. 자신이 아끼는 새끼 양을 빼앗긴 가난한 사람을 위해 동정심을 느끼는 동시에 새끼 양을 강탈해 간 부자에 대해서는 분노가 끓어올랐다. 동정심을 가지는 것과 사람을 판단하는 것은 끝없이 빠져들 수 있는 종교적인 정서이다. 이 정서는 우리로 하여금 주위의 모든 사람보다 우리 자신이 월등하게 뛰어난 것으로 착각하게 해주지만, 우리의 삶에 티끌만한 변화도 일으켜 주지는 않는다. 단지 다윗과 같이 될 뿐이다.

그는 동정심을 느끼는 것과 사람을 판단하는 것, 사소한 일들로 인해서 더욱 종교적으로 되는 것, 그리고 윤리적인 감정 상태의 엄청난 흐릿함 속으로 흡수되어 버렸다.

그때 갑작스럽고도 분명하게 초점이 정리된다.

"당신이 바로 그 사람이다. 바로 **당신**!"

나단은 감정주의와 표면적인 평화주의의 경계를 극복하고 당사자에게 할 말을 하는 사람의 표본이다. 모든 기독교적 논증(음악으로 혹은 그림으로 또는 말로 하던지)의 임무는 3인칭의 사람 주위에 방어벽이 구축되게 하고, 2인칭의 대상에게 시인을 하게 하므로 그 사람이 1인칭의 반응을 할 수 있게 해주는 것이다. 나단은 바로 이 예술의 달인이었다.

12:13 다윗이 나단에게 이르되 내가 여호와께 죄를 범하였노라 하매 나단이 다윗에게 대답하되 여호와께서도 당신의 죄를 사하셨나니 당신이 죽지 아니하려니와 14 이 일로 인하여 여호와의 원수로 크게 훼방할 거리를 얻게 하였으니 당신의 낳은 아이가 정녕 죽으리이다 하고 15 나단이 자기 집으로 돌아가니라...

자신을 향하여 직접적이고도 개인적으로 선포된 말씀을 듣게 되자, 다윗은 "내가 여호와께 죄를 범하였노라"(13절)고 개인적으로 대답했다. 그는 권력의 허세를 버렸다. 다른 사람들의 생활에(가난한 사람과 부자) 대해서 재판관 행세하기를 멈추었다. 그는 하나님 앞에서 죄인이며, 문제 가운데 있는 사람이며, 도움이 필요한 사람이며, 하나님이 필요한 인간에 불과한 자신의 실상을 깨닫게 된 것이다.

성경 속으로 들어가지 않는 사람들이 성경 이야기를 자주 오해하는 것 중의 한 가지는, 죄의 고백은 자신을 무가치한 사람으로 인정하는 일종의 비굴한 시인이라는 생각이다. 다시 말해서, 나는 벌을 받아 마땅한 죄인임을 고백하는 것은 "자신에게 스스로 벌을 가하는 것"으로서 그렇게 하므로 죄의 문제를 해결하게 되는 하나의 전술로 여긴다. 그러나 성경의 이야기 가운데 동참하는 사람들은 "내가 여호와께 죄를 범하였노라" 하는 문장이 희망으로 가득 차 있는 것을 곧 알게 된다. 그 고백적인 말에 희망이 가득한 이유는 그 고백이 하나님으로 충만하기 때문이다.

어거스틴이 표현한 것으로 알려져 있는 라틴어 표현인 페릭스 쿨파 (Felix Culpa)는 "오! 행복한 죄악이여"(O happy sin) 라는 하나의 슬로건 안에 있는 희망을 말하고 있다. 우리가 우리의 죄를 깨닫고 고백할 때에 만이 우리의 죄를 용서하시는 하나님을 인정하고, 그분께 반응할 수 있는 어떤 위치에 있게 된다.

다윗의 이야기 속에서 시편 51편은 이 주제를 다루고 있다. 죄에 대한 자각에서 시작된 기도는 하나님의 창조와 구원 안에 즐거이 참여하는 것으로 발전된다. 시편 51편과 함께 "회개의 시편"으로 구분되는 여섯 편이 더 있다(시편 6, 32, 38, 102, 130, 143).

어거스틴이 임종하기까지 침대에서 지내야 했던 그의 생애 마지막 시기에 그는 방 벽에 이 일곱 편의 "회개의 시편"을 기록해 주기를 부탁했다. 그는 숨을 거두기 전, 그가 고백하는 "최후의 말"로서 그의 앞에 이 시편들을 가질 수 있었다. 어떤 사람들은 어거스틴의 행동을 병으로 인해서 음울해진 것으로 간주했으나 그렇지 않다. 그것은 은혜롭게 죄를 용서하시고, 영광스럽게 죄인들을 구원하시는 하나님의 선하신 역사 안에서 생생한 기쁨을 실제적으로 즐기는 것이다.

긴 세월 뒤에 빌라도 앞에 서신 예수님의 이야기 안에 나단 앞에 서 있는 다윗의 이야기에 대한 놀라운 언어적 공명이 있다. 둘 다 열정적인 이야기이다. 다윗은 밧세바를 향한 열정에 불타고, 예수님은 자기 백성들의 구원을 위해 죽음보다 더 강한 열정을 보이고 계신다. 빌라도는 예수님에 대해서 "보라 이 사람이로다"(요 19:5) 라고 말했는데 이것은 다윗에게

"당신이 그 사람이라"고 한 나단의 말에 대한 분명한 메아리이다.

두 표현은 이름으로 지목된 단 한 사람에게 초점을 둔다는 점에서 유사하다. 우리가 우리 자신의 감각으로 회복되고 실제적인 근거 위에 서게 되는 것은 외부의 생각이나 원인, 법, 꿈, 환상 또는 조직으로 말미암는 것이 아니라 사람 안에 있다.

그러나 두 표현은 서로 다르다. 나단의 말은 다윗(그리고 우리를)을 하나님의 절박한 순간으로 인도한다. 다윗은 자기 자신과 다른 사람을 다스리는 권력을 쥐고 있는 왕이 아니라 단지 하나님 앞에 있는 자신으로서 자신의 존재를 깨닫게 된다. 하나님 앞에서 살아가는 존재이므로 그의 삶은 하나님과의 관계가 그 중심에 있음을 인식하게 된다. 이와는 대조적으로 빌라도의 말은 예수님을 우리의 존재 본질의 절박한 순간으로 인도한다. 우리라는 존재는 하나님의 관심의 중심에 있다. 우리를 위하시며 우리와 함께 하시는 하나님이시다.

약 1000년의 시간의 차이가 있지만, 서로 병행이 되는 이 두 표현은 죄는 비난과 책임 추궁을 위한 자리가 아니라 구원을 이루는 자리라는 복음에 집중되어 있다. 그러므로 두 선언적인 말은 인식을 바꾸어 놓았다. 나단 앞에 서있는 다윗을 보면서 자신 속에 있는 죄의식 때문에 하나님에 대한 의식을 깨닫게 되는 사람으로서의 내 자신을 인정하며, 그리고 빌라도 앞에 서신 예수님을 보면서 하나님을 내게 보여주는 사람(예수님)에 의해서 초청을 받는데 나는 하나님께서 그렇게 가까이 계시고, 그렇게 친절하시고, 그렇게 초청하고 계시는 것을 몰랐다.

죄의 교활함은 우리가 죄를 짓고 있을 때, 대개의 경우 그것을 죄로 느끼지 못하게 한다는 것이다. 오히려 성스럽고 신앙적으로 느끼게 한다. 죄는 성취시키는 것으로, 만족을 주는 것으로 느끼게 한다. 에덴동산에서 유혹하는 뱀이 "너희가 결코 죽지 아니하리라 너희가 하나님과 같이 되리라"

(창 3:4-5)고 말하던 그 사건의 재연이다.

다윗은 밧세바에게 사람을 보낼 때, 자신을 죄인으로 느끼기 보다는 오히려 애인으로 여겼다. 그러면 자신이 저지르고 있는 행동에 대해서 자부심을 가지게 할 수 있는 것이 그것보다 더 나은 것이 무엇이겠는가? 다윗은 자기 인생의 어느 시점에서 하나님을 순종하는 삶에서 떠나므로 하나님을 경배함이 줄어들고, 그 빈 자리에 자신에 대한 강박관념이 채워졌다.

하나님이 보내신 선지자인 나단이 왕실로 걸어 들어갔을 때, 그는 다윗에게 하나님에 대한 의식을 회복시켜 주었다. 나단은 비유를 사용한 설교를 통하여 죄에 대한 다윗의 감각을 일깨워 주었고, 다윗의 마음은 생기를 찾으며 흥분됐다. 하나님과 죄에 대한 그런 이중적인 자각 속에서 다윗은 기도했고, 그리고 용서 받았다. 그는 하나님의 왕으로서 인생을 다시 시작했다.

밧세바의 두 자녀(12:15b-25)

12:15b ...우리아의 처가 다윗에게 낳은 아이를 여호와께서 치시매 심히 앓는지라 16 다윗이 그 아이를 위하여 하나님께 간구하되 금식하고 안에 들어가서 밤새도록 땅에 엎드렸으니 18 이레 만에 그 아이가 죽으니라 그러나 다윗의 신복들이 아이의 죽은 것을 왕에게 고하기를 두려워하니 이는 저희가 말하기를 아이가 살았을 때에 우리가 말하여도 왕이 그 말을 듣지 아니하셨나니 어떻게 그 아이의 죽은 것을 고할 수 있으랴 왕이 훼상하시리로다 함이라...

20 다윗이 땅에서 일어나 몸을 씻고 기름을 바르고 의복을 갈아입고 여호와의 전에 들어가서 경배하고 궁으로 돌아와서 명하여 음식을 그 앞에 베풀게 하고 먹은지라...

22 가로되 아이가 살았을 때에 내가 금식하고 운 것은 혹시 여호와께서 나를 불쌍히 여기사

아이를 살려 주실는지 누가 알까 생각함이어니와 23 시방은 죽었으니 어찌 금식하랴 내가 다시 돌아오게 할 수 있느냐 나는 저에게로 가려니와 저는 내게로 돌아오지 아니하리라

24 다윗이 그 처 밧세바를 위로하고 저에게 들어가 동침하였더니 저가 아들을 낳으매 그 이름을 솔로몬이라 하니라 여호와께서 그를 사랑하사 25 선지자 나단을 보내사 그 이름을 여디디야라 하시니 이는 여호와께서 사랑하심을 인함이더라

진실된 기도가 항상 우리가 원하는 조건대로 응답되지는 않는다. 신앙의 역사에 있어서(시편이 역사 자료를 제공한다) 기도하는 사람으로 가장 잘 알려진 사람 중에 한 명인 다윗이 기도를 통해서 요구했던 것을 그대로 얻지 못했다. 본문에서 다윗은 병든 자녀의 회복을 위해서 기도한다. 그의 기도는 자신의 죄를 뉘우치는 눈물에 젖은 기도이다. 그것은 칠일 주야의 금식으로 강화된 기도이다. 또한 그것은 "신복들"의 지지를 받는 기도이다. 그런데 그 아이는 죽는다.

여기서 보는 다윗의 기도와 같이 온 마음을 다한 진실한 기도임에도 불구하고 기도의 요구 내용과는 다른 결과로 끝나는 유명한 기도들을 성경의 곳곳에서 볼 수 있다. 자신의 고통에 대한 응답을 구하는 욥의 기도, 겟세마네 동산에서 간절하게 드린 예수님의 기도(막 14:36), 그리고 자기 몸의 "가시"를 제거해 주시기를 구한 바울의 기도 등이 우선 열거할 수 있는 예이다.

이런 기도들을 응답되지 않은 기도라고 말하는 것은 아주 부당하다. 욥의 기도는 "폭풍 가운데로서"(욥 38:1) 응답이 이루어 졌고, 예수님의 기도는 "아버지의 원대로" 십자가의 사역이 이루어졌고, 바울의 기도는 "내 은혜가 네게 족하다" 라는 바울이 미칠 수 없었던 높은 차원의 의미를 깨닫게 되는 것으로 응답되어졌다. 각 기도의 응답은 굉장한 것이다. 하지만, 기도하는 당사자가 요구하는 것과 일치한 것은 아니다.

그러면 이런 응답이 과연 다윗에게 도움이 되는가? 병 낫기를 위해서 간절히 기도하던 아이가 기대와는 달리 죽자, 다윗은 "여호와의 전"으로 가서 진심으로 그리고 헌신적으로 여호와를 "예배하고"(20절) 그 다음 자기 아내 밧세바를 불쌍히 여기고 그녀에게 가서 "위로했다"(24절). 다윗은 하나님을 거의 망각한 채 빠져있었던 사건에서 이제 막 벗어났다. 그 사건에서 그는 자신이 생명을 주관하는 자인 것처럼 행세했고, 그래서 그의 주변에 있는 사람들을 잔인하게 무시했다. 밧세바는 취하고자 하는 목표물로, 우리아는 제거해야 할 장애물로, 그리고 요압은 계획을 진행하는데 필요한 도구물로 취급했다.

다윗의 기도에 대한 응답은 그가 하나님 앞에서 겸손한 기도와 다른 사람들을 위한 애정 많은 사랑을 행할 수 있는 사람으로 회복된 것이다. 겸손한 기도와 그 사랑은 다윗이 "오래 전에 소중하게 지키다가 잠깐 동안 잃어버렸던" 그의 자질이었다(통일찬송가 429장의 가사는 존 뉴만, John H. Newman의 찬송시를 번역한 것인데, 영문에는 3절 마지막 부분이 Which I have loved long since, and lost awhile로 되어있다. 이 가운데서 저자는 loved long since, and lost awhile을 인용해서 다윗의 회복된 자질을 설명한다. 역자 - 주).

간단하게 언급된(24-25절) 솔로몬의 출생은 나단이 전해 준 또다른 메시지대로 이루어진 사건이다. 하나님의 심판의 메시지를 전달한(14절) 그 선지자가 이제 하나님의 사랑의 메시지를 전해 주었다(25절). 성경에 소개되는 히브리인들 사이에서 자주 볼 수 있듯이 나단의 메시지는 "여호와께서 사랑하시는 자" 라는 의미를 가진 "여디디야"(Jedidiah) 라는 이름 안에 함축되어서 전달되었다. 그 이름을 가지게 된 것은 시기적으로 아주 적절했다. 왜냐하면, 그 시점은 다윗이 불행의 바다(대부분은 자신이 뿌린 씨앗의 결과이다. 12:10-12을 보라)에 빠지게 될 무렵이었고, 불행한 사건들과 씨름하는 것이 그의 남은 생애 동안 지속될 것이기 때문이다.

다시 말해서 심판의 메시지가 다윗의 다른 자녀들의 삶 가운데서 이루어지는 길고도 힘든 세월 동안 다윗은 "여디디야"(솔로몬) 라는 이름을 부를 때마다, 그리고 여디디야가 불행이 떠나지 않는 자신의 가족의 중심인 자기 곁에 있는 것을 보면서 나단이 전해준 사랑의 메시지가 가까이 있음을 알게 될 것이다. "불행의 바다"를 통해서 다윗의 회복을 온전케 하시려는 하나님의 의지와 함께 시험 당할 즈음에 피할 길을 미리 마련하시는 하나님의 세밀한 사랑이 전체 그림을 만들고 있음을 볼 수 있다.

암몬 족속의 재등장(12:26-31)

12:26 요압이 암몬 자손의 왕성 랍바를 쳐서 취하게 되매 30 그 왕의 머리에서 보석 있는 면류관을 취하니 그 중량이 금 한 달란트라 다윗이 머리에 쓰니라 다윗이 또 그 성에서 노략한 물건을 무수히 내어오고 31 그 가운데 백성들을 끌어내어 톱질과 써레질과 도끼질과 벽돌구이를 하게 하니라 암몬 자손의 모든 성을 이같이 하고 다윗과 모든 백성이 예루살렘으로 돌아 오니라

다윗이 암몬 족속을 상대하여 치르던 전쟁은 이제 종결되었다. 역사가들을 제외하고 현대의 성경 독자들은 암몬 족속에 대해서 그렇게 많은 관심이 없다. 그러나 일찍이 블레셋 족속이 그러했던 것처럼 본문에 진술된 이야기 안에서 보여지는 암몬 족속의 의미심장한 역할을 주목하는 것이 중요하다. 현재 우리가 대하고 있는 모든 다윗 이야기들(밧세바와 우리아 그리고 나단) 가운데 가장 통쾌하고 극적인 이 사건은 암몬 족속을 상대한 전쟁의 시작과 종결에 대한 두 개의 설명 사이에 끼어있다.

본문이 보여 주고 있는 바깥 세상의 사건들과 내부의 대인 관계들 사이의 병행은 이 이야기에서 사용하기 위해 억지로 만든 임의적인 것이 아니다. 세상에서 일어나고 있는 것은 우리의 영혼에서 일어나고 있는 것과 다를 바 없는 기독교적 삶의 일부이기 때문이다.

신앙생활은 정치와 문화적인 조건들이나 상황은 전혀 별개로 한 채 하나님에 대한 믿음을 개발하려고 시도하는 것으로 많은 사람들이 이해하고 있지만 그것은 비성경적인 이해이다. 우리가 살고 있는 사회와 단절된 진공 상태에서는 성경적인 계시를 결코 알 수 없다. 계시는 그 사회 안에서 일어나기 때문이다. 그러므로 본문의 암몬이라는 민족은 우리의 기독교적인 삶에 관한 이해에 있어서 우리가 흔히 생각했던 것보다 더 중요한 역할을 하고 있다.

연루된 다른 인물들이나 주변 조건들을 무시하고, 배타적으로 다윗에게만 주의를 집중하는 것은 쉽게 그리고 흔히 행해지는 것이다. 다윗이라는 인물은 여러 다른 인물들과의 극적이고 통찰력이 가득한 만남(사울, 골리앗, 요나단, 아기스, 아비가일, 므비보셋, 밧세바 그리고 나단 등)을 통해서 우리에게 알려졌기 때문이다. 그러나 영혼을 위해 무언가를 보여주는 이런 사건들이 우리 귀에 들려지고 있는 동안, 한편에서는 전쟁들이 계속 반복되고 있으며, 그리고 국가의 통치는 계속 시행되고 있다. 성경에 소개되는 역사는 지극히 개인적이다(personal).

그러나 "개인적"(personal)이라는 말은 사적(private)이거나 개인주의적(individualistic)인 것을 결코 의미하지 않는다. 성경에 기록된 계시라는 맥락에서 볼 때, 계시적 사건에 관련된 문화와 그 문화의 조건들은 기도와 은혜와 마찬가지로 다윗 이야기의 일부이다. 왜냐하면 외부 세상 역시 죄와 은혜, 심판과 구원 등으로 이루어지는 내면세계와 마찬가지로 "착한 사람과 나쁜 사람"을 구별하는 것을 위해서 적절하기 때문이다.

위대한 다윗에게 **흠**이 있었고, 요압은 내용물이 이것저것 섞여 있는 자루와 같았다. 이스라엘이 항상 선한 것이 아니었듯이 암몬이 언제나 나빴던 것은 아니었다. 본문을 읽으며 이런 점을 생각할 때, 너무 성급하게 "어떤 입장을 취하는 것"을 삼가고 오히려 처한 자리 전역에 걸쳐서 그리고 때때로 우리가 거의 기대하지 않는 사람들과 장소들 안에서 이루어지고 있는 하나님의 뜻과 가시화 되어지는 하나님의 임재를 분별하도록 해야 함을 배우게 된다.

암몬 족속의 경우 한때, 다윗이 궁핍한 형편에 있을 때에 아주 악한 왕 나하스가 다윗에게 도움을 주었고(10:2), 이후의 이야기에서 보게 되겠지만 다윗이 심한 곤경에 처해 있을 때에 그에게 중요한 도움을 제공하는 사람이 암몬 족속에 속한 사람이었다(17:27).

신앙생활과 관계없는 것으로 생각되는 사람들이나 원수들을 무조건 마귀로 단정하는 것에 대하여 신중해야 함을 깨닫는다. 원수의 진영에 있는 사람 중에서 하나님의 심부름꾼으로서 나타날 사람이 누구인지 결코 모르기 때문이다.

5

다윗의 고통 – 내우외환

다윗을 과장하는 것은 쉽지만 그것을 피하려면 상당한 자제력이 동원되어야 된다. 그의 생애를 보면 굉장한 존경심이 일어나는데, 그 존경심은 기독교적 정신이 지배하던 중세시대와 유럽의 역사를 거치는 동안에 증강된 것이다. 그를 존경하는 사람들은 다윗을 하나님이 부여하신 천부적인 지도력을 지닌 인물로 알고 있으므로 그런 이미지가 아주 재빠르게 그들의 눈에 확인되는 그의 삶의 내용보다 더 크게 그들에게 다가온다.

대부분의 유대인들과 기독교인들이 그들의 생각에 새겨 놓은 다윗의 형상은 미켈란젤로가 대리석으로 만든 유명한 다윗 조각상에 반영되었다.

결점이 없는 인간 다윗, 완벽한 상태의 원기 왕성한 인간의 신체!

그러나 다윗 이야기의 성경 본문은 흠이 없는 다윗을 말하지 않는다. 다윗 이야기의 마지막 국면은 다윗을 재난의 폭풍 가운데로 던져 넣는데 그가 당하는 재난의 대부분은 본인이 원인을 제공한 것이다. 본문의 기록자는 다윗을 이상적으로 묘사하는 것과, 어떤 면으로든지 그를 보편적인 인간성을 초월하는 위치에 두는 것을 거부한다. 사람을 흉상 조각 받침대와 같은 어떤 이상적인 존경의 근거 위에 올려 두는 것은 정상적인 생활 속에서 그들을(그리고 그들 가운데서 일하시는 하나님을) 대하지 않는 방식이다.

신학적으로 어떤 이야기를 진술하는 것(본문의 이야기처럼)은 주일 날 가장 좋은 옷을 차려 입듯이(미국과 유럽에서는 교회 갈 때 가장 좋은 복장을 하는 것이 상례였고 지금도 일부에서는 그렇게 하고 있다. – 역자 주) 듣고 보기에 좋게 하기 위해서 최상으로 꾸며 놓은 것을 의미하지 않는다. 하나님이 창조하시고, 예수님이 구원하시고, 성령님이 축복하시는 우리 자신의 보편적인 모습이 조작되거나, 변형되거나, 과장되지 않은 본연의 상태를 인식할 수 있는 감각을 가지는 것은 절대적으로 필요하다.

본문에서 다루게 될 사건들은 전체 다윗 이야기 중에서 마지막 국면을 이루고 있으며, 이 사건들은 소위 말하는 "영감을 주는" 부분이 아니라 우리가 다윗의 이야기를 총체적으로 공정하게 볼 수 있게 해줄 것이다.

강간당한 다말(13:1-22)

13:1 그 후에 이 일이 있으니라 다윗의 아들 압살롬에게 아름다운 누이가 있으니 이름은 다말

이라 다윗의 아들 암논이 저를 연애하나 2 저는 처녀이므로 어찌할 수 없는 줄을 알고 암논이 그 누이 다말을 인하여 심화로 병이 되니라 3 암논에게 요나답이라 하는 친구가 있으니 저는 다윗의 형 시므아의 아들이요 심히 간교한 자라 4 저가 암논에게 이르되 왕자여 어찌하여 나날이 이렇게 파리하여 가느뇨 내게 고하지 아니하겠느뇨 암논이 말하되 내가 아우 압살롬의 누이 다말을 연애함이니라 5 요나답이 저에게 이르되 침상에 누워 병든체 하다가 네 부친이 너를 보러 오거든 너는 말하기를 청컨대 내 누이 다말로 와서 내게 식물을 먹이되 나 보는 데서 식물을 차려 그 손으로 먹여주게 하옵소서 하라 6 암논이 곧 누워 병든체 하다가 왕이 와서 저를 볼 때에 왕께 고하되 청컨대 내 누이 다말로 와서 내가 보는 데서 과자 두어 개를 만들어 그 손으로 내게 먹여 주게 하옵소서

7 다윗이 사람을 그 집으로 보내어 다말에게 이르되 네 오라비 암논의 집으로 가서 저를 위하여 음식을 차리라 한지라 8 다말이 그 오라비 암논의 집에 이르매 암논이 누웠더라 다말이 밀가루를 가지고 반죽하여 그 보는 데서 과자를 만들고 그 과자를 굽고 11 저에게 먹이려고 가까이 가지고 갈 때에 암논이 그를 붙잡고 이르되 누이야 와서 나와 동침하자 12 저가 대답하되 아니라 내 오라비여 나를 욕되게 말라 이런 일은 이스라엘에서 마땅히 행치 못할 것이니 이 괴악한 일을 행치 말라 14 암논이 그 말을 듣지 아니하고 다말보다 힘이 세므로 억지로 동침하니라

15 그리하고 암논이 저를 심히 미워하니 이제 미워하는 미움이 이왕 연애하던 연애보다 더한지라 곧 저에게 이르되 일어나 가라 16 다말이 가로되 가치 아니하다 나를 쫓아 보내는 이 큰 악은 아까 내게 행한 그 악보다 더하다 하되 암논이 듣지 아니하고 17 그 부리는 종을 불러 이르되 이 계집을 내어보내고 곧 문빗장을 지르라 하니 18 암논의 하인이 저를 끌어내고 곧 문빗장을 지르니라 다말이 채색옷을 입었으니 출가하지 아니한 공주는 이런 옷으로 단장하는 법이라 19 다말이 재를 그 머리에 무릅쓰고 그 채색 옷을 찢고 손을 머리 위에 얹고 크게 울며 가니라

20 그 오라비 압살롬이 저에게 이르되 네 오라비 암논이 너와 함께 있었느냐 그러나 저는 네 오라비니 누이야 시방은 잠잠히 있고 이것으로 인하여 근심하지 말라 이에 다말이 그 오라비 압살롬의 집에 있어 처량하게 지내니라 21 다윗 왕이 이 모든 일을 듣고 심히 노하니라 22 압살롬이 그 누이 다말을 암논이 욕되게 하였으므로 저를 미워하여 시비간에 말하지 아니하니라

밧세바와 우리아에게 다윗이 저지른 죄악으로 인해 일어나게 될 결과들에 대해서 나단이 예언했는데 이 사건은 그 첫 번째에 해당된다(12:11). 참으로 불행한 일이다. 다윗의 딸이 성폭행을 당했는데 그의 장남이 강간범이었다. 밧세바에게 저지른 다윗의 강간죄가 암논이 다말을 강간하는 죄악을 통해 지금 자신의 집안에서 적나라하게 드러나고 있는 것이다. 이어서 우리아를 죽인 그의 살인 행위는 압살롬이 암논을 살해하는 것을 통해서 재연될 것이다.

윤리적으로 정당화하려는 보충 설명이나 이야기의 극적 효과를 위한 긴장이나 억지로 몰아 부치는 것 없이 빠른 속도로 한 가지 범죄에 또다른 범죄가 꼬리를 물고 이어지는 것으로 이야기는 간결하게 진행된다.

본 이야기를 주도하는 네 사람의 이름이 첫 문장에서 소개되고 있는데 다윗과 그의 장성한 세 자녀들인 압살롬, 다말, 암논이다. 압살롬과 다말은 다윗의 아내 마아가(Maacah)에게서 났고, 암논은 아히노암(Ahinoam)에게서 났다.

그의 이복누이 동생인 다말에 대한 암논의 정욕이 행동으로 나타나기 시작한다. 그동안 축적되어 온 정욕이 상상과 궁리하는 가운데 무르익었고 이제 상사병이 날 지경이 되었다. 그러나 다말은 암논이 있는 곳에 출입할 수 없으므로 그는 누이동생에게 접근할 수 있는 기회를 가질 수가 없었다. 시집가지 아니한 왕의 처녀 딸들을 위한 당시의 규례를 따라 다말은 공주들을 위해서 마련된 일종의 보호 구역 안에서 지내야 했다. 그녀에게 접근하는 것이 불가능한 상태. 바로 그것이 암논의 정욕에 불을 지폈다.

암논의 사촌인 요나답이 그의 행동을 예의주시 하는 가운데 원인을 알아 차렸을 때, 암논이 정욕을 채울 수 있는 어떤 계략을 가지고 그를 만났다(3절의 시므아는 삼상 16:9의 다윗의 셋째형 삼마와 같은 인물이다). 본문은 요나답을 "심히 간교한 자"(3절)로 단정한다. 암논은 자기 힘으로 다말에게 접근할 수 있는 길을 찾을 수 없을 정도로 어리석으므로 그를 도와

줄 공범이 필요했고, 요나답이 바로 그 역할을 위해서 발 벗고 나설 준비가 된 사람이었다.

세상에는 요나답과 같이 다른 사람들의 악을 돕기 위해서 자기들의 기지를 사용하는 것을 몹시 열망하는 사람들이 득실거린다. 불법적인 권력을 획득하여 부당한 쾌락을 탐닉하려는 사람들을 돕는데 소모되는 지성과 창작력이 매일 엄청난 양으로 그것도 기발한 수준으로 공급되고 있는 사실은 우리를 아연실색케 만든다. 지금까지 "요나답"의 기획은 세계 전역에서 싹을 트고 솟아나서 사람들이 자신의 악한 욕망을 채우도록 돕는 것에 헌신해 왔다.

요나답의 계획은 정교했다. 우선, 다윗 왕이 핵심 역할로 개입되도록 하였다. 그러면 누가 감히 무언가 잘못되어 가고 있는 것으로 의심하지 못할 것이다. 다른 어떤 사람보다도, 자신의 가족과 나라의 윤리적, 그리고 물질적인 복지에 책임이 있는 아버지이자 왕인 다윗 자신이 요나답이 "뒷방"에서 꾸민 책략을 위한 훌륭한 보호벽이 되게 된다.

암논은 병이 난 것으로 가장하여 자기 아버지의 관심을 끈 후, 아버지에게 다말을 보내어서 음식을 만들고 병 수발을 하게 해주시도록 요청했다. 자기 아들의 맹위를 떨치는 징욕을 위해 이용낭하고 있다는 것을 조금도 의심하지 않고 다윗은 큰아들이 부탁하는 것을 그대로 들어 주었다. 다말이 암논에게 보내어 졌다. 다말 역시 아무런 의심 없이 아버지가 시키는 대로 순종했다. 암논을 위해서 음식을 준비했다. 그러나 그것은 단순한 영양공급 이상의 서비스를 포함한다. 단지 냄비요리(casserole)를 방으로 들고 들어가서 그것을 먹도록 차려 주는 것이 전부가 아니다.

다말은 암논이 보는 앞에서 음식을 준비했는데 음식 준비 그 자체는 공을 들이고 시간을 투자해야 하는 일종의 위로 의식을 행하는 것으로 여겨질 수 있다.

그녀가 준비한 요리를 가리키는 원어가 "과자"(cakes)로 번역 되었는데 원어는 "영혼의 양식"(Soul food), 즉 신체의 건강에 필요한 영양 공급과 마찬가지로 정서적으로 안정되고 유쾌해 지도록 돕는 무형적(정신적) 양식의 의미를 지닌다. 정성스럽게 음식을 준비하는 다말의 사랑스러운 모습은 병상에 누워 있는 그녀의 오라버니에게 편안한 위안이 된다. 한편, 본문의 진술에는 긴장이 형성되고 있는데 다말이 아무 의심 없이, 그리고 다정하게 자기 오라버니를 간호하고 있는 동안에 그녀의 오라버니 암논은 다말을 자기 침대로 끌어들일 방법을 궁리하고 있는 것이다.

동침의 분위기와 환경이 잘 조성되었다고 여겨지자 암논은 하인들을 명하여 방에서 나가도록 했다. 이제 암논은 자기가 원했던 장소에서 다말과 함께 있게 되자 그녀를 자기 침대로 끌어 들였다. 다말은 완강하게 저항하며 암논을 거절했다. "내게 이런 짓을 하도록 요구하지 마세요. 나를 욕되게 하지 마세요. 백성들 가운데서도 이런 일은 있을 수 없습니다. 오라버니가 우리 두 사람 모두 파멸시킬 것입니다. 내가 어떻게 얼굴을 들고 다니겠습니까? 그리고 오라버니 당신도 거리에서 수치를 당할 것입니다. 제발! 제발! 부탁입니다. 아버지에게 말씀드리세요. 그러면 아버지께서 나를 오라버니의 아내로 허락할 것입니다."

암논에게 아버지 다윗에게 가서 자기와 결혼 허락을 받으라는 다말의 최후의 부탁은 아마 시간을 벌기 위한 절박한 시도일 것이다. 왜냐하면 비록 아브라함과 사라의 결혼은 사촌끼리 한 결혼이긴 하지만(창 20:12), 그 이후 이스라엘에는 그런 결혼을 금하는 전통과 규칙이 있었기 때문이다 (레 18:9, 11, 20:17, 신 27:22).

그러나 다말의 제안은 통하지 않았고 귀담아 듣지도 않았다. 이미 오래 전부터 다말은 암논에게 있어서 귀담아 들어야 할 사람, 또는 사랑으로 돌봐 주어야 할 여동생이 아니었다. 자신의 정욕을 채울 대상으로 비인간화

되어 있었다. 암논에게는 다말이 단지 한 장의 포르노 사진에 지나지 않았다. 일단 제 여동생이 성욕의 대상으로 비인격화 되어지자 그는 자기가 원하는 것이 무엇이든지 상관없이 그것을 할 수 있었다. 그리고 결국 암논은 다말을 강간했다.

성적 욕구를 채우고 나자, 그는 "다말을 아주 심히 싫어하며 미워했다"(15절) 암논은 그녀를 집에서 내쫓고 다시 들어오지 못하도록 문을 안에서 잠가 버렸다. 처음에는 강간, 그 다음에는 미움, 그리고 그 미움은 그가 저지른 강간보다 훨씬 더 악했다. 어쩌면(그렇게 가능성이 높은 것은 아닐지라도) 강간은 일반적으로 통제할 수 없는 성욕의 결과로써 설명할 수 있을지 모른다. 그러나 미움은 생체 기관의 작용에 지대한 영향을 받게 되는 성욕과 같이 단순히 신체적인 문제가 아니다. 미움은 파멸을 노리는 마음과 감정을 요구한다. 강간이 내면화 되어지자 강간은 미움으로 확대되었다. 암논은 다말의 몸을 능욕했다. 그리고 이제는 그녀의 영혼을 모욕하고 있다. 이것은 대규모의 **신성모독죄**이다.

능욕당한 다말은 이제 엄청난 비탄에 빠졌다. 암논의 침실에서 은밀하게 저질러진 일을 다말은 예루살렘 거리를 걸으며 공개적으로 알려지도록 했다. 결혼 전의 처녀를 상징하는 그녀의 아름다운 의복을 찢고, 재를 머리에 뿌렸다. 그리고 아주 극적인 몸동작과 통곡함으로써 자신의 능욕 당함을 시위했다(19절에 나타난 손을 머리 위에 얹는다라는 것은 당시에 슬픔을 나타내는 보편적인 표현이다. 렘 2:37 참고).

다말은 암논의 집에 초대를 받아 들어갔고, 그녀는 병상의 오라버니를 위해서 사랑이 넘치는 간호와 회복만을 생각했다. 그러나 조금 지난 후, 그녀는 거부당하고 미움을 받으면서 파멸된 인생, 즉 "처량한" 여자(20절)가 되어 그 집을 떠났다. 이후부터 우리는 다말에 대해서 다시 듣지 못하게 된다. 그런데 그녀는 잊혀지지 않았다. 압살롬이 자신의 아름다운 딸의 이름을 다말이라 지어서(14:27 참고) 그녀의 이름과 그녀의 미모에 대한 기억을 생생하게 보존했다. 압살롬이 여동생을 찾아 자기 집으로 데리고 와서 돌봐 주었다. 압살롬은 일단, 그 사건으로 인한 손상을 적절하게 통제하려고 했다. 즉, 암논의 강간을 가족의 문제로 최소화하여 시끄러워지는 것을 막고 우선 그 일이 조용하게 넘어가게 하는 것이었다.

다윗이 그 사건을 알게 되었을 때, 대단히 분노했으나 어떤 특별한 조치를 취한 것은 아니었다. 이와 같은 일을 접하게 될 때, 자극 받아서 일어나는 분노(생명의 신성함을 모독하는 것에 대한 폭행 또는 난폭함과 같은 분노)는 정의 실천을 위해서, 오도된 일을 바로 잡는 것을 위해서, 범죄자들을 옳은 길로 선도하고 범죄의 피해자들을 도와주는 것을 위해서 하나의 강력한 불쏘시개가 될 수 있다.

그러나 다윗의 분노로부터 어떤 일도 일어나지 않았다. 그가 아무런 조치를 취하지 않는(이것은 불의 앞에서 정의 실현을 포기한 것과 다를 바 없다) 그 이유는 다윗이 암논을 "사랑했다"는 것이다. 사랑이라는 말은 본 사건의 배경 안에 있는 음산한 언급을 떠올린다.

왜냐하면 이 사건은 암논이 다말을 사랑하고(연애) 있다는 진술과 함께 시작되었음을 우리는 기억하기 때문이다(1,4절). 그런데 지금 우리는 다윗이 암논을 사랑했다는 것을 듣고 있다. 이것은 어떤 종류의 사랑인가? 암논의 "사랑"(연애)은 강간을 위한 자극제이고, 다윗의 "사랑"은 불공평을 위한 가면이다. "사랑"이라는 말을 읽거나 들을 때마다, 우리는 현재 어떤 일이 진행 중인 것에 민감해지기를 잘한다. 그것은 아주 영광스러운 단어이며, 사람들이 할 수 있는 것 중에 최상의 것을 알려주는 신호이다.

그러나 그것은 또한 폭력을 은폐하고, 방종과 탐닉을 허용하기 위하여 자주 이용되어진다. 우리가 사용하는 언어 중에 사랑이라는 말보다 그 개념을 검토하고 검증하는 것이 더 필요한 것은 없다. 본문의 이야기는 사랑의 개념을 제시해 주는데, 오랜 세월이 지난 후에 바울이 고린도전서 13장에서 그 개념을 확인했다. 만약 바울의 사랑 테스트를 받게 한다면 암논과 다윗, 둘 다 실격할 것이다.

다윗의 분노는 암논에게 아무런 처벌도 가하지 않았고, 다말은 외면당한 채 수치 속에 지내게 만들었다. 그러나 그것이 분노가 만든 결과의 전부는 아니다. 왜냐하면 다윗의 그런 처신 때문에 자신의 아들 압살롬이 폭력의 길에 들어섰기 때문이다. 다말의 강간 사건에 대한 압살롬의 첫째 반응은 그 사건을 가족 문제로 국한시켜 상황이 더 악화되지 않도록 조치한 것이다(20절).

그러나 그의 아버지가 적절하게 문제를 처리하지 않자, 압살롬의 영혼에 불의가 자리를 틀었다. 그 후 그 불의는 그의 영혼 가운데서 점점 비등하여 골수에 사무치게 되었다. 만약 다윗이 정의롭게 처신하지 않겠다면 압살롬 자신이 그렇게 하겠다는 각오이다. 그는 다말의 억울함을 입증하고 동시에 암논에게 복수할 계획을 구상하기 시작했다. 계획을 세우고 기회를 모색하기를 2년이 지났을 때, 드디어 실행에 옮길 방법을 찾았다.

암논의 죽음(13:23-38)

13:23 이 주년 후에 에브라임 곁 바알하솔에서 압살롬의 양털을 깎는 일이 있으매 압살롬이 왕의 모든 아들을 청하고 24 왕께 나아와 말하되 이제 종에게 양털 깎는 일이 있사오니 청컨대 왕은 신복들을 데리시고 이 종과 함께 가사이다 25 왕이 압살롬에게 이르되 아니라 내 아들아 우리가 다 갈 것이 없다 네게 누를 끼칠까 하노라 압살롬이 간청하되 저가 가지 아니하고 위하여 복을 비는지라 27 압살롬이 간청하매 왕이 암논과 왕의 모든 아들을 저와 함께 보내니라 28 압

살롬이 이미 그 사환들에게 분부하여 이르기를 너희는 암논의 마음이 술로 즐거워할 때를 자세히 보다가 내가 너희에게 암논을 치라 하거든 저를 죽이라 두려워 말라 내가 너희에게 명한 것이 아니냐 너희는 담대히 용맹을 내라 한지라 29 압살롬의 사환들이 그 분부대로 암논에게 행하매 왕의 모든 아들이 일어나 각기 노새를 타고 도망하니라

30 저희가 길에 있을 때에 압살롬이 왕의 모든 아들을 죽이고 하나도 남기지 아니하였다는 소문이 다윗에게 이르매 31 왕이 곧 일어나서 그 옷을 찢고 땅에 엎드러지고 그 신복들도 다 옷을 찢고 모셔 선지라 32 다윗의 형 시므아의 아들 요나답이 고하여 가로되 내 주여 소년 왕자들이 다 죽임을 당한줄로 생각지 마옵소서 오직 암논만 죽었으리이다 저가 압살롬의 누이 다말을 욕되게 한 날부터 압살롬이 결심한 것이니이다

37 압살롬은 도망하여 그술 왕 암미훌의 아들 달매에게로 갔고 다윗은 날마다 그 아들을 인하여 슬퍼하니라 38 압살롬이 도망하여 그술로 가서 거한지 삼년이라 39 다윗 왕의 마음이 압살롬에게 향하여 간절하니 암논은 이미 죽었으므로 왕이 위로를 받았음이더라

압살롬의 암논 살인 배경이 지형적으로는 분명하지 않지만(예루살렘 북쪽 20Km 사이에 있는 어떤 지역일 것이다) 기회로 이용된 사건은 양털 깎는 시기이다. 당시의 유목문화에서 양털 깎는 시기는 축제 기간인데, 평안하게 먹고 마시는 것으로서 일년 동안 열심히 일한 것을 보상하는 의미를 지니는 축하와 만찬을 나누는 기간이다('나발의 양털 깎는 날' 삼상 25:2-8 참고).

암논의 암살을 시행할 자리로 정한 양털 깎는 축제의 만찬에 암논이 참석하도록 하기 위해서 압살롬은 아버지를 이용하였다(암논이 자기의 계획대로 다말을 끌어들이기 위해 아버지를 이용했던 것이 여기서 메아리 되어 그대로 되돌아오는 것을 보아야만 한다).

우리는 "이용당한" 다윗을 보는 것에는 익숙하지 않다. 다윗은 기도와 실천에 있어서 솔선수범하므로 이스라엘을 제 궤도에 올려놓는 결정적인

지도력을 발휘한 사람으로 이해하려는 습관이 우리에게 붙어있다. 그 습관을 따라 다윗의 이야기를 이해하는 것에 익숙해져 있다.

그러나 더 이상 그런 습관적인 이해가 허용될 수 없게 됐다. 암논이 저지른 사건에 대하여 다윗이 왕으로서 공정하게 조치를 취하여 정의를 바로 세우지 않으므로 인해 다윗의 권력 안에 왕의 권력이 행사 될 수 없는 진공 상태의 자리가 형성되는 결과를 초래했다. 이 자리로 압살롬이 비집고 들어와 권력을 챙기기 시작한 것이다.

그러나 압살롬은 다윗을 능가하는 대안이 결코 아니다. 적시에 적절한 조치로 정의를 실천하는 것을 하지 못한 다윗의 실정에 의해서 만들어진 틈 사이에 끼어 든 상황이므로 다윗이 광야시절에 잘 보여 주었던 그런 인격적인 덕과 힘 같은 것이 압살롬에게서는 찾아 볼 수 없다. 다윗은 여러 해 동안의 연단 속에서 인내를 쌓았는데 사울의 중상모략과 악행에도 불구하고 사울을 변함없이 존중할 수 있었던 것이 바로 인내의 결과였다.

하지만 압살롬에게는 다윗이 보낸 그런 인내의 세월에 비길만한 연단의 시간이 전혀 없다. 압살롬은 충동적이다. 그는 기다리긴 하지만 와락 덤벼들 준비를 하고 있는 고양이와 같이 기다린다. 광야에서 지내는 기간동안 자신의 주권을 하나님의 주권 앞에 내려놓고 하나님을 기다리는 다윗을 우리는 보았다. 그러나 압살롬에게 이런 영적인 인내가 있다는 증거는 본문 어디에서도 보이지 않고, 계속되는 이야기 내용에서도 그럴 것이다. 그는 하나님의 주권에 대해서 무지한 사람이다.

압살롬은 자신의 일을 자신의 힘으로 처리하려고 하는데 이것은 이스라엘 왕국의 모든 일들이 하나님의 손에 달려 있음을 조금도 알아채지 못하기 때문이다. 오랜 기간 궁리해 온 압살롬의 복수는 빠르게 실행되었다. 축제에 참석한 모든 형제들이 먹고 마시며 편안한 시간을 가지는 가운데 형제의 우애를 즐기며 긴장이 완전히 느슨해지는 분위기가 되기까지 기다렸다. 이복형제들까지 포함된 이런 대가족이 모여서 축제의 분위기에 젖어 있을 때, 암논이 만취 상태인 것을 압살롬이 확인하자 하인들에게 암논을 죽이도록 신호를 보냈다.

살인은 그 자리에 떨어진 폭탄과 같았다. 삽시간에 아수라장이 되어버린 축제의 자리에서 당연히 자신들도 살생부에 포함된 것으로 여기는 다른 형제 왕자들이 황급히 각자의 노새를 타고 줄행랑을 쳤다. 암논의 암살 소식이 예루살렘에 알려질 때는 압살롬이 왕자들을 몰살시켜 피의 바다를 만들었다는 식으로 대량학살 차원으로 부풀려져 있었다.

그런데 이때, 요나답이 다시 등장한다. 암논의 사촌(다윗의 조카)으로서 암논이 다말을 강간하도록 밀실 모략을 제공한 장본인인 요나답은 결과적으로 암논이 압살롬에 의해서 살해당하도록 만든 장본인이기도하다. 그는 단지 암논 한 명 만이 그 축제의 살생부에 있었다는 것을 다음과 같이 왕에게 설명했다.

"이것은 무차별적이고 생각 없이 저질러진 만행이 아니라 대상이 분명하게 정해져 있는 복수입니다. 압살롬은 단지 정의를 실행한 것입니다. 왕께서는 공주가 강간당한 것을 그렇게 빨리 잊어버렸습니까?"(요나답은 발생한 사건에 대해 어떤 책임도 지지 않으면서 그 사건에 관여하는 방법을 알고 있다. 앞에서 그는 문제의 강간 사건이 일어나게 한 책략을 제공했고, 여기서는 암살 계획에 관해서 모든 것을 알고 있었던 것으로 보인다. 요나답은 종교와 정치의 영역들에서 아주 자주 등장하는 그런 종류의 사람이다. 권력을 가지고 있는 사람들에게 빌붙어 사는 기생충 같은 사람이다. 이런 사람들은 창조적이거나 책임져야 할 일은 어떤 것도 하지 않는다. 단지, 이용할 만한 내부의 소문이나 정보를 손에 쥐고 있는 것처럼 사람들이 여기도록 행세한다.) 자기 형제들이 목숨의 위협을 느끼고 줄행랑을 칠 때, 그것은 예상하지 못했던 결과이다. 압살롬은 자신도 목숨을 구하기 위해서 그 자리에서 도망했다(34, 37절).

압살롬은 아버지가 암논에게 했던 것과 같이 자기에게도 관대할 것이라는 확신이 없었으므로 그것을 확인하기 위해 자리에서 지체하지 않았다. 그는 요단강 건너 동쪽 지역으로 도망하여 외조부모에게로 피했다. 외조부 달매는 그술(Geshur)이라는 작은 나라의 왕이었다. 그의 어머니 마아가의 자란 곳인 그술을 도피처로 삼고, 이제 압살롬은 그의 외조부모와 함께 앞으로 3년 동안 거기서 지내게 된다.

압살롬이 암논을 암살한 이유는 여동생 다말을 강간한 것을 복수하기 위함이었다. 이외에 다른 이유가 더 있었다고 추측할 수 있는 분명한 증거를 본문에서는 찾을 수 없다. 그 이유뿐인 복수는 이제 완료되었고, 그것을 위해서 압살롬은 유랑생활이라는 대가를 치러야했다.

본문을 해석하는 사람들 중에 어떤 사람들은 뒤에 압살롬이 이스라엘의 왕권을 차지하기 위해서 아버지 다윗에게 반정을 일으킨 것과 이 사건을 같은 맥락에서 이해한다. 즉, 압살롬은 다윗을 겨냥한 반란으로써 이 사건을 저지른 것으로 추측을 한다.

그렇게 해석적인 상상은 그들의 또 다른 추론에 근거하는데 압살롬은 양털 깎는 축제의 만찬 자리를 아버지 다윗과 형제들인 왕자들을 한꺼번에 다 암살하고 왕족으로서는 유일하게 자기만 남게 되어서 자연스럽게 자기가 왕위를 차지하게 되도록 만드는 거사 자리로 정했다는 것이다. 그런데 아버지가 초청을 거절하므로 계획이 빗나가게 되자 암논에게 복수하는 것으로 계획을 수정해야만 했다고 해석한다.

현재까지의 본문의 내용에 근거해서 판단하자면 압살롬이 왕권에 대한 야심이 있었는지에 대해서는 알 수 없다. 그러나 만약 지금까지는 야심이 없었다면, 이제 곧 가지게 될 것이다.

2년 동안 암논에 대한 증오는 결국, 그를 암살할 기회를 얻기 위한 목적으로 만찬을 베풀게 했는데 이제 그 2년 간의 증오에 아버지를 피하여 도망한 것으로 시작되는 3년 간의 도망자의 생활이 더해지게 됐다. 이 기간은 내용을 두고 볼 때, 정의를 바로 세우기 위해서 꼭 필요한 것을 집행해야 할 임무에 대해 태만한 다윗 왕을 몰아내고, 자기 자신을 다윗의 왕권을 계승해야 할 최적의 후임자로 생각하며 어떤 구상을 하기에 충분한 시간이다. 얼마 후, 압살롬은 자신의 문제를 처리할 수 있는 왕의 능력을 공공연하게 문제로 삼는다(15:1-6). 이 5년의 시간은 후에 압살롬이 혁명을 일으키고 짧은 기간이지만 혁명정부를 통치하는 것으로 드러나게 되는 바로 그 일을 창안하는 기간이 되었다.

압살롬의 귀환(14:1-33)

14:1 스루야의 아들 요압이 왕의 마음이 압살롬에게로 향하는 줄 알고 2 드고아에 보내어 거기서 슬기 있는 여인 하나를 데려다가 이르되 청컨대 너는 상제 된 것처럼 상복을 입고 기름을 바르지 말고 죽은 사람을 위하여 오래 슬퍼하는 여인 같이 하고 3 왕께 들어가서 여차여차히 말하라고 할 말을 그 입에 넣어 주니라

4 드고아 여인이 왕께 고할 때에 얼굴을 땅에 대고 엎드려 가로되 왕이여 도우소서 5 왕이 저에게 이르되 무슨 일이냐 대답하되 나는 참 과부니이다 남편은 죽고 6 아들 둘이 있더니 저희가 들에서 싸우나 말려 줄 사람이 아무도 없으므로 저가 이를 쳐 죽인지라 7 온 족속이 일어나서 왕의 계집종 나를 핍박하여 말하기를 그 동생을 죽인 자를 내어 놓으라 우리가 그 동생 죽인 죄를 갚아 저를 죽여 사자 될 것까지 끊겠노라 하오니 그러한즉 저희가 내게 남아 있는 숯불을 꺼서 내 남편의 이름과 씨를 세상에 끼쳐 두지 아니하겠나이다...

11 여인이 가로되 청컨대 왕은 왕의 하나님 여호와를 생각하사 원수 갚는 자로 더 죽이지 못

하게 하옵소서 내 아들을 죽일까 두려워하나이다 왕이 가로되 여호와의 사심을 가리켜 맹세하노니 네 아들의 머리카락 하나라도 땅에 떨어지지 아니하리라...

13 여인이 가로되 그러면 어찌하여 왕께서 하나님의 백성에게 대하여 이같은 도모를 하셨나이까 이 말씀을 하셨으니 왕께서 죄 있는 사람 같이 되심은 그 내어 쫓긴 자를 집으로 돌아오게 아니하심이니이다...

19 왕이 가로되 이 모든 일에 요압이 너와 함께 하였느냐 여인이 대답하여 가로되 내 주 왕의 사심을 가리켜 맹세하옵나니 무릇 내 주 왕의 말씀을 좌로나 우로나 옮길 자가 없으리이다 왕의 종 요압이 내게 명하였고 저가 이 모든 말을 왕의 계집종의 입에 넣어주었사오니...

21 왕이 요압에게 이르되 내가 이 일을 허락하였으니 가서 소년 압살롬을 데려 오라... 23 일어나 그술로 가서 압살롬을 데리고 예루살렘으로 오니 24 왕이 가로되 저를 그 집으로 물러가게 하고 내 얼굴을 보지 말게 하라 하매 압살롬이 자기 집으로 가고 왕의 얼굴을 보지 못하니라

압살롬에 대한 다윗의 마음이 누그러진 것을 알고 요압이 그 기회를 틈타 무엇을 하려고 하였다(13:39). 만약 도피 중인 압살롬을 복귀시킬 방법을 다윗이 찾을 수 없다면 요압이 해법을 찾을 것이다. 그러나 어떻게? 요압은 우둔하고, 직설적이고, 충동적이고, 행동의 사람이므로 민감하지는 못하나. 그러나 이 상황은 아주 민감한 취급을 요구하는 것으로 보인다. 다윗이 아버지로서 압살롬을 보고 싶어 하는 감정과 왕으로서 정의를 공정하게 집행해야 하는 그의 책임감은 쉽게 조화될 수 있는 것이 아니다. 협조자가 필요했던 요압은 적합한 사람을 드고아에서 찾았다.

베들레헴 남쪽에 위치한 드고아는 다윗의 출생지이다. 아마도 다윗의 조카인 요압(다윗의 여동생 스루야의 아들임) 역시 드고아에서 자랐을 것이며, 그래서 그 지역을 잘 알고 거기에 살고 있는 유지들과도 친숙했을 것이다. 그러나 이름을 밝히지 않고 "드고아의 여인"으로만 소개하는 여인은 "슬기 있는 여인"으로 통할 정도로 유명세가 있었으므로 요압은 이 여

인을 데려오도록 사람을 보냈다(이 일로부터 2백년 후 양치는 목동 아모스가 드고아에서 등장하여 하나님의 백성의 삶에 관한 그의 선지자적 표적을 만들었다).

요압은 여인에게 옷차림새와 처신 그리고 해야 할 말을 세밀하게 가르쳐 주었다. 그가 지시한 그대로 준비하여 슬픔에 잠겨 있는 한 과부의 행색을 하고 여인은 다윗 앞에 나아갔다. 그리고는 마치 자신의 말을 하는 것처럼 요압이 일러 준 말을 그대로(3절) 왕에게 말했다. 그녀가 말한 내용은 허위로 꾸민 우화 같은 이야기인데 요압이 압살롬과 함께 직면한 막다른 골목과 같은 곤경을 해결하기 위해 다윗을 개입시키려는 목적으로 꾸며진 것이다.

몇 해 전에 선지자 나단이 이와 똑같은 방법을 사용하여 밧세바와 우리아의 사건에 빠져 있던 다윗의 삶에 지대한 영향을 미쳤다. 이때로부터 일천년 후, 예수님은 자신의 말을 듣는 사람들이 그들의 삶 속에서 하나님을 인정하고 그분과 가까이 교제하도록 만드는 한 방법으로써 이야기를 사용하는 세상에서 가장 유명한 이야기꾼이 되신다. 한 사람을 하나님과 영적인 친밀함으로 이끌어 주는 이야기는 단순한 언어적인 수단이 아니라, 우리가 사용하고 있는 성경 안에 선택되어진 방법이다. 이 성경적인 방식은 오늘날 현대인들이 선호하는 정보 입수 방법과 대조를 이룬다.

원리적인 것이거나, 철학적인 것이거나 또는 역사적인 것이던지 어떤 종류이던지 간에, 전형적으로 현대인들은 비인격적인(소위 과학적이라고 부르며 허세를 부린다) 정보를 모아 나름대로의 결론을 만든다. 그리고 현대인들은 수집한 정보들을 자신을 위해 해석할 수 있도록 외부의 전문가들에게 자문을 구한다. 그러나 우리는 정보에 의존해서 사는 것이 아니다. 오히려 남녀로 이루어진 공동체의 상황 가운데 존재하는 여러 관계들 속에서 살아가고 있다. 공동체 구성원 개개인은 나름대로의 경험과 동기와 욕망의 복잡한 꾸러미와 같다. 그리고 그 모든 관계들은 정의와 구원을 위하여 우리에 대한 계획들을 가지고 계신 인격적인 하나님이 실존하시는 상황 가운데 존재하고 있다.

정보 수집과 전문가의 의견은 독특하게 우리의 존재를 보여 주는 거의 모든 것을 제거해 버리는데, 우리의 개인적인 인생 역사와 관계, 우리의 죄와 죄의식, 우리의 윤리적인 특징과 하나님에 대한 순종 등이 그런 것에 해당된다. 어떤 이야기를 들려주는 것은 하루하루의 실제적이고 일상적인 현실을 살아가는 인생의 길을 설명하는 기본적인 언어적 수단이다. 실제적인 삶을 말하는 이야기에는 추상적인 개념이나 막연한 것이 없다. 있다 할지라도 간혹 볼 수가 있을 정도다. 실제적인 인생의 길을 담고 있는 삶의 이야기는 직접적이고, 분명하며, 즉흥적이거나 우연적이지 아니하며, 관계적이며, 인격적이다.

그러므로 우리가 자신의 삶과 접촉이 끊어지고, 자신의 영혼과 접촉이 끊어 졌을 때(우리의 윤리적 그리고 영적, 즉 하나님과의 인격적인 교제를 나누는 삶이 이루어지지 않을 때), 이야기는 우리가 그 접촉을 다시 계속할 수 있도록 해주는 가장 좋은 언어적인 수단이다. 이것이 하나님의 말씀(성경)이 대부분이 이야기 형식으로 주어진 이유이다.

다윗은 자기 삶에 본질적인 것으로부터 멀리 떨어져 있었다. 사랑의 문제와 정의에 관한 문제들이 이 시점에서는 압살롬이라는 인물 안에 뒤엉켜 뒤범벅이 되어있는 상태였다. 압살롬은 도피생활에 갇혀 있고, 다윗은 외로움에 포로가 되어있다. 요압이 이야기를 이용하여 모든 일이 다시 제대로 움직이게 하려고 시도하는 것이다. 드고아의 "슬기로운 여인"이 두 아들이 있는 과부로 행세하면서 한 아들이 다른 아들을 죽였다는 이야기를 했다. 계속해서 이야기 하기를 그녀의 가문에서는 형제를 살인한 아들을 사형시켜 처벌할 것을 지금 주장하고 있다.

그러나 그렇게 주장하는 그녀의 친인척들은 이 사건을 처리함에 있어서 그녀의 입장에 대해서는 관심이 없다. 오직 그들의 관심은 하나의 추상적인 원칙인 "정의"이지만 그녀에게 남아있는 것은 이 아들이 전부이다. 그녀의 남편은 죽었고, 한 아들도 죽었고 이제 "그들이 내게 남아 있는 숯불을 끄려고 한다"(7절). 그녀는 자기 가문의 정의에 대한 비인격적인 고집과 그녀의 생존해 있는 외아들, 즉 "내게 남아 있는 숯불"과의 관계를 위해 그녀에게 있어야 할 인격적인 필요 사이에 존재하는 마찰을 아주 뼈에 사무치듯 통렬하게 표현했다.

그녀의 이야기에 감동한 다윗이 비인격적인 기계로 변한 정의로부터 그 아들을 보호해 줄 것을 약속했다. "네 아들의 머리카락 하나라도 땅에 떨어지지 아니하리라"(11절) 그 이야기가 자신과 압살롬에 관한 문제, 즉 아들 압살롬에 대한 아버지의 "동경"이 자기 형을 죽인 압살롬에게 벌을 내려야 하는 왕의 임무와 갈등을 일으키고 있는 것을 말하고 있다는 것을 다윗이 눈치 채지 못했다. 그는 자기 자신도 알지 못한 채, 압살롬을 살인자로서가 아니라 아들로서 집으로 데려오게 하는 선택을 스스로 방금 결정한 것이다. 그 뒤, 드고아의 슬기로운 여인(선지자 나단이 했던 것처럼)이 직접 다윗이 알아차릴 수 있게 했다. "왕께서 죄 있는 사람같이 되심은 내어 쫓긴 자를 집으로 돌아오게 아니 하심이니이다"(13절)

그러자 다윗이 다른 어떤 것을 발견하게 되는데 이야기가 꾸며 낸 것치고는 자신의 처지와 상당 부분이 세밀하게 들어맞는 것이다. 다윗은 드고아 여인이 직접 꾸민 이야기가 아니라 요압이 만든 것으로 추정했다. 왕의 질문을 받자 여인은 순순히 사실을 시인했다.

그러나 이 무렵 그 이야기는 역할을 다했다. 결과적으로, 다윗은 자책과 문제 처리 방향에 대한 확신을 동시에 해결했다. 다윗은 그술의 외조부모 집에서 도피중인 압살롬을 데려 오도록 요압을 보냈다.

압살롬이 예루살렘으로 귀환함으로써 이야기의 흐름이 묘하게 전환된다. 왕으로서 정의에 대한 책임감보다도 아버지로서 자식을 향한 마음의 권리가 우선함을 단언하는 드고아 여인(그리고 요압)의 이야기는 다윗을 자극하여 압살롬을 도피처에서 돌아오도록 하였다.

그러나 그는 압살롬을 직접 보는 것은 거부하였다. 압살롬이 다윗의 면전에 나타나는 것은 허락되지 않았다. 압살롬에 대한 "동경"(요압이 이것을 이용해서 이야기를 꾸몄다)이 재결합과 회복으로 이어지지는 못했다. 그는 압살롬을 피했다. "내 얼굴을 보지 말게 하라"(24절)고 간략하게 명령을 내렸다. 회피함으로 끝난 "동경"을 어떻게 이해해야 할까?

성경의 진술을 주의 깊게 보는 사람들은 "공백"(blanks)과 "틈"(gaps)의 차이를 구별한다. "공백"은 별다른 의미가 없는 생략이라고 할 수 있는데, 어떤 면에서 독자들의 호기심을 부추기며 놀리는 것 같지만 이야기 자체에는 영향을 미치지 않는다. 반면에 "틈"은 의미 있는 삭제로서 알려진 내용으로써가 아니라 알려지지 않은 것으로 관심을 일으켜 독자들의 주의를 미리 환기시키는 기능을 한다.

압살롬이 예루살렘으로 귀환한 것을 말하는 이 본문은 일종의 "틈"이다. 그리고 우리가 주목하는 것은 다윗의 감정 상대가 그의 행동과 일치하지 않는다는 것이다.

일찍이(13:21) 다말의 강간 사건에 대한 다윗의 감정적인 분노는 다말에게 사랑을 베풀어 위로하거나, 암논을 법대로 처리하여 정의를 바로 세우거나 하는 어느 쪽으로도 조치를 취하는 것으로 이어지지 않았다. 이제 압살롬에 대한 다윗의 감정적인 사랑이 인격적인 만남으로 이어지지 못하고 있다.

본문의 기록자는 다윗이 압살롬 보기를 거부하는 원인을 전혀 암시하지 않는다. 그가 분명히 하고자 하는 것은 우리로 하여금 다윗이 느끼는 것과 그가 행동하는 것, 즉 그의 아들 압살롬에 대한 그리움과 그가 압살롬을 회피하는 것 사이에 깊이 갈라진 매우 깊은 틈을 보게 하려는 것이다.

14;25 온 이스라엘 가운데 압살롬 같이 아름다움으로 크게 칭찬 받는 자가 없었으니 저는 발바닥부터 정수리까지 흠이 없음이라 26 그 머리털이 무거우므로 년말마다 깎았으며 그 머리털을 깎을 때에 달아 본즉 왕의 저울로 이백 세겔이었더라 27 압살롬이 아들 셋과 딸 하나를 낳았는데 딸의 이름은 다말이라 얼굴이 아름다운 여자더라

이 무렵 압살롬은 이야기의 핵심 인물이 되었다. 그를 예의주시 해야 할 시점이 된 이유는 압살롬이 한동안 중심 무대에서 계속 활동하게 될 것이기 때문이다. 그의 특징을 한 마디로 요약해서 표현한 말이 "아름다움"이다. 그 아름다움은 온 나라가 감탄할 정도였다. 그의 아버지의 첫 인상을 묘사할 때도 똑같은 단어를 사용했다(삼상 16:12). 그 아름다움은 압살롬의 딸 다말을 통해서 다시 나타난다(27절). 압살롬은 다윗의 아름다움을 받았고 동시에 그것이 이어지게 했다.

압살롬의 뛰어난 용모는 그의 머리털로 요약된다. 일년에 한 번 자르는 이 특출하고 화려한 머리털은 후에 그의 운명을 결정짓는 한 역할을 하게 된다(18:9 참고). 압살롬이 가진 머리털의 걸출함은 해마다 자른 머리털의 양을 무게로 계량해 보니 1.5kg에 달했다는 설명으로 강조된다. 주석가 맥카터(McCarter)는 "특별히 정기적으로 씻어서 관리를 했다고 할지라도, 그것은 굉장히 많은 양의 머리털이다." 라는 말로 본문의 묘사(26절)를 설명했다.

14:28 압살롬이 이태 동안을 예루살렘에 있으되 왕의 얼굴을 보지 못하였으므로 29 요압을 왕께 보내려 하여 사람을 보내어 부르되 오지 아니하고 또다시 보내되 오지 아니하는지라 30 압

살롬이 그 종에게 이르되 보라 요압의 밭이 내 밭 근처에 있고 거기 보리가 있으니 가서 불을 놓으라 압살롬의 종들이 그 밭에 불을 놓았더니 31 요압이 일어나 압살롬의 집으로 와서 압살롬에게 이르되 어찌하여 네 종들이 내 밭에 불을 놓았느냐 32 압살롬이 요압에게 대답하되 내가 일찍 사람을 네게 보내어 너를 이리로 청한 것은 내가 너를 왕께 보내어 고하게 하기를 어찌하여 내가 그술에서 돌아오게 되었나이까 이때까지 거기 있는 것이 내게 나았으리이다 하려 함이로라 이제는 네가 나로 왕의 얼굴을 보게 하라 내가 만일 죄가 있으면 왕이 나를 죽이시는 것이 가하니라 33 요압이 왕께 나아가서 그 말을 고하매 왕이 압살롬을 부르니 저가 왕께 나아가... 왕이 압살롬과 입을 맞추니라

예루살렘 사람들 사이에 확산된 압살롬의 명성(25절)과, 아버지 다윗이 그에게 내린 왕실 출입금지령은 서로 모순이었다. 이 모순된 현상은 아버지와 아들 사이가 적대적으로 대립되는 결과로 끌고 가는 동안 작용함을 보게 될 것이다. 겉으로 느끼기에 그의 아버지 다윗 외에 모든 사람이 압살롬을 지나치다 싶을 정도로 사랑했다. 압살롬은 다윗이 고의적으로 그리고 계속해서 자기를 멀리하고 거부하는 것에 짜증이 났다.

압살롬 보기를 거절하므로(24, 28절) 다윗은 스스로 임박한 곤경을 자초했다. 이제 분명해진 것은 다윗이 압살롬에게 허락한 시면은 비인격적인 것이었다. 다윗의 용서는 일종의 사법적인 조치였지 아버지로서 포용한 것은 아니었다. 그는 압살롬이 고향으로 돌아올 수 있도록 허락하고 거주할 장소를 마련해 주었으나 그를 아들로서 개인적으로 맞이해 주지는 않았다. 더욱이 아들 압살롬이 아버지의 얼굴을 보는 것을 허락하지 않았다. 단순히 얼굴을 보는 만남의 차원이 아니라 아버지와 아들의 교제를 거부한 것이다.

죄는 죄를 먹고 산다. 다말을 강간한 죄악은 암논의 살인으로 이어지고, 이 죄악들을 거치면서 다윗은 냉혹해졌다. 압살롬은 암논의 죄악을 죄

악으로 되받았다. 압살롬은 살인하는 방법으로 암논을 제거했다. 다윗은 교제를 거부하므로 압살롬을 제거했다. 다윗은 압살롬의 죄악 때문에 그의 아들 암논을 잃었다. 다윗은 자신의 죄악 때문에 그의 아들 압살롬을 잃고 있다.

압살롬은 유배지에서 마음 졸이며 속을 태웠다. 지금 그는 집으로 돌아왔으나 가정에 있는 것이 아니다. 이것은 생활이 아니라 단지 머물도록 허락된 것에 불과하다. 그는 받아들임, 즉 개인적으로 용서를 확인해 주는 말을 원한다.

압살롬은 자기 아버지의 사랑을 원한다. 그는 먹을 양식과 거주할 집, 그 이상의 것이 필요하다. 그는 살기 위해서 은혜와 자비를 요구한다. 처음에 돌아 온 것을 단순하게 기뻐했다. 그러나 시간이 지날수록 자신에게 필요한 것은 자기에게 호의를 베푸는 왕의 칙령을 훨씬 능가하는 것임을 점차적으로 깨닫게 된다. 그에게 필요한 것은 **아버지**이다.

여기서 잠시 멈추고 생각해보자. 만약 다윗이 예수님이 들려주신 이야기인 아들이 먼 타국으로 가서 허랑방탕하게 살다가 집안을 수치스럽게 만드는 모습을 하고 돌아온 아들을 사랑으로 맞이해 주는 한 아버지의 이야기(눅 15장)를 미리 생각할 수 있었더라면 본문의 이야기가 어떻게 바뀌어졌을까?

집을 떠난 아들이 비록 방탕한 짓을 했다 할지라도 아버지는 아들을 용서하고 완전한 아들의 신분으로 회복시켜 줄 수 있는 길을 모색하면서 아들을 기다리는 것을 결코 포기하지 않았다. 드디어 돌아오는 아들을 보았을 때, 아버지는 달려가서 그를 맞이하고 품어주었다. 아들을 집으로 맞이해 들이고 큰 잔치를 베풀었다.

만일 다윗이 그런 아버지였더라면 어떻게 되었을까? 만약 압살롬이 자기 아버지 옆에 앉아 여동생 다말에 대한 애착, 암논을 향한 분노 그리고 도피생활의 고난 등을 아버지에게 이야기 할 수 있었다면 어떻게 되었을까? 아버지 다윗은 잃게 될 아들을 다시 얻게 되었을 것이고, 아들 압살롬은 잃게 될 아버지를 찾게 되었을 것이다.

다윗은 그렇게 하지 않았다. 오히려 압살롬을 엄하게 대했다. 우리는 다윗이 그렇게 한 나름대로의 이유에 대한 속사정을 모른다. 압살롬이 자신이 저지른 살인에 대한 책임감과 가책을 뼈저리게 느낄 때까지 벌을 주려는 그의 결정과 행동이 아들을 위해서 유익한 것이라고 생각한 것일까? 그의 통치 가운데 사건을 바로 처리하여 정의를 집행함에 있어서 두드러진 실패가 있은 후, 다윗은 압살롬을 처리하는 것으로 자신의 실정을 단번에 만회하려고 시도하는 것인가?

다윗이 자신의 입장을 합리화하기 위해서 어떤 방침을 사용하던지 간에 그 저변에는 개인적인 용서 불가, 은혜 보류, 자비 거절 등과 같은 기본원칙이 자리 잡고 있다.

이것은 다윗의 생애 중 세 번째로 중대하며 가장 변명할 도리가 없는 죄악으로써 그것에 대해 다윗이 자신의 삶 속에서 가장 값비싼 대가를 치르게 된다. 밧세바에게 저지른 간음죄는 정욕에 시로잡힌 순간에 저지른 사건이나. 우리아를 숙게 한 살인죄는 발각되는 것을 피하기 위한 다윗 왕의 반사작용이다. 그러나 압살롬을 거절하는 죄는 하나님께서 다윗 자신에게 주신 것을 자기 아들에게 주어야 하는 의무에 대한 단호하고 확고한 거절이다.

이것은 즉흥적인 범죄가 아니라 청사진을 가지고 저지르는 죄악이다. 이것은 장기적으로 전념하는 것과 광범위한 전략을 요구하는 죄악이다. 예루살렘은 그렇게 넓은 성이 아니므로 압살롬을 보게 되는 것(자의든 타의든)을 피하려면 주도면밀한 주의가 반드시 필요하다.

압살롬이 요압에게 전갈을 넣어서 자기 아버지를 만날 수 있도록 도와

줄 것을 요청했으나 요압이 그를 무시했다. 요압은 친밀성의 필요에 대해서 민감함이 있는 사람이 아니다. 그런데 말로 되지 않으면 행동이 말을 대신할 수 있다. 압살롬은 요압의 보리밭에 불을 질렀다. 그런데 그 행동이 요압의 주의를 환기시킨 것이다. 압살롬은 사면을 구하지 않았다. 회복을 요구하지도 않았다. 어떤 조건에도 상관없이 그는 아버지를 간절히 원했다. 자기 아버지가 그렇게 결정한다면, 그는 사형 선고라 할지라도 받아들일 각오를 단단히 하고 있었다.

그러나 무시당하는 것은 이제 지쳤다. 2년 전에 한 이야기와 함께 드고아의 여인을 사용해서 압살롬이 예루살렘으로 귀환할 수 있도록 했던 요압이 이제 본인이 직접 개입하도록 압력을 받고 있다. 요압은 다윗에게 가서 아들을 받아 줄 것을 아버지인 다윗에게 간청했다. 다윗이 결국 양보한다. 다윗이 자기 아들 압살롬을 받아들이고 그에게 입맞춤을 주었다.

그러나 그 입맞춤은 너무 늦게 이루어졌다. 너무 긴 시간이 지나간 것이다. 이 무렵 압살롬은 자신의 신분을 달리 생각했다. 자기는 더 이상 다윗의 아들, 자기 아버지가 받아 주기를 간절히 기다리던 그 아들이 아니라 자기 아버지를 몰아내고 그 자리를 대신하려는 야심에 찬 다윗의 적수로 여기고 있었다.

압살롬이 자기 아버지를 제거하고 이스라엘의 왕위를 빼앗으려는 생각을 언제부터 하게 되었는지(마음에 품기를 시작했는지)를 본문의 이야기는 분명하게 말하지 않는다. 이 불분명함은 의심할 여지없이 기록자가 의도한 것이다. 그러나 분명한 것은 그런 생각을 하기까지에는 긴 시간이 걸렸을 것이다. 그것이 바로 죄악이 작용하는 방법이다. 다시 말해서 죄악은 생각 가운데 자리를 잡은 뒤, 오랫동안 침묵하며 종종 알아 챌 수 없는 잠복기를 가진다. 그런 다음 격렬한 폭동을 일으키는데 가족과 공동체와 국가를 파괴시키는 일종의 폭력 전염병이다.

압살롬이 가한 일격(15:1-12)

15:1 이 후에 압살롬이 자기를 위하여 병거와 말들을 준비하고 전배 오십 명을 세우니라 2 압살롬이 일찍이 일어나 성문 길 곁에 서서 어떤 사람이든지 송사가 있어 왕에게 재판을 청하러 올 때에 그 사람을 불러서 이르되 너는 어느 성 사람이냐 그 사람의 대답이 종은 이스라엘 아무 지파에 속하였나이다 하면 3 압살롬이 저에게 이르기를 네 일이 옳고 바르다마는 네 송사 들을 사람을 왕께서 세우지 아니하셨다 하고 4 또 이르기를 내가 이 땅에서 재판관이 되고 누구든지 송사나 재판할 일이 있어 내게로 오는 자에게 내가 공의 베풀기를 원하노라 하고 5 사람이 가까이 와서 절하려 하면 압살롬이 손을 펴서 그 사람을 붙들고 입을 맞추니 6 무릇 이스라엘 무리 중에 왕께 재판을 청하러 오는 자들에게 압살롬의 행함이 이 같아서 이스라엘 사람의 마음을 도적하니라

7 사년 만에 압살롬이 왕께 고하되 내가 여호와께 서원한 것이 있사오니 청컨대 나로 헤브론에 가서 그 서원을 이루게 하소서 8 종이 아람 그술에 있을 때에 서원하기를 만일 여호와께서 나를 예루살렘으로 돌아가게 하시면 내가 여호와를 섬기리이다 하였나이다 9 왕이 저에게 이르되 평안히 가라 하니 저가 일어나 헤브론으로 가니라 10 이에 압살롬이 정탐을 이스라엘 모든 지파 가운데 두루 보내어 이르기를 너희는 나팔 소리를 듣거든 곧 부르기를 압살롬이 헤브론에서 왕이 되었다 하라 하니라 11 그 때에 압살롬에게 청함을 받은 이백 명이 그 사기를 알지 못하고 아무 뜻 없이 예루살렘에서 저와 함께 갔으며 12 제사 드릴 때에 압살롬이 사람을 보내어 다윗의 모사 길로 사람 아히도벨을 그 성읍 길로에서 청하여 온지라 반역하는 일이 커 가매 압살롬에게로 돌아오는 백성이 많아지니라

압살롬은 자기 형제를 살해할 계획을 세우고 적절한 기회를 기다리면서 2년을 보내고(13:23), 자기 아버지를 죽일 준비를 하면서 4년을 보냈다.

대부분의 사회에서 살인은 가장 무거운 범죄로 분류된다. 압살롬은 한

번도 아니고 두 번씩이나 조심스럽게 살인을 계획했다. 그러나 압살롬 자신이 살인자의 분위기를 느끼거나, 자신을 살인자로 생각하지 않았다. 그의 살인 계획인 두 계획이 모두 좋은 일을 한다는 탈을 쓰고 구상되고 실행되었다. 대개의 죄악들은 그렇게 저질러진다. 사람을 깜짝 놀라게 만드는 죄의 특징 중 하나는 죄의 능력인데 죄를 짓는 사람이 죄를 선하게 보도록 만들고, 그리고 죄를 짓는 사람(그가 어떤 종류의 사람이던지 상관없이)이 자기는 지금 꼭 필요하고 동시에 선한 일을 하고 있다고 스스로 확신하게 한다.

압살롬은 자신의 살인 계획을 정의의 행동으로 생각했다. 암논을 암살하므로 능욕당한 여동생의 명예에 대한 복수를 하고, 자기 아버지가 간과한 정의의 문제를 처리하고 있는 것으로 여겼다. 압살롬은 자신을 폭력적인 방법을 사용하도록 만든 원인이 다윗의 실패이므로 자신은 옳은 일을 하고 있는 것으로 여겼다. 다시 말해서 만약 다윗이 왕으로서 그리고 아버지로서 지금 압살롬이 하고 있는 것처럼 암논을 처리했더라면 압살롬은 자신의 폭행당한 것 같은 양심에 의해서 자기 형제를 죽이도록 강요당하지는 않았을 것이라고 생각했다.

압살롬이 암논을 죽인 것은 자기 아버지에게 시도한 암살을 위한 예행 연습의 의미가 있었다. 아버지를 죽이고 왕권을 찬탈하려는 계획은 "정의의 공백" 상황에서 힘을 얻으며 양성되었다. 왕국의 각지로부터 사람들이 나름대로의 불만을 가지고 예루살렘으로 찾아와 왕의 정의로운 판단과 해결을 원했으나, 결과는 왕은 그렇게 할 수 있는 능력이 없는 사람으로 여겨지고 있는 상황이었다.

착취로부터 약한 자들을 보호하고, "강한 힘"에 저항하여 옳은 것을 유지하고, 옳고 틀린 문제들을 다루는 재판관으로 행동하는 것과 관련해서 다윗은 조악한 태만에 빠져 있었다. 이러한 일들은 분명히 통치자로서 그가 당연히 해야 할 책임이었다. 그런데 그는 그런 일들을 하지 않고 있었던 것이다.

통치자의 의무를 다하지 못한 다윗의 실패는 압살롬의 분노에 불을 지핀 결과가 되었다. 그 분노는 약한 자들과 가난한 자들을 위한 관심의 부족이 만연한 것에 대한 의분(indignation)이며, 예루살렘 성내에 점증하는 불의를 보며 가지는 화(anger)이다. 압살롬은 차라리 자신이 통치자이기를 바랐다. 그러면 소송과 문제를 가진 모든 사람이 자신에게 올 것이고, 자신은 그들에게 정의로운 판결을 내려 줄 것으로 여겼다(4절). 자신은 결코 다윗과 같이 정의의 문제를 퇴보시키지 않을 것으로 믿었다.

처음부터 압살롬은 자신의 정치적인 야심을 위해서 사람들의 필요를 냉소적으로 이용하고 있는 것인지 모른다. 그렇다고 하면 그는 주변의 불의를 실제적으로 느끼게 되고 시간이 지남에 따라 그런 불의에 대한 분노는 아버지를 전복시키려는 그의 계략에 병합되게 되었다고 이해하는 것은 아주 신빙성이 있는 것이다. 대개 죄는 미세하게 시작해서 여러 가지 교활한 방법을 이용하여 슬며시 스며든다.

비록 정의의 실천 문제에 있어서 다윗의 실패가 왕이 되려는 압살롬의 야욕적인 구상의 출처는 아니라고 할지라도 그런 야심이 시행된 것에 대한 자기 합리화와 의로운 이유들을 만들어 낼 수 있는 환경을 제공한 것은 분명하다. 압살롬은 이렇게 이유를 내세울 것이다. "누군가 백성을 위해 나서서 그들을 대변해 줄 수 있는 사람이 없다는 것은 백성에게 불공평하며 나라의 유익을 위해서 유능한 왕이 필요하다. 그러므로 지금 내가 여기 있는 것은 이 일에 대하여 무언가를 하도록 하나님께서 주신 위치에 놓여 있는 것이다."

왕실 출입 금지를 당한 2년 동안 공평하게 대우 받아야 할 압살롬의 필요에 대해서 다윗이 다가가지 못함은 이스라엘 안에 정의 체제를 개혁하는 것에 관한 압살롬의 대중적인 관심에 개인적이고 감정적인 취지를 충분하게 공급했다. 또한 압살롬에게 있어서 중대한 문제의 전부는 자신의 개인적인 경험이며, 대중적인 관심은 하나의 구실일지도 모른다. 여하간 자신의 이미지 정의를 위하여 투신한 선지자로 발전시키고 있는 압살롬을 볼 수 있을 정도로 본문은 광범위한 자료를 제시하고 있다. 그의 이미지 만들기 계략대로라면 그는 살인을 계획하고 있는 것이 아니다. 그는 정의를 위하여 일하고 있다.

계획을 구상하는 4년 동안 압살롬은 능숙했고, 참을성이 있었고, 착했다. 첫째, 그는 유능한 지도자 상을 계발했다. 여러 필의 말들이 끄는 이륜 전차를 타고 그 앞에 오십 명이 달리는 광경은 백성들 사이에 자신의 지도자 상을 심기 위해서 의도된 것이다. 백성은 지도자다운 모습과 행동을 하는 지도자를 원하고 있었다. 압살롬은 신비할 정도로 매력적이고 뛰어난 외모와 많은 측근들을 가지고 있었으므로 그가 왕이 되기 위해서 혁명을 일으키기 전에 이미 왕처럼 보였다.

둘째, 압살롬은 백성의 필요를 알고 돌보아 주므로 평판을 쌓았다. 날마다 성문에서 가난한 사람들과 안부를 나누고, 자기가 얼마나 많은 관심을 기울이고 있는 가를 백성이 알 수 있도록 하는 것은 현 시대의 대중을 상대로 하는 기업이 잘 하고 있듯이 정밀하고도 꼼꼼하게 계획하고 실행된 전략이었다.

셋째, 다윗을 왕좌에서 축출하고 자신이 아버지의 자리에 왕으로 들어앉으려는 혁명 거사를 위한 발사대로서 종교적인 만찬의 환경을 이용했다. 압살롬은 자기가 구성한 각본을 위해서 섬광과 같은 것을 가지고 있었다. 그는 자신의 목적에 적합한 극적인 사건들을 각색하는 방법을 알고 있었다. 외곽 지역에서 마련된 양털 깎는 시기의 만찬은 암논을 암살하려는 자기 목적을 위해서 아주 잘 기여했다.

그러나 압살롬이 이제 사용하려는 사형대는 보다 키가 큰 것이다. 암논을 암살하려는 계획을 위해서 그에게 필요한 것은 암논을 죽이고 재빨리 그 자리를 피해 도망할 수 있는 조건이 되는 평상시와 같은 무대를 마련하는 것이었다.

그러나 이번에는 자신을 단순히 왕자로 존중하는 전 백성을 자기를 그들의 왕으로 섬기도록 바꿔 놓아야 하는데 시간을 다투는 문제였다. 그는 민심의 승인뿐만 아니라 종교적인 재가와 합법적인 보증과 같은 겉치레가 필요했다. 성스러운 도시 헤브론이 이 필요를 위해서 훌륭하게 공헌을 하게 된다.

압살롬이 자신의 매력적인 이미지와 동정적인 평판이 잘 구축된 것으로 확신하게 되자 그는 헤브론에서 종교적인 승인을 위한 만찬을 계획했다. 대중적인 승인이라는 상당히 중요한 겉치레에 더하여서 그는 이제 종교적인 재가와 법적인 인정을 보태고 있는 것이다. 그 만찬은 예배 행위로서 구성되었다. 압살롬이 도피생활 중에 맹세를 했는데 만약 하나님의 도우심으로 자기가 다시 예루살렘으로 돌아가게 된다면 안전하게 귀환할 수 있게 해 주신 하나님께 감사함으로 그가 헤브론에서 여호와께 경배드릴 것(8절)을 시원했다.

예루살렘에서 이백 명의 손님이 초대되었고, 그들은 무슨 일이 진행되고 있는지 아무것도 모르는 채 그런 성격의 예배를 위해서 규정된 법적인 참가자 수를 채워주었다(이 사람들에게는 잘못이 없다). 또한 그는 유명 인사인 아히도벨을 그 자리에 참석하게 했다.

아히도벨은 다윗 왕의 고문관으로서 뛰어난 지혜로 잘 알려진 사람이었다. 그들의 전문성으로 인해 존경을 받는 대중성을 가진 아히도벨을 포함한 이백 명의 초청 인사들의 참석은 그 자체로 강한 인상을 주는 합법적인 승인이다.

모든 일이 제대로 정리되자 압살롬은 사람들이 자신들도 모르는 사이에 혁명 거사가 완료된 것을 갑자기 감지할 수 있게 하려고 깜짝 쇼를 꾸몄다. 비밀리에 나라 전역에 전령들을 보내 신호가 떨어지면 동시에 "압살롬이 헤브론에서 왕이 되었다"라는 긴급 뉴스를 외치도록 한 것이다.

만약, 압살롬이 신중하게 만들고 있는 작전이 분명하게 진전되고 있을 때, 다윗의 통치가 실제로 계속 실패하고 있다면 압살롬이 왕이 되었음을 알리는 그 뉴스는 백성의 귀에 좋은 소식으로 들려질 것이다. 새 정권! 신선한 출발! 그러나 기민한 이스라엘 백성이 그 소식 안에서 하나님의 주권에 대한 암묵적인 거부를 듣게 되는 것 역시 가능한 일이다. 아무리 다윗이 부적절하고 흠이 있다고 할지라도 그는 하나님의 주권을 나타내는 대표자이기 때문이다.

"하나님이 왕이 되셨다"라는 표현은 이스라엘의 기도와 찬송 가운데 있는 신앙의 표준적인 선언이었다. 이스라엘의 예배적인 삶에 관한 것이 대부분인 시편들은 여러 배경에서 "하나님이 왕이 되셨다" 또는 "하나님은 왕이시다"라는 표현을 반복한다. 많은 학자들이 내린 결론에 의하면 이스라엘의 역사 가운데 이 당시에 이 표현은 이스라엘의 예배에 관한 본질적인 선언이었음을 잘 알 수가 있다(시편47, 93, 97, 99은 가장 두드러진 증거이다).

하나님의 주권적인 통치는 이스라엘의 삶의 중심이었고, 이 사실에 대한 증언은 이스라엘의 예배 안에서 주어졌다. 예수님께서 당신의 설교에서 그 선언을 인용하시므로 한계를 규정하는 표시로 삼으시고 이 중심성과 증언을 확증하셨다. "때가 찼고 하나님 나라가 가까왔으니 회개하고 복음을 믿으라"(막 1:15)

이 선언은 우리에게 "복음"(Gospel)이라는 용어를 주는데 정권은 바뀌었고 하나님이 왕이 되심을 알려주는 좋은 소식이다. "압살롬이 왕이 되었다.”라는 압살롬의 주장은 이스라엘의 신앙의 중심(다윗의 왕권이 그 중심성의 증거임)인 “하나님이 왕이 되셨다.”라는 선언을 어설프게 모방한 것이다. 압살롬의 주장과 이스라엘의 신앙의 선언은 거의 동일한데 단지 한 단어만 바뀌었다. “하나님” 대신에 “압살롬”이 들어가 있다.

“압살롬이 왕이 되었다!”

시간과 공간적으로 멀리 떨어져 있는 우리가 이 모방적인 선언이 백성들에게 미친 효과를 평가하는 것은 불가능하다. 그들은 제사의식(예배)에서 “하나님이 왕이 되셨다.”라는 선언을 항상 들어 온 터라 “OOO가 왕이 되었다.”라는 선언적인 표현은 그들에게 이미 과거부터 전해져 온 신앙적인 관용어이다. 따라서 온 나라에서 일시에 압살롬이 왕이 되었다는 소식이 알려질 때, 그들은 너무 감격해서 압살롬의 이름이 하나님을 대신하고 있음을 알아보지 못했을까?

이것은 종교적인 사람들 사이에서 아주 흔히 볼 수 있는데, 특히 그 상황에 동반되는 감정과 분위기가 충분히 사람들을 압도하고 있는 경우에 그러하거나 아니면 압살롬의 이름이 하나님을 대신하고 있음을 분명히 알았지만, 하나님의 왕권을 나타내는 다윗의 통치가 결함이 많고 일관성 있게 지속되지 못하기 때문에 일반 백성들이 그 소식을 환영하며 받아들인 것일까?

이것 역시 흔한 현상이다. 왜냐하면, 모든 일을 빨리, 보다 좋게 만들겠다는 통치자를 가질 수 있는 기회 앞에서 가슴 설레는 흥분과 함께 인간의 무능함에 대한 하나님의 광대한 관용과 인간의 죄에 대한 하나님의 무한하신 인내를 알고 하나님과 동행하는 삶에 신실하기를 포기하는 사람들이 많기 때문이다(국수주의적 독재 정권 또는 공산주의 등 어떤 종류의 정권이던지 대부분의 권위주의적 정권들이 통치하는 사회에서는 범죄율이

낮다). 아니면 "압살롬이 왕이 되었다." 라는 선언을 듣는 백성은 그 자체를 충격적인 신성모독으로 들었을까?

우리는 그것이 우리에게 어떤 의미를 가지는 것인지를 안다. 우리는 하나님의 통치의 본질에 대해서 오랜 기간 동안 배워왔고, 진정한 왕이신 예수 그리스도 안에서 그 학습을 완성했기 때문이다. 그러므로 압살롬의 선언은 뻔뻔스럽고 무식한 소치에서 비롯된 신성 모독임을 안다. 비록 때로는 부정적(사울의 경우)으로, 그리고 불완전(다윗의 경우)하게 보이지만, 우리가 지금 읽고 있는 이야기는 계획대로 이루어지고 있는 하나님의 주권에 관한 이야기이다.

사무엘이 "왕" 제도를 재가하기를 망설였던 것을 우리는 알고 있다. 심지어 사울이 자기의 인생을 가장 불행하게 만드는 장본인이었을 그 상황에서도 사울을 제거하고 왕위를 찬탈할 것을 거절하며, 자신의 본분을 유지한 다윗의 잘 훈련된 인내심을 이야기의 흐름과 함께 계속 인식해 왔다. 다시 말해서 사울은 하나님께서 "기름 부어 세우신 자"이며, 다윗은 그를 훼방하지 않으려고 했다. 우리는 다윗의 과묵함을 알고 있다. 그는 다른 사람들에 의해서 왕으로 세움을 받았다. 사무엘이 그에게 기름을 부었고, 헤브론의 장로들과 이스라엘의 장로들이 그를 왕으로 추대했다. 그럼에도 불구하고 다윗은 주권에 관한 어떤 개인적인 권리도 내세우지 않을 정도로 과묵했다.

본문의 기록자는 다윗은 결코 스스로 왕권을 요구하지 않았다는 것과 사울을 몰락시키기 위해 개인적으로 어떤 것도 하지 않았음을 보여주려는 목적으로 우리가 보고 있는 바와 같은 내용을 하나씩 진술하고 있는 것이다. 이런 방식으로 이야기를 진술하게 된 한 가지 동기는 두말할 것 없이 정치적인 것이다.

이렇게 진술된 이야기는 다윗이 불법적으로 왕권을 찬탈한 것으로 의심하는 당시의 사람들 사이에 떠도는 의혹을 해소해 준다.

그러나 보다 심오한 동기는 분명히 신학적이다. 다시 말해서 다윗은 한 순간이라도 자신의 리더십을 개인적인 권력의 위치로 생각하지 않았다. 하나님께서 통치하시고, 하나님께서 왕이 되셨고, 다윗은 단지 하나님의 주권을 위한 증인이자 종임을 명심했다.

다윗의 이야기에는 "다윗이 왕이 되었다." 라는 표현이 없다. 그런 선언은 오직 하나님께 드리는 예배에서만 표현되었다(시편 47, 93, 96-99). 그리고 다윗에 관한 바로 이 점이 그를 믿음의 이야기의 중심에 있게 만들었다. 그가 위대한 왕이기 때문이 아니라(그는 위대하지 않다. 왜냐하면 그가 저지른 비윤리적이고 정치적인 잘못들은 유별나게 눈에 띌 정도로 현저하다) 오히려 하나님을 대신할 왕으로서 자신을 내세운 적이 한 번도 없었기 때문이다.

분명한 것은 기록자가 다윗에 관한 좋지 않은 내용을 우리에게 말해주고 그를 이상적인 인물로 만들거나 눈에 돋보이는 매력적인 위인으로 부각시키는 것을 거부하기를 주장하는 이유들 중의 한 가지는, 하나님의 주권이 인간의 실패와 죄로 섞여있는 혼란한 인생을 통하여 이렇게 시행되어지고 있는기를 보여주기 위함이다.

이 시점에서 본문의 이야기가 우리에게 비춰주는 죄는 일종의 종교적 행위라는 근본적이고 자주 실증된 진리를 숙고하는 것이 본문 이해의 마무리를 위해서 매우 중요하다. 죄는 스스로 나타나서 하나님을 위하여 또는 스스로 일종의 신으로서 좋은 일을 행하는 한 방법인 것처럼 사람들이 여기고 받아들이도록 하여 그런 사람들에 의해서 실행되어지게 한다. 이 통찰력을 지지하는 사실들 가운데 한 가지는 본문의 기록자가 압살롬을 귀신들린 사람으로 취급하기 보다는 오히려 반대로 진술하는데 아주 매력적으로 소개한다.

그의 준수한 용모, 약한 자(능욕 당한 다말 그리고 불의의 피해를 당한 백성)를 돌아보는 것에 대한 그의 평판, 그가 사람들의 필요를 제대로 알기 위하여 사람들을 가까이 하는 것과 같은 그의 공손함과 용의주도함, 헤브론에 마련된 만찬에 초청 받은 이백 명의 인사들이 압살롬의 초청을 기쁘게 받아들인 점, 그리고 유명한 정치 고문관인 아히도벨이 그를 지지하는 사실 등은 압살롬의 장점과 명성을 돋보이게 하는 내용들이다. 이제 우리는 사람들이 압살롬에게 끌리게 된 이유를 알 수 있다. 우리가 그에게 끌리고 있다.

이야기의 진술은 압살롬을 악마로 취급하지 않는 동시에 다윗을 실제보다 더 나은 사람처럼 신앙적으로 가장하지도 않는다. 다윗은 표본적인 삶을 실천했던 "모범"으로서 우리에게 제시되는 것이 아니다. 그의 잘못들이 머리기사처럼 명시되어 있는 것도 아니다. 그러나 행간을 읽다 보면 그리 많은 시간이 걸리지 않고도 다윗 역시 야비한 왕이었음을 알게 된다. 압살롬이 일으킨 반역은 "딱히 규명할 수 없는 슬픔의 덩어리를 오랫동안 먹으면서 자라 온 것으로 보인다."(존 브라이트John Bright가 쓴 「이스라엘의 역사」 참조) 다윗은 압살롬이 그에게 안겨 준 모든 재난을 마땅하게 여기는 어떤 감각이 있다.

지금 우리에게 주어진 것은 "선한 다윗" 또는 "나쁜 압살롬"으로 표현한 만화 그림과 같은 것보다 훨씬 좋고 더욱 만족스러운 것이다. 우리는 본문의 이야기를 보면서 연약하고, 완고하고, 불순종적이고, 때로는 후회하고, 때로는 그렇지 않는, 여러 종류의 사람을 만난다.

그러나 하나님의 영광을 위해서 살도록 창조된 사람들을 통해서 시행되어지는 하나님의 은혜로운 주권에 관한 이야기에 몰두하고 있다. 이것이 우리로 하여금 이 이야기를 읽고 또 읽게 하고, 그리고 이야기의 핵심이 "좋은 소식" 곧 **복음**임을 깨닫게 해 주는 실체이다.

도주하는 다윗(15:13-16:14)

형식과 내용에 있어서 호머(Homer)의 오디세이(Odyssey)로부터 초서 (Geoffrey Chaucer "영시(Poem in English)의 아버지"로 불리는 영국의 시인1340-1400년 - 역자 주)의 「캔터베리 이야기」들에 이르기까지 여행을 소재로 한 진술들은 이질적인 사람들의 동행과 여러 가지 다양한 동기들을 일관되고 포괄적인 하나의 구성 안에 함께 유지하기에 아주 적합하다. 다윗의 예루살렘 탈출기와 귀환은 지금까지 세상에 알려진 여행 이야기들 가운데 최고 수준급에 속하는데 단지 예수님이 겟세마네에서 골고다까지 걸으셨던 그 "길"의 여행 이야기에 뒤질 뿐이다. 현재의 본문에서 시작되는 여행은 사무엘하 20장에서 종결된다. 이 여행 이야기는 다윗 이야기 전체 중에서 가장 격렬하고 상세한 부분이다.

15:13 사자가 다윗에게 와서 고하되 이스라엘의 인심이 다 압살롬에게로 돌아갔나이다 한지라 14 다윗이 예루살렘에 함께 있는 모든 신복에게 이르되 일어나 도망하자 그렇지 아니하면 우리 한 사람도 압살롬에게서 피하지 못하리라 빨리 가자 두렵건대 저가 우리를 급히 따라와서 해하고 칼로 성을 칠까 하노라 17 왕이 나가매 모든 백성이 다 따라서 벧메르학에 이르러 머무니 18 모든 신복이 그 곁으로 지나가고 모든 그렛 사람과 모든 블렛 사람과 및 왕을 따라 가드에서 온 육백 인이 왕의 앞으로 진행하니라

앞에서 보았던 "압살롬의 행함이 이 같아서 이스라엘 사람의 마음을 도적하니라"(15:6) 하는 구절을 이제 정교하게 검토해야 할 필요가 있는 시점이다. 교활함으로 성공한 그 도둑질(사람들의 마음을 가로채는 것)이 이제 표면화되고, 다윗의 통치에 대항하는 대중적인 반역을 일으키는데 이

용되어진다. 무대 배후에서 일을 하며 몇 년을 보낸 후, 압살롬은 무대의 중앙으로 등단해서 자신이 왕임을 주장한다. 다윗은 자신의 왕권과 왕궁을 포기하고 목숨을 부지하기 위해 도망해야 할 입장에 처한다.

백성들 가운데 많은 사람들(전부는 아니지만)이 압살롬의 편으로 넘어간다. 한편, 다윗은 가신들과 개인적인 친위대만을 대동하고 예루살렘을 탈출한다. 그렛 사람들(the Cherethites)과 블렛 사람들(the Pelethites)은 다윗에게 고용된 외인 용병들이므로 다윗의 개인적인 명령에 따라 움직이는 사람들이다. 육백 명의 가드 사람들(the Gittites)은 블레셋 사람들로서 다윗이 시글락에서 망명 시절을 보낼 때에 그와 동고동락 했고(삼상 27-30장), 다윗이 헤브론과 예루살렘으로 입성할 때, 함께 데리고 왔던 다윗의 측근들이다.

비록 급히 서둘러야 할 상황이지만 그런 와중에서도 어떤 의식적인 예의범절이 지켜졌던 것으로 보인다. 다시 말해서 이 모든 사람들이 자기보다 앞서서 다 지나 갈 때까지 왕은 예루살렘의 변방(벤메르학 또는 먼 궁 the last house 17절)에서 기다린다. 이것은 후대의 뱃사람들의 전통과 비교되어지는데 선장은 가라앉는 배를 떠나는 마지막 사람이다. 다윗은 여전히 왕이다. 그는 자기만 살자고 정신없이 도망가는 졸장부로 바뀌지 않았다. 다윗은 자기와 함께 하는 사람들을 돌보기 위해 스스로 뒤에 머물므로 위엄을 갖추었다.

아주 간단한 단어인 "벤메르학"은 우리로 하여금 다윗의 진면목을 충분히 드러내는 다윗의 행동을 제대로 보지 못하도록 가로막는다. 다시 말해서 이 긴박한 상황 속에 다윗이 처신하는 행동을 접하면서 우리는 다윗이 단순히 압살롬을 대응하는 행동을 하고 있는 것이 아니라 오히려 자신의 보호 아래 남겨진 사람들을 위해서 책임을 다하고, 다급한 곤경 가운데서도 전략적인 결정들을 만들 정도로 침착하게 대처하는 다윗을 보게 된다.

벤메르학의 지형적인 조건은 다윗의 처신의 진실을 오해하게 할 수 있는 요소이다.

다윗의 탈출 이야기를 읽을 때, 탈출 경로의 정경을 이해하는 것이 도움이 된다. 그 경로는 예루살렘에 있는 언덕에서 시작해서 요단강(사해로 진입하는 지역)으로 내려간다. 예루살렘은 이스라엘 땅(가나안)에서 해발이 가장 높은 지역이며 요단강은 가장 낮은 지역이다. 다윗이 예루살렘에서 요단강으로 내려 간 그 경로는 여호수아가 이백 년 전, 히브리인들을 그들의 약속의 땅으로 인도해 들일 때에 요단강을 건너서 올라 왔던 그 길과 같다. 이 이야기의 최초의 독자들(주전 9세기의 독자들 - 역자 주)은 그 길과 그것이 속해 있는 지역에 관한 내용을 잘 알고 있었다. 그 경로의 지형적인 특징들은 이야기의 진술 속에 깊이 새겨져서 사건의 현장감과 생동감을 제공하는데 이바지한다.

예루살렘을 떠나 동쪽으로 진행하면 먼저 계곡으로 이어지는 짧은 내리막길을 만나는데 기드론 골짜기(the Wadi Kidron)라고 하며, 그 길에 이어서 짧은 오르막이 나오는데 감람산으로 이어지는 길이다. 감람산 정상을 넘어 얼마 안 가면 본문에 두 번이나 언급된 사람 바후림(Bahurim)이 거주하는 마을이 나온다. 그 다음에 긴 내리막길을 만나게 되는데 이 길은 숲 지역을 통과해서 여리고가 가까운 요단강에 이른다. 이 길이 바로 예수님의 선한 사마리아인 비유의 지형적 배경으로 소개된 유명한 "여리고 가는 길"이다.

도피하는 와중에서도 다윗이 개인적인 관심을 기울였던 열 명의 사람이 선별되어 소개되는데 그들 개개인과 관련된 지역을 도피 행로를 따라서 나열되어 있다. 그 경로의 지형적인 특징들과 전체적인 정경을 이해하므로 도피 행로의 진행 과정이 순서대로 되어 있음을 확인할 수 있는 것이다. 그런 이해에 근거하여 복잡하게 보이는 본문의 진술을 다음과 같이 간략하게 요약 정리할 수 있다. 예루살렘의 벧메르학에서 잇대(Ittai)(15:17-23), 기드론 골짜기를 막 지난 지점에서 아비아달과 사독 그리고 그들 각자의 아들인 아히마아스와 요나단(15:24-29), 감람산의 오르막길에서 아히도벨(15:30-31), 감람산 정상에서 후새(15:32-37), 정상을 막 지난 지점에서 시바(16:1-4), 약 2km 정도 더 나아가 바후림의 마을에서 시므이와 아비새(16:5-13).

이 사람들은 다윗이 고향과 일터, 가족과 안전한 환경을 뒤로하고 떠나야 하는 처지에 있을 때, 그가 교제를 나누던 동지들로서 말하자면 벗들이나 다름없다. 이 위기의 사건 안에 신앙과 고난에 관한 그 당시의 경험이 얼마나 많이 압축되어 있는가! 본문에 특별히 거론된 열 명의 이름은 본문의 이야기의 인격적이며, 개인적인 특성을 유지해 줄 뿐만 아니라 이야기를 극적으로 살아 움직이게 만든다. 다시 말해서 이야기의 흐름이 조작된 구성, 즉 죽은 이야기가 아니라 실제의 인간적인 사건을 진술하는 것임을 느끼게 하는 극적인 생동감을 주는 요소이다.

15:19 그 때에 왕이 가드 사람 잇대에게 이르되 어찌하여 너도 우리와 함께 가느냐 너는 쫓겨난 나그네니 돌아가서 왕과 함께 네 곳에 있으라

잇대는 이 어두운 이야기 속에서 밝게 빛나는 한 지점과 같다. 그는 골리앗의 고향인 가드(Gath) 출신의 블레셋 사람이다. 다윗은 초기에 블레셋 사람들을 패배시키므로 이스라엘 가운데 그의 입지를 굳혔다. 그런데 지금 그의 후반기 인생에서 블레셋 사람 잇대가 그의 동지 중에 한 명이 되어서 그에게 도움을 주고 있다. 그만한 대가를 받는 조건으로 다윗과 함께하고 있는 그렛 사람들과 블렛 사람들과는 달리 잇대는 개인적인 충성심 그리고 아마 영적인 확신 때문에 다윗 곁에 있다.

잇대는 다윗의 하나님께로 개종한 사람인가? 충분히 그럴 가능성이 높다. 왜냐하면 신학적인 용어들이 두 사람의 대화에 사용되고 있기 때문이다. 다윗은 하나님의 "은혜와 진리"로 잇대를 축복하고(15:20 Kindness and Faithfulness), 잇대는 이스라엘의 신앙고백적인 표현(15:21 여호와의 사심으로 맹세하옵나니)을 사용하여 다윗에게 대답한다. 다윗은 블레셋 사람들을 섬멸하는 것으로 시작해서 그들을 개종시키는 것으로 마무리하고 있다.

여기서 우리는 대조를 보는데 자기를 배신한 아들을 피해서 도주하는 다윗에게 한 낯선 사람이 다가와 자신의 생명을 잃을 수도 있는 위험에도 불구하고 다윗을 도와주고 있다. 또한 우리가 볼 수 있는 것은 다윗에 대한 잇대의 충성심은 다윗의 고조모인 룻(이방인)의 나오미에 대한 충성심의(룻 1:16-18) 메아리라는 점이다.

15:24 사독과 그와 함께한 모든 레위 사람이 하나님의 언약궤를 메어다가 내려놓고 아비아달도 올라와서 모든 백성이 성에서 나오기를 기다리더니 25 왕이 사독에게 이르되 하나님의 궤를 성으로 도로 메어 가라 만일 내가 여호와 앞에서 은혜를 얻으면 도로 나를 인도하사 내게 그 궤와 그 계신 데를 보이시리라 27 왕이 또 제사장 사독에게 이르되 네가 선견자가 아니냐 너는 너희의 두 아들 곧 네 아들 아히마아스와 아비아달의 아들 요나단을 데리고 평안히 성으로 돌아가라

잇대를 이어서 아비아달과 사독이 이야기의 밝은 면을 보여준다. 그들은 제사장들로서 언약궤를 가지고 다윗에게로 왔다. 이 언약궤는 다윗이 축제의 행진과 함께 예루살렘으로 옮긴 바로 그 언약궤(삼하 6장)이며, 이스라엘 가운데 계시는 하나님의 임재와 권능을 나타내는 아주 강력한 상징이다. 다윗은 그들에게 언약궤를 예루살렘으로 돌려보낼 것을 명령했다. 다윗은 자신을 유리하게 만들기 위해서 하나님을 "이용"하기를 거절했다. 바로 한 세대 전에 그런 행위가 저질러졌으나(삼상 4장) 비참한 결과를 당했다. 다윗은 생명의 위험을 피해서 도망하고 있는 중이다.

그러나 그는 자기의 손 안에 있는 모든 수단을 사용하여 왕권을 보유하기 위해 발악하듯 몸부림치려고 하지 않았다. 다윗은 지도자들 중에 아주 보기 드문 인물이다. 그는 권력 소유, 통치의 실세인 여부, 자신의 통치를 지지하는 하나의 체제로써 자기 주변의 모든 사람들과 특정 인물(하나님 포함)을 이용하는 것 등에 사로잡혀 있는 지도자가 아니었다. 또한 그는 정치와 가족에게서 얻는 역동성보다도 압살롬의 반란에 더 많은 동력이 있음을 잘 깨닫고 있었다. 그 반란을 통해서 하나님의 심판이 이루어지고 있음을 깨달은 것이다. 그러므로 압살롬을 피해 대피하고 있는 그 와중에도 불구하고 다윗은 하나님의 심판에 복종하기에 힘썼다.

하지만 하나님의 심판에 참회하는 자세로 굴복하는 것에 결부시켜서 자신에게 유리하도록 언약궤를 이용하는 것을 거절한 깊은 도덕적 결정은 다윗 자신에게 주어질 이익을 완전히 가로막지 않았다. 예루살렘으로 돌아간 두 제사장과 그들의 아들들이 정보원으로서 다윗에게 유익을 줄 수 있게 된다. 경건함과 실천적인 신앙의 삶은 서로 배타적이지 않다. 오히려 이 둘은 서로 아주 편하게 여기는 동료이다.

15:30 다윗이 감람산 길로 올라갈 때에 머리를 가리우고 맨발로 울며 행하고 저와 함께 가는 백성들도 각각 그 머리를 가리우고 울며 올라가니라 31 혹이 다윗에게 고하되 압살롬과 함께 모반한 자들 가운데 아히도벨이 있나이다 하니 다윗이 가로되 여호와여 원컨대 아히도벨의 모략을 어리석게 하옵소서 하니라

다윗 정부의 내각 중에 아마도 아히도벨이 가장 큰 비중을 차지할 것이다. 그는 다윗이 신뢰하는 고문관으로서, 백성들 사이에는 지혜자로 평판

이 나 있는 사람이었다(16:23).

그러나 이야기의 내막을 아는 우리는 그가 이미 압살롬의 음모에 가담한 것을 알고 있지만(15:12) 다윗은 이 사실을 모르고 있었다. 그런데 이제 그 전모를 알게 되었다. 아히도벨이 압살롬의 혁명군에 가담했다는 보고를 다윗이 들었을 때, 엄청난 여파가 예상되었다. 만약 아히도벨이 압살롬을 지지한다면 일반 대중들은 하나님께서 압살롬과 함께 하시는 것으로 결론을 내릴 것이다. 단순히 압살롬과 함께 예루살렘에 머물고 있는 것만으로도 아히도벨은 압살롬의 혁명에 재가와 적법성을 부여하게 된다.

그러나 아히도벨에 관한 보고를 듣고 다윗이 보인 반응은 다음과 같이 기도하는 것이었다. "여호와여 원컨대 아히도벨의 모략을 어리석게 하옵소서"(31절) 우리는 일반적으로 다윗을 기도의 사람으로 생각한다. 시편의 상당수가 다윗의 저작으로 되었고, 그 시편들은 그의 왕성한 기도를 담고 있다.

그러나 불륜으로 밧세바에게 잉태된 아이가 사산 될 당시 그 아이의 무사함을 위해서 칠일을 금식한 이후(12:16-18), 기도하는 다윗을 본문에서 처음으로 대하게 된다.

그의 가속과 통치 업부가 동시에 혼돈 상태에 빠져 허우적거리던 지난 몇 년 동안 다윗은 삶의 정황을 제대로 보수하려고 하지 않았다. 그렇다고 해서 증거가 있는 것은 아니지만 그가 하나님을 주의 깊게 경청하며 집중했던 것도 아니다. 그러나 소위 아히도벨 위기는 그로 하여금 다시 무릎으로 돌아가게 했다. 그는 기도했다.

노벨상을 수상한 소설가 이삭 바세비스 싱어(Isaac Bashevis Singer)는 한 라디오 대담에서 다음과 같이 말했다. "고난 가운데 있을 때, 나는 단지 기도합니다. 그런데 나는 항상 고난 가운데 있기 때문에 나는 항상 기도합니다." 다윗은 고난 가운데 있으며, 다윗은 기도하고 있다.

15:32 다윗이 하나님을 경배하는 마루턱에 이를 때에 아렉 사람 후새가 옷을 찢고 흙을 머리에 무릅쓰고 다윗을 맞으러 온지라 33 다윗이 저에게 이르되 네가 만일 나와 함께 나아가면 내게 누를 끼치리라 34 그러나 네가 만일 성으로 돌아가서 압살롬에게 말하기를 왕이여 내가 왕의 종이니이다 이왕에는 왕의 부친의 종이었더니 내가 이제는 왕의 종이니이다 하면 네가 나를 위하여 아히도벨의 모략을 패하게 하리라… 37 다윗의 친구 후새가 곧 성으로 들어가고 압살롬도 예루살렘으로 들어갔더라

아렉 사람(the Archite) 후새는 "다윗의 친구"로 지칭되고 있다(37절). 본문에 사용된 "친구"라는 용어는 우리의 일상적인 대화에서 그것에 부여하는 그 이상의 의미를 지니고 있다. 고대 이집트의 문헌들에 의하면 당시 문화에서 통용되던 이 용어의 공식적이고 명예로운 의미가 있었다. 후새는 왕의 "친구(buddy)"일 뿐만 아니라 왕의 신뢰를 받는 고문관이다. 그런 면에서 후새는 아히도벨과 견줄 만한 직위와 권력을 가진 사람이다. 다윗은 그를 예루살렘으로 돌려보내면서 반란 세력의 동태를 보고해 줄 것을 당부했다.

겉으로 보기에는 가장 뛰어난 두 명의 "지혜자"인 아히도벨과 후새가 예루살렘에 남음으로써 그들이 압살롬 편에 가세한 것처럼 보이게 되었다. 이것은 압살롬 반란의 적법성과 백성의 지지 확보를 위해서 강력한 보증이 된다. 그러나 압살롬이 모르고 있는 것은 둘 중에 한 명이 은밀하게 잠입한 다윗의 사람이라는 것이다. 이제 다윗은 다섯 사람을 전략적으로 예루살렘에 배치해서 자기를 위해 일하도록 했다. 그 다섯 사람은 아비아달, 사독, 요나단, 아히마아스, 후새이다.

16:1 다윗이 마루턱을 조금 지나니 므비보셋의 사환 시바가 안장 지운 두 나귀에 떡 이백과 건포도 일백송이와 여름 실과 일백과 포도주 한 가죽 부대를 싣고 다윗을 맞는지라

시바는 사울의 종이었다가 지금은 요나단의 아들 므비보셋의 재산을 관리하는 집사이다(삼하 9장). 그에 대한 이야기는 그가 다윗과 함께 한 사람들에게 빵과 과일과 포도주로 준비된 식량을 가져온 것이다. 그때 시바가 다윗에게 자기 주인 므비보셋이 통치권의 몰락처럼 보이는 혼돈을 틈타 유일하게 생존해 있는 사울의 상속자인 자신이 왕이 될 것이라는 희망을 가지고 다윗에게 등을 돌렸다고 고자질과 같은 보고를 했다. 시바가 진실을 말하고 있는지 아니면 자기가 꾸민 이야기인지에 대해서 본문은 분명하게 밝히지 않는다.

얼마 후, 그때 무슨 일이 일어났는가를 보고하는 므비보셋의 이야기는 시바의 보고와 전혀 다른 내용으로 나타난다(19:24-30). 그러나 이 시점에서는 다윗이 시바를 믿고 그의 도움을 받아들여 므비보셋의 전 재산을 시바로 가지게 했다. 우리는 시바가 진실을 말한 것인지 아닌지를 밝혀서 결론을 지으려 하거나 그가 다윗의 압살롬 위기를 자신의 유익을 위해 이용하려는 의도가 있는지를 밝히려고 할 필요가 없다. 곤경과 위기의 시기에 시바와 같은 자는 언제나 있게 마련이다.

상처 입은 사람, 곤경에 처한 사람, 재난을 당한 사람, 버림받은 사람들은 감정이 예민하여 상처 받기 쉬운 연약한 사람들이다. 고난 중에 있는 사람을 이용하여서 자신의 유익을 도모하는, 소위 "직업적인 도움"을 잘 사용하는 수많은 사람들은 소름끼치게 한다.

시바는 찰스 디킨스(Charles Dickens)의 소설「올리버 트위스트」에 나오는 인물인 파긴(Fagin)의 정신적인 조상이라 할 수 있다. 파긴은 자신의 신조를 다음과 같이 간결하고 명료하게 말했다. "어떤 마법사들은 3이 마법의 숫자라 하고, 어떤 마법사들은 7이 마법의 숫자라고 하지만 둘 다 아니라네. 친구여, 둘 다 아니야. 신기한 힘을 발휘하는 마법의 숫자는 1이라네. 하!하! 넘버원은 영원할 걸세!"

16:5 다윗 왕이 바후림에 이르매 거기서 사울의 집 족속 하나가 나오니 게라의 아들이요 이름은 시므이라 저가 나오면서 연하여 저주하고 6 또 다윗과 다윗 왕의 모든 신복을 향하여 돌을 던지니 그 때에 모든 백성과 용사들은 다 왕의 좌우에 있었더라

시므이는 심판의 날(종말)에 활동하는 선지자의 직무를 수행한다. 그는 다윗의 수치스런 몰락에 기존의 관심이 있는데 그는 사울과 관계가 있기 때문이다.

그런데 지금 이스라엘 왕국이 우리가 생각해 왔던 것만큼 다윗의 왕권 아래서 잘 통합되어 있지 못한 것으로 보인다. 거기에는 다윗 통치에 대해서 입장을 달리하는 사람들의 집단이 있었는데 자신들을 사울의 충신으로 주장하는 사람들이었다. 그들은 다윗이 약화되기를 기다리고, 바라고, 예의 주시하고 있으면서 그런 기회가 오면 그것을 이용하여 자신들이 다시 권력의 자리로 돌아갈 것을 꾀하고 있었다. 이 혐의를 위한 한 실마리가 자기 주인 므비보셋이 사울의 상속자로서 여전히 왕이 되는 것에 대한 열망을 가지고 있다는 것을 고자질하는 시바의 보고 내용에서 주어졌다(16:3).

이제 시므이가 마치 자신이 선지자인 것처럼 현재의 사건들을 사울 편을 지지하는 하나님의 행동으로 해석하고 있다. 얼마 후, 세바가 사울 왕조를 재건하려고 시도하나 실패로 끝난다(삼하 20장). 그러므로 시므이는 단지 자신의 개인적인 생각을 말하고 있는 것이 아니라 다윗의 통치 기간 내내 다윗이 불법적으로 사울의 왕권을 찬탈한 것으로 간주하고 있는 일단의 사람들의 입장을 대변하고 있는 것이다.

다윗이 수치와 불명예 속에서 예루살렘을 떠나 도주하고 있는 그때에, 그날의 사건들 가운데 역사하고 있는 하나님의 손을 구별하는 선지자로서 시므이가 표면에 나서서 말하고 있다(16:8).

하나님께서 다윗을 심판하고 계시다고 시므이는 분명하게 단언하며 하나님의 이름으로 다윗을 저주했다. 그는 자기 자신을 최후 심판을 알리는 선지자로 자처하고 있는 사람이다.

돌을 던지고 저주를 퍼부으면서 시므이는 지옥불과 유황이 이글거리는 설교를 했다. 그의 설교는 다음과 같이 바꾸어 표현할 수 있다. "쓸모없는 노인네야! 이 마을에서 떠나라. 살인자! 더러운 늙은이 살인자야! 부패하고 비루한 왕! 사울의 모든 족속의 피를 흘린 왕!"과 같은 말로 다윗에게 쏟아 붓는 저주는 그에게 날아드는 돌멩이들보다 더 깊은 상처를 안겨주었음이 틀림없다.

이런 종류의 예언은 종교 분야에서 계속해서 인기를 누리고 있다. 각종 신문이나 여러 회보들은 수많은 현대판 "시므이" 선지자들이 이용할 수 있는 기사들을 제공하는데 그들은 재난이나 불행한 소식들을 접할 때, 쇳소리를 내면서 인간의 매사를 간섭하시는 하나님의 개입을 외치고 있다. 그런 쇳소리로 전달하는 저주의 설교를 그럴듯하게 들리도록 해줄 수 있을 정도로 많은 죄와 부패가 언제나 우리 곁에 있다.

그러나 그런 "시므이" 선지자들이나 그들의 설교는 하나님의 말씀 또는 주변에서 일어나는 사건들에 대한 신중하고도 사심이 배제된 이해를 바탕으로 행해지는 것이 아니다. 그런 소리들은 권력과 관련된 분노, 권력에 대한 질투 그리고 권력을 바라는 욕망의 복합적인 독성 내용물에서 발효된 것이다.

16:9 스루야의 아들 아비새가 왕께 여짜오되 이 죽은 개가 어찌 내 주 왕을 저주하리이까 청컨대 나로 건너가서 저의 머리를 베게 하소서 10 왕이 가로되 스루야의 아들들아 내가 너희와 무슨 상관이 있느냐 저가 저주하는 것은 여호와께서 저에게 다윗을 저주하라 하심이니 네가 어찌 그리하였느냐 할 자가 누구겠느냐 하고

다윗의 군대 지휘관 중의 한 사람인 아비새는 "여리고 가는 길"에서 중요한 역할을 한 사람들을 열거해 놓은 명부에서 열 번째이자 마지막 사람이다. 아비새가 신성 모독적이고 잔인한 말을 쏟아 놓는 시므이를 죽일 것을 제안한다. 아비새와 그의 형 요압(스루야의 아들들)은 다윗의 충직한 신하이며 열정적으로 다윗을 위해서 일했다. 그러나 두 사람은 의심스러운 동료인데 그들은 충동적으로 일들을 직접 처리한 과거가 있었다. 그들은 다윗의 하나님을 알지 못한 채 다윗의 일을 돕겠다고 나서고 있었다. 그러나 다윗은 행동의 사람이긴 하지만 그의 행동은 시편에서 볼 수 있듯이(본질적으로 항상 그런 것은 아니지만) 기도와 하나님과 함께하는 삶에서 비롯되었다. 아비새와 요압은 의에 뿌리를 두지 않은 상태에서 의의 편에 있는 것이다.

아비새가 시므이 문제에 대하여 제안한 것은 그 특징을 두고 평가하자면 신속하고 분명한 해결책을 제시한 것이다. "이 죽은 개가 어찌 내 주왕을 저주하리이까 청컨대 나로 건너가서 저의 머리를 베게 하소서"(9절) 그러나 다윗은 그를 말렸다. 아비새에게 준 다윗의 대답은 다음과 같이 요약하여 정리될 수 있다. "시므이가 옳다. 그가 나에 관해서 하는 말은 다 사실이며 틀린 것이 없다. 지금 그는 나에게 하나님의 말씀을 전하고 있는 것이다. 하나님께서 그에게 나를 저주하도록 명령하셨다. 시므이는 단지 하나님의 저주를 위하여 선택된 대변인에 불과하다. 그냥 두어라. 그의 저주의 설교는 내게 전해져야 할 하나님의 말씀이다."

나쁜 설교도 여전히 진리를 말할 수 있다. 다윗은 시므이의 떠들어 대는 소리 가운데서 하나님의 말씀을 들을 수 있었고, 그것을 들으므로 자신의 본연의 모습으로 돌아가게 되었다. 그는 지금까지 제멋대로 살아 온 자신의 모습에 직면했다. 시므이의 저주를 들을 때, 그가 저질러 온 모든 잘못들, 그가 실망시켰던 모든 사람들이 생생하게 기억 속에 되살아났다. 다윗은 자기 방어적이며, 복수심에 찬 태도를 취할 수도 있었다. 그러나 그렇게 하지 않았다.

그는 자신에 관한 진실을 정면으로 마주 대했다. 지금까지 자신의 근본적인 정체는 "왕"이 아니라 "죄인"이라는 것과, 자신은 오직 하나님의 자비에 의해서만 살아 갈 수 있다는 진리를 회피하지 않고 마주 대했다. 시므이의 저주는 다윗에게서 왕의 허울을 벗겨내고 그의 영혼을 적나라하게 드러내었다. 다윗은 시므이의 저주가 자신에게 하나님의 말씀이 되게 한 것이다.

16:14 왕과 그 함께 있는 백성들이 다 곤비하여 한곳에 이르러 거기서 쉬니라

여리고 가는 길의 내리막이 끝남과 함께 야반도주도 완료된다. 다윗이 무사히 탈출했다. 한편, 압살롬은 예루살렘에 도착하였다. 다윗이 "여리고 가는 길"을 따라 도주하는 바로 그 시간에 압살롬은 예루살렘에 입성하여 후환이 없도록 다윗을 완전히 끝장내버릴 전략을 세우고 있었다.

압살롬의 전쟁(16:15-18:18)

16:15 압살롬과 모든 이스라엘 백성들이 예루살렘에 이르고 아히도벨도 저와 함께 이른지라 16 다윗의 친구 아렉 사람 후새가 압살롬에게 나아올 때에 저에게 말하기를 왕이여 만세, 왕이여 만세 하니 17 압살롬이 후새에게 이르되 이것이 네가 친구를 후대하는 것이냐 네가 어찌하여 네 친구와 함께 가지 아니하였느냐 18 후새가 압살롬에게 이르되 그렇지 아니하니이다 내가 여호와와 이 백성 모든 이스라엘의 택한 자에게 속하여 그와 함께 거할 것이니이다 19 또 내가 이제

누구를 섬기리이까 그 아들이 아니니이까 내가 전에 왕의 아버지를 섬긴 것같이 왕을 섬기리이다 하니라

압살롬의 혁명전쟁 회의에서 일어난 첫 번째 일은 다윗의 지시대로 행하고 있는 후새가 압살롬의 신임을 얻은 것이다. 자기 아버지와 후새의 관계를 잘 알고 있기 때문에 압살롬은 후새가 자기편에 가담하고 있는 것을 보고 놀라기도 하고, 한편으로는 의심스러웠다. 압살롬은 후새에게 다음과 같이 질문했다. "당신은 나의 아버지 친구로 알고 있는데 당신은 이런 식으로 친구를 대합니까?" 후새는 자신의 헌신은 보다 더 고상한 충성, 즉 하나님께 대한 충성에 드려진 것이라고 단호하게 대답했다.

압살롬은 하나님의 선택이며, 동시에 백성들의 선택이므로 자기는 하나님과 백성과 함께 하기를 원하므로 압살롬과 함께하는 운명에 투신했음을 말하여 압살롬의 의심을 누그러뜨렸다. 이것은 완전히 얼굴에 철판을 깔고 하는 아첨이다.

그러나 압살롬은 이 말에 매혹되었다. 그 자리에 있던 한 사람이 압살롬에게 후새의 입장이 확고함을 상기 시켜주는데 그가 이르기를 후새는 압살롬을 하나님의 선택이자 백성들의 선택으로 믿고 이제는 후새 자신의 선택으로 결심한 것이라며 거들었다. 이 말을 들을 때에 압살롬은 추호도 의심 없이 후새를 고문관으로 인정했다.

교만한 사람들은 아첨에 넘어 가기가 아주 쉽다. 압살롬이 바로 그런 사람이다. 압살롬의 의심에서 벗어나고 그의 신임을 얻는 것이 어리둥절케 할 정도로 후새에게는 너무 쉬웠다.

이제 후새는 압살롬의 고문관으로서 아히도벨과 동등한 지위를 공유하게 되었다. 새 통치 체제를 구축하기 위한 전략이 계속 논의될 때, 아히도벨의 조언이 먼저 발표되었다.

16:20 압살롬이 아히도벨에게 이르되 너는 어떻게 행할 모략을 우리에게 가르치라 21 아히도벨이 압살롬에게 이르되 왕의 아버지가 머물러 두어 궁을 지키게 한 후궁들로 더불어 동침 하소서 그리하면 왕께서 왕의 부친의 미워하는바 됨을 온 이스라엘이 들으리니 왕과 함께 있는 모든 사람의 힘이 더욱 강하여 지리이다 23 그 때에 아히도벨의 베푸는 모략은 하나님께 물어 받은 말씀과 일반이라 저의 모든 모략은 다윗에게나 압살롬에게나 이와 같더라

17:1 아히도벨이 또 압살롬에게 이르되 이제 나로 하여금 사람 일만 이천을 택하게 하소서 오늘 밤에 내가 일어나서 다윗의 뒤를 따라 2 저가 곤하고 약할 때에 엄습하여 저를 무섭게 한즉 저와 함께 있는 모든 백성이 도망하리니 내가 다윗 왕만 쳐 죽이고... 4 압살롬과 이스라엘 장로들이 다 그 말을 옳게 여기더라

5 압살롬이 이르되 아렉 사람 후새도 부르라 우리가 저의 말도 듣자 하니라 6 후새가 압살롬에게 이르매 압살롬이 저에게 말하여 가로되 아히도벨이 여차여차히 말하니 우리가 그 말대로 행하랴 그렇지 않거든 너는 말하라 7 후새가 압살롬에게 이르되 이때에는 아히도벨의 베푼 모략이 선치 아니하니이다 하고 8 또 말하되 왕도 아시거니와 왕의 부친과 그 종자들은 용사라 저희는 들에 있는 곰이 새끼를 빼앗긴 것같이 격분하였고 왕의 부친은 병법에 익은 사람인즉 백성과 함께 자지 아니하고... 11 나의 모략은 이러하니이다 온 이스라엘을 단부터 브엘세바까지 바닷가의 많은 모래 같이 왕께로 모으고 친히 전장에 나가시고

아히도벨과 후새가 각각 제안한 두 의견이 압살롬 앞에서 팽팽하게 맞섰다. 두 사람 모두 존경 받고 지혜로운 고문관들이긴 하지만 그들의 서로 다른 두 의견을 다 취할 수는 없는 노릇이었다.

아히도벨이 내놓은 계획은 두 갈래로 구분된다. 첫 요소는 순수한 대중적인 관계로써 압살롬이 자기 아버지의 별궁에 들어가서 후궁들과 동침하는 것이다. 이것은 극적으로 백성들의 마음속에 다윗을 대신하여 압살롬이 자리 잡게 해준다(고대 근동에서는 심지어 현재 우리가 사는 세상에서조차도 성적 정력과 정치적 힘이 함께 연결되어 있었다). 예루살렘에 있는

사람들은 누구든지 그 광경과 그 행위의 의미를 알 수 있을 정도로 그 일은 공개적으로 저질러져야 했다.

그래서 압살롬은 왕궁의 옥상에 텐트를 세울 것을 명령했는데 거리에 있는 모든 사람들이(그날 거리들은 사람들로 붐볐을 것은 분명하다) 줄지어 텐트 속으로 들어가는 후궁들과 그 뒤를 따라 들어가는 압살롬을 볼 수 있게 하려는 의도였다. 텐트는 사람들이 후궁들과 압살롬의 동침하는 현장을 직접 보지 못하게 하는 차단 막 역할을 하는 것이긴 하지만 한편, 그것은 그 주위에 모인 사람들의 상상을 부추겨 준다. 순회 공연하는 서커스단이 천막을 세우면 바깥에서 천막을 바라보는 사람들의 마음에 계속 일어나는 것은 실제적으로 천막 안에서 일어나고 있는 것을 훨씬 능가한다.

아주 잘 보이도록 왕궁의 옥상에 세워진 그 텐트는 예루살렘 성 전체의 관심을 사로잡았다. 텐트를 쳐다보고 거기서 새어 나오는 소리를 들어보려는 것이 모든 사람들의 관심사가 되었다. 압살롬이 텐트에 오래 머물수록 그의 명성은 더 높아진다. 그의 왕다운 정력과 젊은 매력은 다윗의 수치스럽고 무능한 도주와 하나의 대조가 되기 때문이다.

아히도벨이 제안한 모략의 두 번째 요소는 아히도벨 자신이 직접 그 밤에 도주하고 있는 다윗을 추격하여 잡겠다는 것이다. 도주하느라 지칠대로 지친데다가 자기 아들의 배신으로 인해서 낙담하여 가장 약한 상태에 있을 이때에 다윗을 잡아서 죽이겠다는 것이다. 전쟁할 필요도 없이 다윗을 죽일 수 있을 것이다. 그렇게 되면 아히도벨은 다윗의 일행 모두를 예루살렘으로 데리고 와서 그 사람들을 "남편에게 돌아 온 아내로서"(17:3) 압살롬에게 돌려 줄 수 있을 것이다. 그 싸움에서 남편이나 아들을 잃게 되는 자는 아무도 없을 것이므로 압살롬은 그 싸움으로 인해 평화의 영웅이 될 것이다. 그리고 압살롬 자신이 직접 나설 필요도 없이 아히도벨이 모든 일을 깨끗하게 처리할 것이다.

아히도벨의 계획은 거절할 수 없는 아주 매력적인 외양을 가지고 있다. 압살롬이 해야 할 것은 아히도벨이 다윗을 제거하는 동안에 그는 단지 아버지의 후궁들과 동침을 즐기기만 하면 되는 것이다. 그러면 그는 카리스마적인 인기와 명백한 권력의 자리를 굳히는 결과를 얻게 되는 것을 보장받는 계획이다.

후새가 이 모략을 능가하는 것을 내 놓을 수 있을까? 그는 이것을 능가했다. 그러나 후새가 더 매력적인 선택을 내 놓은 것은 아니다. 오히려 더 어려운 제안을 내놓았다. 후새의 모략도 두 부분으로 구성된다. 첫 번째는 다윗과 그와 함께 한 사람들은 용맹한 전사들인 점을 압살롬에게 주지 시켰다. 그 역전의 용사들의 전투 직관력과 기술이 발동되면 그들은 "새끼 빼앗긴 암곰과 같을 것이다"(17:8). 후새는 아히도벨이 다윗과의 전면전을 너무 과소평가하고 있음을 지적하며, 다윗은 용맹스러울 뿐만 아니라 또한 빈틈없이 영민하기로 유명함을 강조했다.

다윗은 지금과 비슷하게 광야에서 쫓기고 공격당하는 상황에서 수년 간을 보냈다. 그러므로 아히도벨의 말처럼 그렇게 쉽게 다윗이 처리될 수 있을리가 만무하다. 후새는 사실이라는 단단한 실체를 가지고 압살롬을 직면했다. 블레셋 사람들을 죽이고 사울의 맹추격과 공격을 능히 견더 낸 바로 그 다윗, 그 실제적인 사건들의 주인공인 다윗을 상기시킨 것이다. 두 번째는 압살롬이 직접 지휘하여 다윗과의 전쟁을 일으켜야 하며, 그 전쟁에 참전할 수 있는 모든 전사들을 모으는 것이 우선 필요할 것임을 주장하는 것이다.

그의 주장은 다음과 같은 점을 강조했다. 압살롬은 이 일을 어떤 사람에게도 위임해서는 안 된다. 이 일은 어떤 측근의 사람(비록 그 측근이 아히도벨과 같이 탁월하다고 할지라도)에 의해서 처리될 수 있는 사소한 잡일이 아니다. 압살롬의 직접 지휘 하에 모인 엄청난 전투력(17:11 바닷가의 많은 모래같이)만이 이 중요한 임무를 해결하기에 적합할 뿐이다. 만약 압살롬이 철저하게 준비하기 위해서 시간을 들인다면 그만큼 다윗은 승산이 없어질 것이다.

아히도벨과 후새가 각자의 모략을 제시하는 것을 들은 후, 결국 압살롬은 후새의 것을 선택한다. 두말 할 것도 없이 아히도벨의 계획이 더 낫고, 만약 그대로 시행했더라면 그 계획대로 쉽게 성공했을 것임을 이야기의 내부를 보고 있는 우리는 알고 있다. 어떻게 후새가 전략적으로 설득력이 있는 대안을 제안해서 다윗을 구출할 수 있었을까? 자기가 해야 할 것은 오직 시간을 버는 것임을 후새는 알고 있었다. 그래서 압살롬이 즉시로 다윗을 공격하지 못하게 지연시키는 동시에 다윗이 사태를 정비하여 전력을 재편성할 수 있는 시간을 확보할 수 있게 하는 것이 급선무였다. 그런데 어떻게 그는 압살롬의 허영심과 자만심에 흥미를 유발시켜서 그의 전략을 가능하게 만들었다. 실제적인 사실들에 근거하여 다윗의 그림을 그렸다.

그러나 그날 밤의 정황에서는 난폭하고 맹렬하게 상상을 초월할 정도로 약삭빠른 다윗을 그리므로 실제보다 더 큰 그림을 만들었다. 그런 다음 그런 다윗 보다 더 크게 될 수 있는 가능성 안으로 압살롬을 밀어 넣었다. 아히도벨의 모략은 다윗이 당하고 있는 수모와 불명예를 연루시킨다(압살롬, 이건 누워서 식은 죽 먹기보다 쉬운 일입니다. 아주 간단하고 쉬우므로 내가 당신을 대신해서 이 일을 하겠습니다). 그러나 후새의 모략은 당당하고 거칠게 맹위를 떨치는 다윗을 연상하게 한다(이 일은 당신이 해야 할 일 중에 가장 어려운 것입니다. 감당할 수 있겠습니까?)

17:14 압살롬과 온 이스라엘 사람들이 이르되 아렉 사람 후새의 모략은 아히도벨의 모략보다 낫다 하니 이는 여호와께서 압살롬에게 화를 내리려 하사 아히도벨의 좋은 모략을 파하기로 작정하셨음이더라

돌연히, 그러나 짤막하게 기록자는 이야기 자체를 벗어나서 본 이야기의 분명한 신학적인 진술을 말한다. 그 진술은 이야기 내용의 전반에 걸쳐서 그리고 내용 하나하나의 내면에서 하나님께서 조용히 그리고 배후에서 주권을 행하고 계심을 선언하는 것이다. 자만과 속임, 교활함과 배신 등이 복잡하게 뒤얽힌 속에서 하나님께서는 이런 가망 없는 사람들을 사용하셔서 역사하시고 하나님의 심판을 행하셔서 거룩한 약속(7:16)을 확증하시기를 원하신다.

얼마 전에 다윗이 "여호와여 원컨대 아히도벨의 모략을 어리석게 하옵소서"(15:31) 라고 기도한 것을 기억하고 있는가? 그 기도의 응답이 바로 여기에 있다.

역사의 혼돈 속에 감추어진 주권, 인간의 죄와 부족함의 뒤얽힘 속에 살아 존재하시는 하나님! 이것이 바로 그 응답의 **방법**이다. "거기에는 표면에 드러나지는 않으나, 후새를 통하여 작용하고 계신 강력한 하나님의 목적들이 있다. 그러나 그 목적들은 후새, 또는 어떤 다른 인간 대리자를 의존하지는 않는다. 이유와 일의 결과는 '명령대로' 될 것이기 때문이다. 역사 진행 과정에 대한 그런 견해(현대 사고방식과는 동떨어지게 들릴지 모른다)는, 숨김이 허용되는 이야기 진술 방식에 의해서 만이 명료하게 그리고 효과적으로 표현할 수 있다."(브뤼게만의 주석서에서 운명론이나 기계론적인 입장과 분명하게 구별하고 있다 - 역자 주)

우리는 하나의 문화인 이야기를 대할 때, 인내심이 부족한 사람들이다. 특히 이야기가 길어 질 때 더욱 그러하다. 우리가 선호하는 것은 일화, 적당한 자극, 구호와 같은 것들이다. 우리는 요약해서 간추린 "진리"를 원한다. 사실들인 정보나 교리적인 것 또는 과학적인 것들은 힘들어하고 신앙의 신비함에 관한 것은 넘어가 버린다.

그러나 우리의 인내 없음은 우리와 더불어 일하시는 하나님의 방법들의 긴 과정에 복종하기를 싫어하는 우리의 성향의 일면일 뿐이다. 그것은 또한 하나님의 광범위하고 포괄적인 사역들을 구원의 동아리를 구성하고 있는 불완전한 사람들과 공유하는 것을 싫어하는 증거이다. 우리는 비인격화된 지름길을 선호하면서도 필요할 때, 해결사처럼 개입하시는 하나님을 원한다. 우리는 신비함에 싸여 애매한 것이 없는 분명한 하나님을 원한다. 우리는 하나님이 하시는 일에 대해서 조금도 미심쩍게 남은 것 없이 완전히 아는 것과 지금 알기를 원한다.

우리는 우리의 구미에 따라서 "창조와 구속의 과정은 건너뛰고 바로 이것으로 넘어갑시다!" 라는 식으로 재촉하듯 하나님께 요구한다. 그리고 다른 사람들로 인한 불편함, 즉 결점이 있고 불완전한 다른 사람들을 상종하지 않고 수직적으로 바로 찾아오시는 하나님을 원한다.

이야기는 길면 길수록 더 좋은 것인데(성경은 긴 내용의 이야기이다) 성경의 이야기는 우리로 하여금 죄인들과 성도들이 함께 섞여 있는 공동체에 거주하도록 밀어 넣고 그 공동체의 삶에서 일어나는 모든 과정을 그대로 겪게 한다. 이야기는 우리가 하나님을 줄사다리를 타고 내려오게 해서 우리를 현실의 삶의 과정(역사)으로부터 끌어내도록 할 수 있을 것으로는 상상하지 못하도록 한다. 이야기를 들려주는 것, 특별히 성경에 기록된 이야기는 거룩한 역사의 전 과정에 인내하며 복종하도록 우리를 훈련시켜 준다.

20세기의 출중한 영적 선구자 중에 한 명인 폰 후겔(Von Hugel)은 우리가 인생의 심장부에 이르게 되면 여러 일들이 "분명한 것이 아니라 선명하다"(not clear, but vivid) 라고 말하곤 했다(논리적으로 이해되기 때문에 분명해지는 것이 아니라, 실체 또는 의미가 선명하게 눈으로 보듯이 깨달아 지게 된다 - 역자 주). 발광체(luminosity)는 사상이나 문체 따위의 명쾌함이 아니라(not clarity) 현저한 표시이다.

본문에서 보듯이 단 한 문장으로 표현된 이 신학적인 발광체(이는 여호와께서 작정하셨음이더라)는 우리가 나아가야 할 방향을 제시해주므로 이제 우리는 본 이야기에 다시 몰입하게 된다.

17:15 이에 후새가 사독과 아비아달 두 제사장에게 이르되 아히도벨이 압살롬과 이스라엘 장로들에게 여차여차히 모략을 베풀었고 나도 여차여차히 모략을 베풀었으니 16 이제 너희는 빨리 사람을 보내어 다윗에게 고하기를 오늘 밤에 광야 나룻터에서 자지 마시고 아무쪼록 건너가소서 하라 혹시 왕과 그 좇는 자들이 몰사할까 하노라 하니라 17 그 때에 요나단과 아히마아스가 사람이 볼까 두려워하여 감히 성에 들어가지 못하고 에느로겔 가에 머물고 어떤 계집종은 저희에게 나와서 고하고 저희는 가서 다윗에게 고하더니... 21 저희가 간 후에 두 사람이 우물에서 올라와서 다윗 왕에게 이르러 고하여 가로되 당신들은 일어나 빨리 물을 건너가소서 아히도벨이 당신들을 해하려고 여차여차히 모략을 베풀었나이다 22 다윗이 일어나 모든 백성과 함께 요단을 건널 새 새벽에 미쳐서 한 사람도 요단을 건너지 못한 자가 없었더라

이야기를 읽고 있는 우리는 압살롬이 후새의 계획을 선택한 것을 알고 있지만 지금 이야기 내에 있는 후새는 아직 그 사실을 모르고 있다. 그래서 그는 다윗에게 최악의 상황, 즉 아히도벨의 모략이 시행될 경우를 대비하게 했다.

예루살렘 성내에서 다윗을 위해 은밀하게 활동하는 사람이 다섯 명인데, 이 시점에서 그들 모두가 행동에 들어갔다. 후새가 제사장 사독과 아비아달에게 만약 아히도벨의 계획대로 된다면 즉각적인 추격이 있을 가능성을 알려 주었다. 두 제사장은 다윗에게 전갈을 보낼 경우를 대비해서 성 밖에 숨어 있도록 한 그들의 아들들 요나단과 아히마아스에게 후새가 한 말을 해주었다.

그 두 아들이 떠날 때, 그들의 신중한 조심에도 불구하고 두 사람은 발

각되어 압살롬에게 보고 되었다. 압살롬의 부하들의 추격 때문에 두 사람은 몸을 숨기고 피해있어야 했다. 도피하는 도중에 가까운 거리에 있는 마을인 바후림에서 친절한 한 동조자의 도움을 받게 되는데 그 사람이 그들을 자기 소유의 우물 안으로 내려가게 했다.

그리고 그의 아내가 우물 위에 담요를 펴 덮고 그 위에 곡물을 펴 널어 두 사람이 숨어 있는 장소를 위장했다. 압살롬의 부하들이 나타났을 때, 그 여자는 의심할 만한 단서를 없애버리고 그들에게 다른 방향을 가르쳐 주므로 추적자들을 따돌려 버렸다. 강변이 안전해 진 것이 분명해지자 두 사람은 가는 길을 서둘렀고, 다윗을 만나서 임박한 위험을 알려 주었다. 다윗은 그와 함께 있는 모든 사람이 안전하게 강을 건너게 했다. 어둠이 걷힐 무렵에 다윗의 일행은 요단강 건너편에 있게 되었으므로 압살롬과 아히도벨의 돌발적인 공격이 있을 경우 요단강을 그들의 보호막으로 활용할 수 있게 되었다.

상황은 빠른 속도로 움직이고, 불안으로 긴장이 팽팽하다. 요나단과 아히마아스의 위험천만한 간첩 행위에 동조하여 바후림의 여인이 우물에서의 대담한 거짓말은 기억에 길이 남을 만한 그 밤을 통하여 이룰 다윗의 구원을 위하여 정교하게 구성된 하나님의 섭리라는 편물 안에 함께 짜여 진 실과 같은 것이다.

17:23 아히도벨이 자기 모략이 시행되지 못함을 보고 나귀에 안장을 지우고 떠나 고향으로 돌아가서 자기 집에 이르러 집을 정리하고 스스로 목매어 죽으매 그 아비 묘에 장사되니라

아히도벨의 자살은 그의 인생의 공허함을 폭로한 것과 같다. 오랜 기간 동안 그는 다윗의 신임 받는 고문관으로서 백성들 사이에 대단한 명성이 있었다(그때에 아히도벨의 베푸는 모략은 하나님께 물어 받은 말씀과 일반이라 16:23). 그러나 그가 다윗을 배신한 것은 그의 성격을 드러낸 것으로서 다음과 같은 시편 기자의 표현 속에 잘 드러난다. "나의 신뢰하는바 내 떡을 먹던 나의 가까운 친구도 나를 대적하여 그 발꿈치를 들었나이다" (시 41:9)

그는 그의 뛰어난 지혜에 비하여 다윗과 압살롬의 문제를 치명적으로 오판을 했다. 왕국의 미래는 압살롬과 함께 할 것으로 결론지었다. 아히도벨은 기회에 예민한 사람이었다. 결과적으로 아히도벨은 처음부터 기회주의자였다. 유쾌하고 현명한 명성 뒤에 자신을 위한 기회를 살피고 있었던 것이다. 물론 그는 다윗이 지평선 위에 가장 빛나는 별이었던 지난 수년 동안 다윗을 잘 섬겼다.

그러나 다윗의 별이 빛을 잃는 것처럼 보이는 순간, 아히도벨은 다음으로 확실한 우승 후보인 준수한 용모, 야심 차고 신비한 매력을 지닌 압살롬에게로 갔다. 고문관인 아히도벨에게는 어떤 본질적인 특징이나, 윤리적인 실체 또는 영적인 근력이 없는, 즉 듣기에 좋은 구호들과 잡다한 낙서들로 뒤덮여 있으나 실속 없는 텅 빈 사람으로 드러났다. 압살롬의 혁명이 새로운 바람으로 정치 판도가 바뀌는 순간, 이히도벨은 권력의 새로운 바람을 타기 위해서 그의 뱃길을 돌렸다. 그리고 결국 그의 항해는 파선으로 끝났다.

아히도벨은 오랫동안 내색하지 못하고 속에만 간직했던 분노가 있었던 것 같다. 그 분노는 그의 배신을 부추긴 요소가 된 것인지도 모른다. 그는 밧세바의 조부이다. 그의 손녀에게 행한 다윗의 처사에 대해 불타는 분노는 그의 배신의 한 요소였을 수도 있다. 많은 사람들이 그렇게 생각해 왔다.

시편 55장을 아히도벨의 배신에 대한 다윗의 심경을 표현한 기도로 규명하는 것은 오래된 전통이다. 특히 12-14절에 다윗의 심경 토로가 아주 명료하게 나타나 있다.

나를 책망한 자가 원수가 아니라
원수일진대 내가 참았으리라

나를 대하여 자기를 높이는 자가 나를 미워하는 자가 아니라
미워하는 자일진대 내가 그를 피하여 숨었으리라

그가 곧 너로다
나의 동류, 나의 동무요 나의 가까운 친우로다

우리가 같이 재미롭게 의논하며
무리와 함께하여 하나님의 집안에서 다녔도다

아히도벨이 다윗을 배신한 것은 가룟 유다가 예수님을 배신한 것에 의해서 다소 가리어진다. 이 두 배신은 비슷한 점이 있는데 두 배신자 모두 각자가 섬기던 지도자가 그들을 자신의 동료로서 신임하던 사람들이었으나 위기의 순간에 자신의 개인적인 영욕을 위해서 지도자에게 등을 돌렸다. 그리고 두 사람 다 자살하는 것으로 끝난다. 둘 다 자기가 하고 있는 일이 자기에게 더 좋게 해 줄 것으로 생각했다.

그러나 잘못 판단하고 행동한 것을 알아차리자 두 배신자는 스스로 목숨을 끊었다. 그들은 오랜 세월동안(배신은 어떤 충동적인 행동이라고 보기 어렵다. 그것은 위기에 의해서 표면으로 드러나게 된 생활 습관이다) "자기 자신"만을 위해서 살아 왔으며, 그리고 지금 "진보된 자신"이 하나의 망상으로 끝나버린 마당에 더 이상 추구하며 살아야 할 것이 아무것도 없었다. 그러므로 자살한 것이다. 아히도벨과 가룟 유다가 공유한 특징은 "누구든지 제 목숨을 구원코자 하면 잃을 것이요"(막 8:35) 라는 성경 말

씀이 적절하게 묘사한다.

나란히 세워진 두 배신자의 모습은 다음과 같은 경고를 제시한다. 우리가 관계의 문제(하나님과의 관계든지 또는 사람들과의 관계든지)에 연루되어 있을 때마다 배신은 "문 앞에 잠복해 있는" 모든 죄들(창 4:7) 위에 있는 죄이다. 배신은 흔하다. 그런데 최소한 배신의 초기 단계에서는 그것을 죄로 간과하기 어렵다. 왜냐하면 그것은 거의, 언제나 합리화 되어질 수 있을 것으로 여겨지는 방법들로 우리의 생활을 진보시키려는 욕망 안에서 시작되기 때문이다.

지도자 또는 친구(부모 또는 자녀, 동료 또는 배우자 결국에는 하나님)가 우리를 실망시키는 것으로 여겨지고, 우리가 생각하기에 우리의 인권으로 여겨지는 것을 그들이 제대로 존중하지 않으므로 눈에 보이는 유익을 찬성하여 우리가 판단하기에 그동안 간과되어 온 의무로 여겨지는 것으로 "돌아선다." 이것이 우리가 배신을 합리화 하며 죄의식 없이 오히려 당당하게 배신을 저지르는 방법과 과정이다.

배신은 인간관계 가운데서 많이 일어난다. 그것은 하나님과의 관계에서 더욱 많이 발생한다. 하나님께서는 우리가 계산하고 있는 대로 우리에게 넘겨주시지 않는다. 그래서 우리가 원하는 대로 해줄 수 있는 일종의 신을 찾는다. 아히도벨을 전형적인 악인으로 비난하는 것으로 우리 자신을 아히도벨과 차별화할 수 있는 것은 아니다. 그도 우리와 같은 사람이다. 그의 배신과 자살은 우리가 생각하듯이 우리 자신의 보통 삶과 그렇게 동떨어진 것이 아니다.

17:24 이에 다윗은 마하나임에 이르고 압살롬은 모든 이스라엘 사람과 함께 요단을 건너니라 25 압살롬이 아마사로 요압을 대신하여 군장을 삼으니라 아마사는 이스라엘 사람 이드라라 하는 자의 아들이라 이드라가 나하스의 딸 아비갈과 동침하여 저를 낳았으며 아비갈은 요압의 어

미 스루야의 동생이더라 26 이에 이스라엘 무리와 압살롬이 길르앗 땅에 진 치니라

27 다윗이 마하나임에 이르렀을 때에 암몬 족속에게 속한 랍바 사람 나하스의 아들 소비와 로데발 사람 암미엘의 아들 마길과 로글림 길르앗 사람 바르실래가 28 침상과 대야와 질그릇과 밀과 보리와 밀가루와 볶은 곡식과 콩과 팥과 볶은 녹두와 29 꿀과 버터와 양과 치즈를 가져다가 다윗과 그 함께 한 백성으로 먹게 하였으니 이는 저희 생각에 백성이 들에서 시장하고 곤하고 목마르겠다 함이더라

아히도벨의 모략 대신에 후새의 의견을 따르기로 결정하므로 압살롬은 결과적으로 다윗이 낙담해서 흐트러진 그의 사람들을 재정비하여 전쟁을 준비하는데 필요한 충분한 시간을 준 셈이 되었다.

그리고 압살롬 자신도 자기 군대를 새로운 지휘관 아래로 조직하는 시간을 가졌다. 다윗의 군대 총책임자인 요압은 다윗과 함께 갔다. 압살롬은 요압의 사촌 형제에게 그의 군대 지휘권을 맡겼다.

이제 두 진영의 군대 모두 요단강 건너 동쪽 편의 이스라엘 땅에 당도했다. 이 땅의 원래 이름은 길르앗이며 숲이 우거진 언덕진 땅으로써 히브리 조상들과 관련된 사연이 많은 지역이다(야곱, 시혼과 옥, 기드온, 입다, 야일, 엘리사 등이 그 가운데 포함된다). 일찍이 있었던 구출 전쟁에서 다윗은 동쪽 이스라엘 땅에 거주하는 다른 민족들의 마음을 얻었다. 그 덕분에 지금 그는 그 지역의 중요한 성 가운데 하나인 마하나임을 지휘 본부로 삼고 그의 임시정부를 정비할 수 있게 되었다.

마하나임은 그가 요단강을 건넌 곳에서 북쪽으로 약 30km 지점에 있다. 이전에 어려웠던 시절에 다윗에게 입은 은혜를 감사하게 여기고 있는 세 명의 재산가가 다윗의 군대를 위해서 넉넉한 식량 공급을 맡았다. 그 부자들의 이름은 소비, 마길, 그리고 바르실래이다. 자기 백성들은 다윗을 거절했으나 그에게는 자기를 자비롭게 영접해 주는 이방인들이 있었다.

마하나임은 헤브론에서 왕이 된 후, 위협적인 존재로 급부상하는 다윗(2:8-11)을 대응하여 아브넬이 사울 왕조를 유지하기 위한 시도(무위로 끝나지만)로 이스보셋을 왕으로 세운 곳이기도하다. 이제 마하나임은 급부상하는 위협적인 존재인 압살롬을 대항하여 다윗이 자신의 왕권을 지키기 위한(성공적으로) 노력을 기울이고 있는 장소이다. 다윗의 통치 초기와 후기에 마하나임은 중요한 역할을 한 장소이다.

18:1 이에 다윗이 그 함께한 백성을 계수하고 천부장과 백부장을 그 위에 세우고 2 그 백성을 내어 보낼새 삼분지 일은 요압의 수하에, 삼분지 일은 스루야의 아들 요압의 동생 아비새의 수하에 붙이고 삼분지 일은 가드 사람 잇대의 수하에 붙이고 백성에게 이르되 나도 반드시 너희와 함께 나가리라 3 백성들이 가로되 왕은 나가지 마소서 우리가 도망할지라도 저희는 우리에게 주의하지 아니할 터이요 우리가 절반이나 죽을지라도 우리에게 주의하지 아니할 터이라 왕은 우리 만 명보다 중하시오니 왕은 성에 계시다가 우리를 도우심이 좋으니이다 4 왕이 저희에게 이르되 너희가 선히 여기는대로 내가 행하리라 하고 문 곁에 서매 모든 백성이 백 명씩 천 명씩 대를 지어 나가는지라 5 왕이 요압과 아비새와 잇대에게 명하여 가로되 나를 위하여 소년 압살롬을 너그러이 대접하라 하니 왕이 압살롬을 위하여 모든 군장에게 명령할 때에 백성들이 다 들으니라

다윗은 이제 임전 준비가 되었다. 압살롬에게 보낸 후새의 모략 덕분에 다윗은 자기 군인들을 재정비했고, 군수품을 제공해 줄 동맹자들을 확보했고, 자신의 전략대로 전열을 갖출 수 있는 충분한 시간을 가졌다. 압살롬은 자신도 모르게 다윗이 자기를 패배시키는데 필요한 모든 것을 그의 아버지 다윗에게 양도한 것이다.

우리는 오래 전 다윗이 블레셋과 싸우던 때에 보았던 그 요소들, 즉 명쾌한 지휘, 다른 사람으로부터의 관대한 지원, 용맹스럽고 사기충천한 임전태세 등을 여기서 벌어지고 있는 광경 속에서 다시 보고 있다. 그의 부

하들이 그를 말려 직접 전쟁에 나가지 못하게 했다. 그들의 행동에서 우리는 다윗에게 충성스런 사람들이 그에게 보여주는 사랑을 감지한다.

그러나 이 모든 분위기는 단지 그러하기를 바라는 우리의 기대에 지나지 않지만 우리를 깜짝 놀라게 만드는 것은 다윗이 그의 세 명의 지휘관 요압, 아비새, 그리고 잇대에게 "나를 위하여 소년 압살롬을 너그러이 대접하라"(5절)는 출정 직전에 내린 마지막 명령이다. 우리는 이 명령을 읽으며 소스라치게 놀라게 된다. 어떻게 이런 말이 다윗의 입에서 나오게 되었을까?

다윗은 방금 전에 편안한 보좌에서 거친 광야로 내팽개침을 당했다. 압살롬은 수년 동안 자신의 등 뒤에서 자신의 통치에 흠집을 내고 있었고, 자기를 죽이고 왕좌를 차지할 것을 구상하고 있었다. 다윗이 알게 됨과 동시에, 그의 인생에서 가장 큰 문제에 휘말리게 된 것이 불과 며칠 전이다. 그런데 다윗은 그것을 망각하고 있다. 이제 이 잔혹한 광야에서 압살롬의 계획이 성공할지도 모른다. 그리고 다윗이 자신의 지휘관들에게 압살롬을 "너그러이 대하라" 하고 명령하는 바로 그 순간에, 압살롬은 자신을 죽이기 위해서 추격해 오고 있는 중이다. 몇 년 전 사울에게 쫓겼던 것처럼 지금은 그의 아들에 의해서 쫓기고 있다.

그러나 사울 당시에 그는 젊었으나 지금은 그렇지 못하다. 놀랍게도 그는 여전히 동정적이다. 그를 미워하던 사울에게 그러했던 것처럼 지금 자신을 미워하는 아들에게 동정적인 사랑을 나타내고 있다. 다윗이 지금 겪고 있는 것은 그가 경험한 중에 가장 잔혹하게 버림당함이다. 이 잔인한 경험이 갑자기 엉뚱한 사랑의 명령을 촉진하고 있는 것이다.

"나를 위하여 소년 압살롬을 너그러이 대접하라!"

18:6 이에 백성이 이스라엘을 치러 들로 나가서 에브라임 수풀에서 싸우더니 7 거기서 이스라

엘 무리가 다윗의 신복들에게 패하매 그 날 그곳에서 살륙이 커서 이만에 이르렀고...

9 압살롬이 다윗의 신복과 마주치니라 압살롬이 노새를 탔는데 그 노새가 큰 상수리나무 번성한 가지 아래로 지날 때에 압살롬의 머리털이 그 상수리나무에 걸리매 저가 공중에 달리고 그 탔던 노새는 그 아래로 빠져나간지라 10 한 사람이 보고 요압에게 고하여 가로되 내가 보니 압살롬이 상수리나무에 달렸더이다... 14 요압이 가로되 나는 너와 같이 지체할 수 없다 하고 손에 작은 창 셋을 가지고 가서 상수리나무 가운데서 아직 살아 있는 압살롬의 심장을 찌르니 15 요압의 병기를 맡은 소년 열이 압살롬을 에워싸고 쳐 죽이니라

16 요압이 나팔을 불어 백성들로 그치게 하니 저희가 이스라엘을 따르지 아니하고 돌아오니라 17 무리가 압살롬을 옮겨다가 수풀 가운데 큰 구멍에 던지고 그 위에 심히 큰 돌무더기를 쌓으니라 온 이스라엘 무리가 각기 장막으로 도망하니라 18 압살롬이 살았을 때에 자기를 위하여 한 비석을 가져 세웠으니 이는 저가 자기 이름을 전할 아들이 없음을 한탄함이라 그러므로 자기 이름으로 그 비석을 이름하였으며 그 비석이 왕의 골짜기에 있고 이제까지 압살롬의 기념비라 일컫더라

그날의 전쟁에서 발생한 수많은 사상자들 가운데 한 사람의 죽음을 가려내어서 관심을 집중하는데 바로 압살롬이다. 고의적으로 다윗의 명령을 무시하니 요압이 그를 죽였다. 그는 압살롬을 단순히 죽인 것이 아니라 능욕했다.

실제적인 전투 지역인 "에브라임 수풀"은 정확하게 그 위치를 확인할 수 없다. 그러나 그곳은 뒤엉킨 덤불과 드문드문 흩어져 있는 바위들로 형성된 숲 지역임이 분명하다. 이 모습은 요단강 동편 땅(길르앗)의 특징인데 우리가 현재 그 지역에서 보는 바와 같다.

본문의 광경은 드라마처럼 극적이다. 압살롬이 노새를 타고 뒤엉켜 있는 수풀 사이를 헤치고 나아가다가 머리털(그는 이것에 대해서 지나치게 자부심을 가졌다)이 큰 상수리나무의 가지들에 채었다. 타고 있던 노새는

계속 나아가고 압살롬은 그 나무에 머리털이 걸린 채 달려 있었다. 그의 자랑스럽고 유명한 머리털, 그의 준수한 용모와 남자다운 힘의 상징이었던 머리털이 그러나 지금은 그 머리털 때문에 전쟁이 가장 치열한 상황에 그는 무기력하고 무방비 상태로 위험에 노출되어졌다.

그를 최초로 발견한 사람은 압살롬에게 폭력을 금지한 다윗의 명령을 존중하여 요압에게 보고만 했다. 그러나 요압은 다윗이 귀하게 여기는 것을 참을 수 없었다. 그래서 현장에 도착하자마자 조금도 주저하지 않고 압살롬을 창으로 찔렀는데 그것도 한 번이 아니라 세 번을 찔렀다. 그러자 요압의 부하 열 명도 가세하여 그 광경을 더욱 처참하게 만들었다. 그들 모두는 압살롬을 죽이는 행동에 어떤 역할을 하기를 원했다. 압살롬을 죽이는 것은 일종의 광란으로 변했다.

그러나 그것이 마지막은 아니었다. 처참하게 죽인 뒤, 그 시체를 구덩이에 던지고 돌을 던져서 그 위에 돌무더기를 만들었다. 압살롬을 위한 국가 차원의 장례식은 고사하고 어떤 장례식도 없었다. 능욕 당한 그의 시체는 장사 된 것이 아니라 돌 던지기의 난장판 가운데 망각 속으로 내 팽개쳐졌다. 다윗의 명령이 모욕을 당했고, 이어서 압살롬의 시체가 모욕을 당한 것이다.

본문의 기록자는 여기서 "압살롬의 기념비"에 대해 언급하므로 폭등하는 권세를 가지고 압살롬이 행해 온 "의식들" 이었으나 지금은 돌봐 주는 이 조차도 없게 되어버린 초라함을 강조한다. 그 기념비는 허영의 돌기둥으로 자신의 중요성을 알리기 위해서 예루살렘 근처에 본인의 명령으로 세운 것이다. 그러므로 지금 우리의 상상 속에 두개의 기념비가 나란히 세워진다. 하나는 분노와 함께 던져진 돌들로 쌓여진 돌무더기로써 그의 허무한 종말을 기억하게 한다. 다른 하나는 자신이 세운 돌 기둥으로 그의 초창기의 자만심을 기억하게 한다.

허무함은 가중된다. "헛되고 헛되며 헛되고 헛되니 모든 것이 헛되도다"(전 1:2) 압살롬의 기념비와 같다. 헛됨(vanity)의 이중 의미는 자만(pride)과 공허함(emptiness)으로 우리의 상상 속에 세워진 두개의 대조적인 기념비를 통해서 잘 드러났다.

다윗의 애도(18:19-19:8a)

18:19 사독의 아들 아히마아스가 가로되 청컨대 나로 빨리 왕에게 가서 여호와께서 왕의 원수 갚아 주신 소식을 전하게 하소서 20 요압이 저에게 이르되 너는 오늘 소식을 전하는 자가 되지 말고 다른 날에 전할 것이니라 왕의 아들이 죽었나니 네가 오늘날 소식을 전하지 못하리라 하고 21 구스 사람에게 이르되 네가 가서 본 것을 왕께 고하라 하매 구스 사람이 요압에게 절하고 달음질하여 가니 22 사독의 아들 아히마아스가 다시 요압에게 이르되 청컨대 아무쪼록 나로 또한 구스 사람의 뒤를 따라 달음질하게 하소서 요압이 가로되 내 아들아 왜 달음질하려 하느냐 이 소식으로 인하여는 상을 받지 못하리라 차되 23 저가 아무쪼록 달음질하겠노라 하는지라 요압이 가로되 그리하라 하니 아히마아스가 들길로 달음질하여 구스 사람보다 앞서니라

24 때에 다윗이 두 문 사이에 앉았더라 파숫군이 성 문루에 올라가서 눈을 들어 보니 어떤 사람이 홀로 달음질하는지라 26 파숫군이 본즉 한 사람이 또 달음질하는지라 문지기에게 외쳐 이르되 보라 한 사람이 또 혼자 달음질한다 하니 왕이 가로되 저도 소식을 가져오느니라 27 파숫군이 가로되 나 보기에는 앞선 사람의 달음질이 사독의 아들 아히마아스의 달음질과 같으니이다 왕이 가로되 저는 좋은 사람이니 좋은 소식을 가져오느니라

28 아히마아스가 외쳐 왕께 말씀하되 평강하옵소서 하고 왕의 앞에서 얼굴을 땅에 대고 절하여 가로되 왕의 하나님 여호와를 찬양하리로소이다 그 손을 들어 내 주 왕을 대적하는 자들을 붙여 주셨나이다 29 왕이 가로되 소년 압살롬이 잘 있느냐 아히마아스가 대답하되 요압이 왕의 종

나를 보낼 때에 크게 소동하는 것을 보았사오나 무슨 일인지 알지 못하였나이다 30 왕이 가로되 물러나 곁에 서 있으라 하매 물러나서 섰더라

31 구스 사람이 이르러 고하되 내 주 왕께 보할 소식이 있나이다 여호와께서 오늘날 왕을 대적하던 모든 원수를 갚으셨나이다 32 왕이 구스 사람에게 묻되 소년 압살롬이 잘 있느냐 구스 사람이 대답하되 내 주 왕의 원수와 일어나서 왕을 대적하는 자들은 다 그 소년과 같이 되기를 원하나이다

우리가 요나단과 아히마아스를 마지막으로 보았던 것은 그들이 다윗에게 압살롬의 공격이 임박함을 알려 주었을 때이다. 그때 다윗은 생사의 귀로에 놓였고, 요단강 건너편의 안전한 지역으로 급히 피해야 했다(17:15-22). 그런데 지금 이 본문에서는 아히마아스가 아주 다른 메시지를 다윗에게 전달해 준다. 위험은 종결되었고, 전쟁도 끝났으니 이제 다윗이 긴장을 풀고 편히 쉴 수 있게 되었다는 것이 요지이다.

그러나 이것은 좋은 소식인 동시에 나쁜 소식도 되는 그런 것이다. 좋은 소식은 압살롬의 반란이 진압되므로 내란은 정부군의 승리로 끝났다는 것이고, 나쁜 소식은 왕이 자신의 속을 드러내 보일 정도로 명백하게 명령을 내리면서까지 "너그러이" 대해 지기를 바랐던 압살롬이 죽었다는 것이다. 이 두 요소 그리고 그 사이에 조성되는 긴장은 각각의 메시지를 가지고 별도로 도착한 두 전령에 의해서 전달되어 진다. 먼저 도착한 전령은 아히마아스로 좋은 소식을 가지고 왔고, 그 다음에 도착한 전령은 이름 없는 "구스 사람"(The Cushite)으로 소개되는데 나쁜 소식을 알렸다.

요압은 다윗에게 소식을 알리기 위해 가고자 하는 아히마아스를 말렸다. 전후 사정을 고려해 볼 때, 요압은 다윗이 자기 친족의 신임 받는 친구로부터 소식을 듣게 되는 것을 부담스럽게 여겼다. 개인적인 관계가 있는 전령은 개인적인 소식을 전달할 것이며, 보고 될 내용 중에서 나쁜 소

식은 자신이 개인적으로 연루되어 있으므로 요압은 자신이 거론되는 것을 원치 않은 것이다. 따라서 그는 특정인과 상관없이 사건 자체만 객관적으로 보고 되도록 하기 위해서 이 사건의 내막을 전혀 모르는 "구스 사람"에게 "네가 가서 본 것을 왕께 고하라"(21절)고 그를 보냈다.

이 사람의 보고는 십중팔구 객관적인 전쟁 보고가 될 것이다. 이 말은 요압이 다윗의 명령에 불복종하고 압살롬을 무참하게 죽인 사실이 전쟁 보고에서 배제됨을 의미한다. 요압은 아히마아스에게 자기가 그를 만류하는 이유를 압살롬의 사망 소식을 듣고 다윗이 보이게 될 반응으로부터 그를 보호하기 위함이라고 했다.

그러나 그가 실제로 보호해 주기를 원하는 사람은 바로 자신이다. 아히마아스는 들으려 하지 않았다. 결국 요압은 만류하는 것을 포기하고 퉁명스럽게 한마디를 그에게 던졌다. "그리하라"(23절).

아히마아스를 억류하려고 했던 요압의 노력은 전해지는 소식에 내재된 고유의 긴장을 고조시키는 역할을 한다. 아히마아스는 늦게 출발했으나, 더 빨리 달려서 먼저 도착했다. 그는 더 빠른 주자였을 뿐만 아니라 또한 더 영리한 사람이었다. 구스 사람은 분명히 직선 코스를 취했다. 뒤엉킨 수풀로 덮인 에브라임 숲을 통과해서 다윗이 성문에 앉아 전쟁 소식을 기다리고 있는 마하나임 성으로 달려 온 것이다.

그러나 아히마아스는 "들길로" 달렸다. 이 코스는 요단강변 계곡의 등성을 따라 있으므로 거리는 더 길지만 길이 평평하고 표면이 고르다. 구스 사람이 달린 직선 코스에 비해 적은 힘으로 더 빨리 달릴 수 있는 편리한 길이다. 아히마아스가 자신의 모든 재치와 정력을 동원하여 개인적인 관심을 가지고 이 일에 개입하고 있음을 우리는 감지하게 된다. 반대로 억척스럽게 자기의 할 일을 하고 있는 구스 사람은 순종적이지만 본인의 개인적인 관심은 없이 명령대로 따르고 있다.

시간의 차이를 두고 도착한 이 두 사람에 의해서 소식이 나누어지는데, 처음에는 좋은 소식이고, 다음에는 나쁜 소식이다. 아히마아스가 먼저 전쟁에서 승리한 소식을 알린다. 그리고 이어서 도착한 구스 사람이 압살롬의 사망한 나쁜 소식을 전한다.

다윗이 아히마아스에게 압살롬에 관한 상세한 내용을 다그쳐 물었을 때, 아히마아스는 머뭇거리다 겨우 "그 문제에 관해서는 잘 모릅니다." 라는 식으로 대답했다. 어떤 사람들은 아히마아스의 어물쩍 넘기는 이 태도를 다윗의 반응을 두려워한 겁먹은 행동으로 해석한다. 실제로 다윗은 나쁜 소식을 알려 준 사람을 처형한 적이 있었다(1:11-16).

그러나 아히마아스의 처신의 진의에 대한 보다 근접한 이해는 그는 단순히 그리고 동정적으로 그 유감스런 소식을 점차적으로 충격 받지 않도록 부드럽게 알려주고 있는 것이다. 다윗은 왕일뿐만 아니라 아버지이다. 그리고 아히마아스는 자기가 지금 전달하고 있는 메시지의 공식적인 차원에 대해서와 마찬가지로 개인적인 차원에 대해서 민감하다.

만약 우리가 이런 질문을 받는다면 "당신은 누가 당신 자녀의 살인 소식을 가져오게 하겠는가? 가까운 친구? 아니면 경찰?" 분명하게 우리는 친구를 선택할 것이다. 아히마아스는 그런 친구와 같다. 구스 사람은 요압이 임명한 전령인 "경찰"이었다.

구스 사람이 압살롬의 사망 소식을 가지고 도착할 무렵 아히마아스는 이미 동정심을 가지고 그 자리에 있었고, 압살롬의 사망에 대한 나쁜 소식이 미칠 충격을 흡수하는 것을 돕기 위해서 다윗의 곁에 개인적으로 머물러 있었다.

압살롬의 죽음을 다윗에게 알림에 있어서 요압, 아히마아스 그리고 구스 사람이 어떻게 각자의 역할을 했는가에 관한 상세하고 폭 넓은 진술은 본문을 읽는 독자들이 다윗의 반응에 동참자들이 될 수 있는 길을 마련해

준다. 우리는 사랑과 정의의 애매모호함을 어느 정도 경험했다. 압살롬의 죽음은 정의의 대의명분을 세우는데 의기양양하게 기여한다. 그러나 그의 죽음은 반응 없는 사랑의 고통을 비극적으로 드러낸다. 다윗의 왕좌는 안전하게 되었다. 그러나 다윗의 마음은 무너졌다.

본문의 진술에 비쳐진 예술은 한편으로는 아히마아스와 다윗의 감정적이고 개인적인(personal) 특성들을, 다른 한편으로는 요압과 구스 사람의 비인격적이고(impersonal) 업무적인 세계가 이야기 속에 자리를 굳히는 것을 거부하고 우리가 둘 중에 어느 한쪽을 선택하고 우리가 선택한 것이 다른 것보다 더 경건하거나 또는 더 "영적"이라는 식으로 주장하는 것을 거부하는 것에 존재한다.

아히마아스와 구스 사람은 똑같은 실체를 공유했다. 그런데 현재의 삶에서도 마찬가지다. 우리가 살아가고 있는 삶의 조건들 아래서 우리는 구원과 죄의 복잡한 역사 속에 있는 전령들(좋은 소식의 전령과 나쁜 소식의 전령) 중에서 어느 쪽도 제거하려고 시도해서는 안 된다(실제로 우리가 할 수도 없다).

우리는 보다 더 인격적으로 살고 싶어 하고 단순히 부여된 역할을 수행하는 것이 아니라 영혼에서 우러나는 삶을 살고 싶어 하는 욕망을 가지고 있다. 그런데 이런 욕망으로 인해 요압과 구스 사람에 의해서 표현된 업무적이고, 제도적이고, 관료적인 세계를 천하게 여기고, 헐뜯고, 그런 것들을 영적으로 한 차원 떨어지는 것으로 취급하고 있으며, 우리는 순결하고, 실용주의에 의해서 손상되지 않는 영적인 삶을 형성할 수 있다고 생각하기가 쉽다.

그러나 이것은 있을 수 없는 일이다. 그날, 다윗에게는 민감한 아히마아스가 필요한 만큼 감정 없는 구스 사람이 필요했다. 그리고 요압이 필요했다. 요압의 충동적인 행동주의와 야비한 기회주의에도 불구하고 다윗은 요압이 필요했다. 하나님을 찾고 구하는 마음을 가진 다윗과 칼을 사용하는 때가 가장 행복한 요압, 두 사람 다 하나님의 백성(이스라엘)에 속한 사람들이었다.

모든 영적인 문제들 가운데 존재하는 심오하고 풀수 없는 충돌에 관한 고찰은 긴 역사를 가지고 있다. 예를 들자면 사랑과 정의, 가치와 필요 그리고 양심의 문제와 국가가 결정한 일들 이와 같이 개별적으로 각기 중요성과 의미를 가지면서도 다른 것과 결부되어야 할 상황에서는 어느 한 쪽이 다른 것의 왜곡이나 희생을 요구하는 관계가 되는 것이다(사랑을 위해서 정의를 굽힐 것인가? 아니면 정의를 위해서 사랑의 기준을 변형시켜야만 하는가? 가치를 지키기 위해서 필요를 무시하는 것이 정당한가? 아니면 필요를 채우는 그 자체가 가치를 지키는 길인가?).

추상적으로 형성되고 추진력을 가진 사회적 그리고 정치적인 정의가 인격적 고상함의 예견할 수 없는 특질들과 공존할 수 있을까? 주어진 명령에 따라서 규격화 또는 정리되어 있는 의(righteousness)의 구조 안에서도 자유의지가 고유의 상태를 유지할 수 있을까? 아직 성숙하지 못한 그리스도인들이 종종 "예수님을 사랑하지만 교회는 싫다!" 라고 말하는 것을 본다. 또한 역사를 거쳐 오면서 처음에는 한 쪽이 다음에는 다른 쪽이 우위를 차지하는 식으로 중요성에 관한 자리바꿈은 있어 왔지만 그러나 극한 상황(전제주의 통치 또는 혁명정부의 임시통치)에서 조차도 "다른 한 쪽"이 결코 단순히 없어진 적은 없었다. 우리의 개인적인 삶에서도 어느 한 쪽의 생활 방식을 수용하고 그리고 다른 것을 원수처럼 대하게 하는 지속적인 압력이 존재한다.

그러나 성경의 이야기는 다윗과 요압이 서로 나란히 공존하는 것을 보여주고 있다. 인격적이면서 또한 임의적인 다윗이 비인격적이고 제도적인 요압 보다 훨씬 더 사람의 마음을 끈다. 그리고 이 두 사람은 서로에 대해서 한번도 편한 시간을 가지지 못했다. 그러나 중요한 사실은 그들 둘 다 본 이야기에 없어서는 안 될 필요한 역할을 하고 있다는 것이다. 사랑과 전쟁은 각각의 세계 안에서 별개로 이루어지거나 또는 사람들이 각각을 위해서 별도로 구분해 준 각자의 세계에서 별개로 발생되지 않는다. 압살롬의 죽음은 사랑에 대한 설명인 동시에 전쟁에 대한 설명이기도하다.

18:33 왕의 마음이 심히 아파 문루로 올라가서 우니라 저가 올라갈 때에 말하기를 내 아들 압살롬아 내 아들 내 아들 압살롬아 내가 너를 대신하여 죽었더면, 압살롬 내 아들아 내 아들아 하였더라

다윗의 애도하는 말들은 지금까지 말로 표현된 것으로는 가장 슬프고, 심장이 찢어지는 비통함을 담고 있는 가장 애절한 추도사 중에 하나로 간주된다. 그 애절한 표현들은 자기 아들이 에브라임 수풀에서 살해당했다는 것을 구스 사람을 통해서 들었을 때, 다윗의 창자로부터 뒤틀며 나온 말이다. 다윗은 죽음에 대해서 낯선 사람이 아니다. 눈물에 대해서 이방인도 아니다. 살인올 모르는 사람도 아니다. 실망을 경험해 보지 않은 것도 아니다. 죄에 대해서 순진한 사람도 아니다.

그러나 자신의 삶 가운데서 일어난 그 어떤 사건도 지금 압살롬의 문제로 인해 자신에게 일어나고 있듯이 그렇게 강한 힘과 그렇게 격렬함과 더불어서 그 모든 요소들(죽음, 눈물, 살인, 실망, 죄)을 한꺼번에 묶어주지는 않았다.

마셔야 할 **쓴** 잔이다. 그는 이 잔을 마실 것인가? 많은 축복을 경험했던 다윗이 아주 풍성한 기쁨을 맛보면서 지금도 우리의 삶 속에서 하나님의 인자하심을 고백하기 위해 여전히 우리가 사용하고 있는 그 시(내 잔이 넘치나이다 시 23:5)를 우리에게 남겨 주었다. 그리고 독특하게 그는 세상과 자기 인생에 나타내신 하나님의 선하심과 축복을 축배하기 위해서 그가 "구원의 잔"(시 116:13)이라 부르는 것을 높이 들었다. 그는 지금 자기 앞에 놓인 쓴 잔을 마실 것인가? 그는 자기가 당한 거절, 소외, 반역을 액면 그대로 받아 자기 존재의 한 가운데서 그것을 두고두고 되새김질을 하려는 것일까?

지금 이 순간에 우리는 다윗의 배신과 파멸의 경험 가운데 함께 휩쓸린 채, 다윗이 가고 1000년 뒤에 예수님께서 하신 말씀을 들을 수 있다. "아버지여 만일 아버지의 뜻이어든 이 잔을 내게서 옮기시옵소서 그러나 내 원대로 마옵시고 아버지의 원대로 되기를 원하나이다"(눅 22:42)

그 잔은 옮겨지지 않았다. 예수님처럼 다윗은 그 잔을 마지막 한 방울까지 다 마시고 그 잔을 비웠다. 그는 쓴 맛을 보았고, 죄가 근원이 된 고통을 가감 없이 있는 그대로 다 마셨다. 그는 자기 아들의 이름 "압살롬"을 세 번 불렀다. 그리고 "나의 아들"을 다섯 번이나 반복했다. 그는 애도의 슬픔 중에 압살롬의 인생 안에서 무르익은 사랑과 미움, 의와 죄, 선과 악을 체험하고 또 체험하고 있는 것이다.

예루살렘에서 가장 멀리 떨어진 낮은 지역인 수풀이 뒤엉켜 있는 에브라임 광야 깊은 곳에서 다윗의 이야기는 복음, 즉 우리 자신의 이야기, 열정의 이야기, 고통의 이야기 속으로 퍼져 들어오는 예수님에 대한 이야기를 아주 분명하게 예시해 주고 아주 가까이 그것에 접근시켜 준다. 고통은 우리를 감소시키지도, 파멸시키지도 않는다. 오히려 그것은 우리를 더욱 인간적이 되게 하고, 기도하게 하고, 사랑하게 해준다.

예수님을 묵상하는 하나의 형식이 있다. 그 형식은 예수님이 모욕을 당하신 후, 사형을 선고 받은 빌라도의 재판석에서 시작하여 그분이 십자가에 달려 죽으신 골고다 언덕, 그리고 그분의 시신을 안치한 무덤이 있는 곳까지 예수님의 죽음의 행진을 따라 구성되어진다. 예수님의 생애 마지막 날인 재판 받으심부터 장사되기까지의 과정에 일어난 14가지의 사건들 (어떤 것은 실제적이고 어떤 것은 상황을 참고하여 추론한 것임)의 현장들을 "십자가의 14개 처소"로 명명하고 각 처소에 따라 묵상을 하도록 내용과 형식이 정리되어 있다. 이 묵상은 고난을 향하여, 그리고 고난을 통과하는 우리의 길을 위해서 기도하는 하나의 방식이다.

믿음의 선배들은 예루살렘에서 떠나 도주하는 다윗의 이 이야기를 자주 읽었는데 그들은 다윗의 도주 이야기를 빌라도의 재판정에서부터 골고다를 거쳐 아리마대 사람 요셉의 무덤에서 끝나는 **"슬픔의 길"**(비아돌로사, Via Dolorosa)을 걸었던 예수님의 죽음의 행진을 예시하는 것으로 이해했다. 두 이야기 사이에 비교는 정확하게 똑같지는 않다. 그리고 연속성 보다는 상이점이 더 많다. 하지만 각 이야기의 주제는 서로 근접하다.

"다윗"과 "다윗의 자손" 둘 다 버림받았고, 도와주는 친구와 동시에 조롱하는 원수가 동반한 채 예루살렘을 떠났다. 가장 어두운 장소에서 두 사람 모두 버림 당함의 울부짖음을 토로했다. 두 사람 각자가 겪은 버림 당함은 하나님께서 기름 부어 세우신 지도자를 대항하는 반역이며, 두 반역 모두 실패로 끝났다. 다윗은 예루살렘으로 돌아와서 그의 통치를 재개하고, 죽음에서 부활하신 예수님은 "아버지의 우편"으로 승천하셔서 영원토록 통치하신다.

다윗의 복귀(19:1-43)

19:1 혹이 요압에게 고하되 왕이 압살롬을 위하여 울며 슬퍼하시나이다 하니 2 왕이 그 아들을 위하여 슬퍼한다 함이 그날에 백성들에게 들리매 그날의 이김이 모든 백성에게 슬픔이 된지

라… 5 요압이 집에 들어가서 왕께 말씀하되 왕께서 오늘 왕의 생명과 왕의 자녀의 생명과 처첩들의 생명을 구원한 모든 신복의 얼굴을 부고럽게 하시니 6 이는 왕께서 미워하는 자는 사랑하시며 사랑하는 자는 미워하시고 오늘 장관들과 신복들을 멸시하심을 나타내심이라 오늘 내가 깨달으니 만일 압살롬이 살고 오늘 우리가 다 죽었더면 왕이 마땅히 여기실 뻔 하였나이다 7 이제 곧 일어나 나가서 왕의 신복들의 마음을 위로하여 말씀하옵소서 내가 여호와를 가리켜 맹세하옵나니 왕이 만일 나가지 아니하시면 오늘 밤에 한 사람도 왕과 함께 머물지 아니할지라 그리하면 그 화가 왕이 젊었을 때부터 지금까지 당하신 모든 화보다 더욱 심하리이다 8a 왕이 일어나 성문에 앉으매 혹이 모든 백성에게 고하되 왕이 문에 앉아 계시다 하니 모든 백성이 왕의 앞으로 나아오느라…

다윗은 한 나라의 왕이며 동시에 자녀를 둔 아버지이다. 그러나 그가 슬픔에 잠겨 있는 동안에는 "왕"은 조명 밖으로 물러나고 "아버지"가 무대 중앙에 나타난다. 다윗은 완전히 슬픔에 빠져 있었다. 몇 해 전에는 그가 자기 삶에서 "왕" 역할이 "아버지" 역할을 덮어버리는 것을 아마 허용했을 것이다. 그런데 지금은 "아버지"가 "왕"을 가려 버렸다. 그는 슬픔에 잠겨서 두문불출하고 깊은 외로움에 빠져있다.

그러나 오래가지 못했다. 요압이 무례하게 다윗에게 왕의 본분으로 돌아 갈 것을 말했다. 이 상황을 대하고 있는 우리는 요압의 언제나 업무적이며, 돌발적임에 익숙해졌다. 요압은 다윗의 슬픔을 침범하고 공인의 모습으로 돌아가도록 다윗을 꾸짖었다. 요압의 말인즉, 백성과 군인들과 국정 상태는 정상으로 왕이 모든 국정을 결정하고 있으며 그들의 삶이 의미 있고 명예로운 것임을 믿고 안심할 수 있도록 해주어야만 한다는 것이다. 물론 요압의 말이 옳다. 그러나 방법이 잘못되었다. 개인적인 친밀함을 나타내는 행위는 요압의 세계에는 해당되지 않는다.

요압은 다윗이 왕의 공무를 다시 시작하게 해야 하는 자신의 공적인 임무에 지나치게 여겨질 정도로 집착했다(아마도 그가 압살롬의 죽음에 책임이 있기 때문일 것이다). 다윗은 요압의 지시를 수용하고 왕의 집무를 다시 시작했다. 왕과 왕국이 혼동과 방황의 구렁텅이로 가라앉을 위험에서 구출된 것이다.

19:8b ...이스라엘은 이미 각기 장막으로 도망하였더라 9 이스라엘 모든 지파 백성들이 변론하여 가로되 왕이 우리를 원수의 손에서 구원하여 내셨고 또 우리를 블레셋 사람의 손에서 구원하셨으나 이제 압살롬을 피하여 나라에서 나가셨고 10 우리가 기름을 부어 우리를 다스리게 한 압살롬은 싸움에 죽었거늘 이제 너희가 어찌하여 왕을 도로 모셔 올 일에 잠잠하고 있느냐 하느라

싸움의 결과는 명료하다. 그러나 그 전쟁은 온 나라를 혼란에 빠뜨리므로 심각한 후유증을 남겼다. 그동안 압살롬의 카리스마에 도취되고, 그의 준수한 용모에 유혹된 백성들은 모두 완전히 압살롬에게 마음이 사로잡혀 있었다. 그의 공약들과 신비한 아름다움 그리고 그들의 삶에 주입시키는 새로운 힘은 백성을 흥분시켰고, 그들은 이미 다윗에 대하여 재고의 여지도 없이 압살롬을 왕으로 옹립했다. 다윗은 이용당할 만큼 이용당하고 버려졌다.

그런데 지금 늙은 다윗은 아주 생생하게 살아있고 젊은 압살롬은 사지가 잘려진 시체가 되었다. 백성이 죽은 시체에 의해서 통치될 수 없는 것은 두말 할 필요가 없다. 그러나 그들이 노인이 된 다윗의 복귀를 원할까?

압살롬의 죽음으로 인해 초래된 권력 공백 현상에서 반 다윗 세력과 친 다윗 세력이 각각 주도권을 주장했다. 다윗이 견고하게 왕국의 통치권을 쥐고 있는 동안에는 반 다윗 정서는 아무 소리를 내지 못하고 잠잠했었다. 그러다가 압살롬이 대세를 장악하는 것이 확실하게 여겨질 때, 친 다윗 사

람들이 바짝 자세를 낮추어 지냈다.

그런데 지금은 양 진영에서 민심을 자기 쪽으로 끌기 위해 각기 소리를 내고 있다. 한 진영에서 다윗의 즉각적인 복권을 주장하는데 다른 이유가 필요 없었다(19:10b). 그러나 다른 편에서 내는 소리들 역시 다윗의 즉각 복귀가 일방적으로 감행되지 못하게 할 정도로 강했다. 다윗이 압살롬의 반란을 잠재우기는 했지만 그의 왕권 회복은 아직 완성되지 않았다. 아주 비통하게 슬퍼하던 애도의 기간을 본의와는 달리 너무 일찍 끝내고 다윗은 이제 자신의 왕권과 통치를 회복하기 위해서 당면한 외교적 과제에 몰두한다. 예루살렘으로부터 망명지에 이른 그 내리막길이 이제 정반대로 방향을 바꾸어 똑같은 길을 거슬러서 고향으로 올라가는 길이 되었다.

그리고 그의 내려감이 도중에서 중요한 사람들과의 만남에 의해서 두드러지게 표시되었듯이 그의 올라감 역시 도중에서 이루어지는 인격적인 만남들에 의해서 특징지어졌다. 올라가는 도상에서 만난 사람들 중에 어떤 사람들은 광야로 내려가는 길에 만났던 바로 그 사람들이다. 그들의 이름이 개별적으로 또는 둘을 하나로 묶어 다섯 단위로 구별되어서 내려가는 여정과 올라오는 여정에 반복 소개되고 있다. 그 이름들은 사독과 아비아달, 아마사, 시므이, 시바와 므비보셋, 바르실래 등인데 일곱 명이 다섯 단위로 구별되어 있다.

19:11 다윗 왕이 사독과 아비아달 두 제사장에게 기별하여 가로되 너희는 유다 장로들에게 고하여 이르기를 왕의 말씀이 온 이스라엘이 왕을 궁으로 도로 모셔 오자 하는 말이 왕께 들렸거늘 너희는 어찌하여 궁으로 모시는 일에 나중이 되느냐 12 너희는 내 형제요 내 골육이어늘 어찌하여 왕을 도로 모셔 오는 일에 나중이 되리요 하셨다 하고

예루살렘을 떠날 때, 다윗은 사독과 아비아달을 예루살렘에 남도록 하

였다. 그들은 압살롬의 조정 내에 머물면서 아주 중요하고 필요한 정보 수집 일을 수행하여 다윗의 눈과 귀가 되어주었다. 책략을 알아내어 다윗에게 알려준 것은 다윗을 위기에서 살아남을 수 있게 해준 결정적인 요소였다. 이제 두 사람은 다윗의 대변인 역할을 하는데 압살롬을 지지 했다가 지금은 지도자가 없는 신세가 된 "유다의 장로들"에게 다윗의 진심을 전달하고 있다.

이 두 제사장을 통해서 다윗은 장로들이 헤브론에서 자신을 왕으로 세웠던 당사자들(2:1-4)이며, "이스라엘의 장로들"이 자신을 왕으로 재추대 했던 사실(5:3)을 "유다의 장로들"에게 상기시켰다.

그들이 기다리고 있는 것이 무엇인가? 그들의 초창기 결정과 그리고 지금 그들이 목도하고 있는 이 결정적인 승리를 통해서 다윗이야말로 논쟁의 여지가 없는 그들의 통치자임이 분명하지 않은가? 두 제사장은 망설이고 있는 장로들에게 마음을 정하고 왕으로 복귀하는 다윗을 기꺼이 받아들이도록 촉구했다.

19:13 너희는 또 아마사에게 이르기를 너는 내 골육이 아니냐 네가 요압을 대신하여 항상 내 앞에서 군장이 되지 아니하면 하나님이 내게 벌 위에 벌을 내리시기를 바라노라 하셨다 하라 하여 14 모든 유다 사람들로 마음을 일제히 돌리게 하매 저희가 왕께 보내어 가로되 왕은 모든 신복으로 더불어 돌아오소서 한지라 15 왕이 돌아와 요단에 이르매 유다 족속이 왕을 맞아 요단을 건너려 하여 길갈로 오니라

아마사는 다윗을 환영하는 진영에 새로 가세한 사람이다. 그는 반란 당시 압살롬 군대의 총사령관이었다. 압살롬 진영에서 그의 지위는 다윗 진영에서 요압의 군사적 지위에 비교된다. 요압과 마찬가지로 아마사도 다윗의 조카이다.

왕권 회복을 위해 힘쓰는 가운데 다윗은 아마사를 군대의 총사령관으로 임명하고 요압을 해임시켰다. 이렇게 조치한 이유가 무엇일까? 언뜻 보기에 혁명군에 가담한 아마사는 포상 받고 충신 요압이 해고당하는 그런 조치는 잘못된 것으로 보인다.

그러나 본문을 살펴보면서 그 속의 의미를 읽는다면 그 조치에 뚜렷이 구별할 수 있는 동기들이 발견될 것이다. 첫째, "충신" 요압은 다윗의 분명한 명령을 공개적으로 무시하고 다윗의 아들을 죽였다. 본문에는 다윗이 요압의 명령 불복종적인 태도를 알고 있었다는 것을 우리가 짐작할 수 있는 것이 아무 것도 없다.

그러나 그의 불복종은 공개적으로 행해졌고 많은 사람들이 목격하는 가운데 저질러졌다. 다윗이 그것을 즉시 알지 못했다고 생각하기는 어렵다. 그의 통치동안 내내 다윗은 때때로 참았고, 어떤 때는 요압의 무자비한 방식들을 이용했다. 그런데 이번에는 요압이 너무 멀리 나갔고, 다윗은 그것을 요압에게 돌려 준 것이다. 다윗은 그를 해고시키고 아마사를 그 자리에 임명했다.

두 번째 동기는 대중의 지지를 회복하는 것과 관계된다. 일반 대중은 감정적으로 여전히 압살롬에게 밀착되어 있었을 것이다. 압살롬 반란에서 활약한 뛰어난 지도자들 중의 한 명이었다가, 지금은 다윗 군대의 수장이 된 아마사는 그의 변신과 새로운 역할 그 자체만으로도 사람들이 다윗을 지지해야 할 강력하고 실제적인 이유들을 제공한 셈이다. 그러므로 개인적인 차원(요압에 대한 그의 분노)과 대중적인 차원(대중의 지지가 필요한 그의 현실)의 이유들을 고려해 볼 때, 아마사를 그의 새로운 군대 총사령관으로 임명하는 것은 이해가 된다.

유다의 장로들에 대한 회유와 아마사의 임명은 적절하게 조화를 이루어 목적에 기여를 했다. 그 조치가 시행된 지 얼마 되지 않아서 예루살렘의 사람들이 요단강변으로 몰려가 돌아오는 다윗을 환영하고 그를 왕으로서 예루살렘 성으로 맞이해 들였다.

19:16 바후림에 있는 베냐민 사람 게라의 아들 시므이가 급히 유다 사람과 함께 다윗 왕을 맞으려 내려올 때에 17 베냐민 사람 일천 명이 저와 함께하고 사울의 사환 시바도 그 아들 열다섯과 종 스무 명으로 더불어 저와 함께하여 요단강을 밟고 건너 왕의 앞으로 나아오니라

이 본문을 보면서 예루살렘을 떠나 망명길에 나선 다윗에게 시므이가 저주를 퍼붓던 것(16:5-13)은 단순히 개인적인 일이 아니었고, 시므이가 백성들 중에 있는 강력한 반 다윗 세력을 대변한 행위였다는 것을 기억할 것이다. 그 당시 시므이는 쫓겨난 왕에게 최후의 심판을 알리고 있으며, 다윗은 조만간에 더 이상 존재하지 않게 될 것으로 생각했었다.

그러나 지금 다윗은 돌아왔고 권력을 장악했다. 복귀한 왕에게 자신의 과오를 자책하며 자비를 구하는 사람들의 행렬에서 첫 번째 사람이 시므이였다.

19:18b ...왕이 요단을 건너려 할 때에 게라의 아들 시므이가 왕의 앞에 엎드려 19 왕께 고하되 내 주여 원컨대 내게 죄 주지 마옵소서 내 주 왕께서 예루살렘에서 나오시던 날에 종의 패역한 일을 기억하지 마옵시며 마음에 두지 마옵소서 20 왕의 종 내가 범죄한줄 아옵는고로 오늘 요셉의 온 족속 중 내가 먼저 내려와서 내 주 왕을 영접하나이다 21 스루야의 아들 아비새가 대답하여 가로되 시므이가 여호와의 기름 부으신 자를 저주하였으니 그로 인하여 죽어야 마땅치 아니하나이까 22 다윗이 가로되 스루야의 아들들아 내가 너희와 무슨 상관이 있기로 너희가 오늘 나의 대적이 되느냐 오늘 어찌하여 이스라엘 가운데서 사람을 죽이겠느냐 내가 오늘날 이스라엘의 왕이 된 것을 내가 알지 못하리요 하고 23 시므이에게 이르되 네가 죽지 아니하리라 하고 저에게 맹세하니라

예루살렘에서 도망하여 내려오는 길에 아비새는 시므이를 죽이기를 원했으나 다윗이 그를 말렸다. 지금 복귀하기 위하여 예루살렘으로 올라가는 길에 다시 나타난 시므이를 아비새는 죽이려 했으나 또 다시 다윗이 그를 저지시켰다. 도망하는 도중에서는 다윗이 시므이의 저주를 자기에게 임한 하나님의 심판의 말씀으로 받아들였고, 지금은 시므이의 회개를 받아들이고 그를 용서했다.

"스루야의 아들들"인 아비새와 요압은 하나님에 대한 생각이 없는 사람들이다. 그들이 알고 있는 유일한 언어는 칼과 폭력에 관한 것이다. 다윗의 통치 초기에 아브넬을 암살한 요압에 대하여 격분한 다윗이 "스루야의 아들인 이 사람들을 제어하기가 너무 어려우니"(3:39)라고 말했다. 그리고 이제 그의 통치 후기에 요압의 아브넬 암살과 아비새가 시므이를 죽이려는 시도가 이어지는 상황에서 다윗은 실제적으로 똑같은 것을 말하고 있다. "스루야의 아들들아 내가 너희와 무슨 상관이 있기로 너희가 오늘 나의 대적이 되느냐"(22절)

"스루야의 아들들", 신앙의 세계에 존재하는 다수의 사람들이 그들과 같은 언제나 하나님의 일을 하려는 열정 그 이상이었으나 그들은 하나님의 방법으로 그것을 하는 것은 거절했다. 그들은 강렬한 열정으로 하나님의 편에 있었으나 하나님의 방법에는 관심이 없었다. 자비, 동정, 용서, 은혜 등은 그들에게 낯선 말들이었다. 그들에게 친숙한 폭력은 은혜의 수단이 아니다.

예수님 역시 다루어야 할 "스루야의 아들들"이 있었다. 본문의 이야기를 반향하는 한 이야기에서 누가는 그 당시 "세베대의 아들들"인 야고보와 요한이 예수님을 환영하지 않는 사마리아인들을 죽이기를 원하는 것 때문에 예수님께서 그들을 꾸짖으시던 것에 대해서 알려준다(눅 9:51-56). 그들의 그런 호전적인 태도 때문에 "우뢰의 아들들"이라는 별명으로 불리기도 한다(막 3:17).

다윗이 시므이를 용서하는데는 물론 정치적인 차원의 이유도 있다. 시므이는 옛 사울의 충신들 가운데 한 지도자이다. 만약 시므이가 아비새가 원하는 것처럼 죽게 된다면 그 죽음은 그를 사울 진영을 위한 순교자로 만들어 줄 것이며 그렇게 되면 반 다윗 세력들은 죽음을 불사한 항전으로 몰고 가게 될 것이다. 그들은 순교자의 영광된 죽음을 택하려고 할 것이다.

그러나 시므이가 사면을 받은 것은 사울의 가족과 추종자들의 복지를 위해서 다윗이 계속적으로 심혈을 기울이고 있음을 가시적으로 보여주게 된다(요나단과 맺은 다윗의 언약, 삼상 20:42). 시므이와 그가 속한 베냐민 지파(사울이 속한 지파) 사람들 일천 명을 예루살렘으로 입성하는 개선 행렬에 참여하게 함으로써 다윗은 자기가 단지 자신의 추종자들만의 왕이 아니라 명실공히 모든 백성들의 왕임을 과시했다. "내가 오늘날 이스라엘의 왕이 된 것을 내가 알지 못하리요"(22절)

19:24 사울의 손자 므비보셋이 내려와서 왕을 맞으니 저는 왕의 떠난 날부터 평안히 돌아오는 날까시 그 발을 맵시 내지 아니하며 그 수염을 깎지 아니하며 옷을 빨지 아니하였더라

본문은 요나단의 아들 므비보셋에 대한 네 번째 언급이자 이후에 다윗 이야기에서는 더 이상 나타나지 않는 마지막 언급이다. 첫 번째 언급은 간단한 비망록 형식으로 사울의 전사에 이어진 패전의 혼란 속에서 그를 안고 도주하던 유모가 그를 땅에 떨어뜨리는 바람에 그때부터 두 다리를 절게 되었음을 말한다(4:4).

두 번째 언급은 몇 년 후, 다윗이 요나단의 후손들에게 친절을 베풀기 위하여 생존한 요나단의 자손들을 수소문하는 것을 알고 사람들이 므비보셋을 다윗의 궁으로 데려왔을 때에 있었다. 그 초청은 므비보셋이 다윗 가족의 일원이 되게 하고, 왕궁에서 왕의 가족의 대우와 보호를 받게 해주었다(9장).

세 번째 그의 이름이 언급되는 상황은 다윗이 압살롬을 피해서 야반도주를 하는 와중에 므비보셋의 보호자 격인 시바가 다윗에게 와서 므비보셋이 배신한 것을 알려 줄 때이다. 압살롬의 반란으로 무정부 상태로 국정이 혼란한 틈을 타서 므비보셋은 사울의 옛 충신들이 권력을 잡고 자신을 왕으로 추대할 것을 계산하고 있다고 보고한 것이다(16:1-4).

그리고 지금 본문에서 네 번째 그의 이름이 등장하고 있다. 므비보셋이 다윗을 알현할 때, 그가 마치 개인적인 영달을 추구하고 있었던 것처럼 여겨지는 외관이 아니었다. 그는 수염이 덥수룩했고 입고 있는 옷은 마치 그것을 입고 그대로 잠을 잤던 것으로 보이는 차림이었다. 시바의 고자질을 마음에 새기면서 다윗이 므비보셋의 충성심에 이의를 제기했다.

므비보셋은 시바가 자기를 배신했다고 주장했다. 압살롬이 반란을 일으킨 그 밤에 당나귀 한 필조차 남겨 두지 않은 채 자기를 예루살렘 성에서 오도 가도 못하게 만들었다는 것이다. 시바가 그렇게 하지 않았더라면 두 말할 것도 없이 자신은 다윗과 함께 망명의 길에 합류했을 것이라고 설명했다.

그러면 누가 진실을 말하고 있는가? 시바인가? 므비보셋인가? 이 본문을 읽는 사람들 중 대부분이 므비보셋의 손을 들어준다. 그러나 정작 본문의 기록자는 판결을 의도적으로 보류하고 있다. 이유는 다윗의 반응에 강조점을 두기 위해서이다. 다윗이 처음 시바의 모함을 들었을 때, 그의 말을 믿었다. 지금 므비보셋의 말을 듣게 되자 두 사람의 말이 사실과 다를 수 있다는 것을 알았다.

여기서 본문의 진술은 우리를 새로운 영역으로 끌어들이는데 다윗은 누가 진실을 말하고 있는가에 대해서는 관심이 없음을 보여준다. 대질 심문이 없다. 증인을 소환하는 것도 없다. 다윗은 두 당사자인 시바와 므비보셋이 예루살렘으로 돌아온 것을 받아들였다. 그의 사랑은 신실하지 못함, 경솔함, 거짓말, 위선 등을 취급할 수 있을 정도로 충분히 크고, 충분히 넓었다. 다윗은 어떤 "완전무결한 교회"를 가지는 것을 고집하지 않았다.

이것은 독특한 다윗의 비망록, 즉 복음의 예시이다. 먼저 다윗은 권세의 위치에 있을 때 므비보셋을 찾아냈다. 그는 관대하게, 언약한대로, 사랑하기 위하여 그의 권세를 사용했다. 다윗은 하나님께서 그동안 다윗을 구원하시고, 인도해 주신 그 사랑으로 므비보셋을 대했다.

므비보셋을 위한 사랑의 최종적인 행동을 할 때에 다윗은 전쟁으로 인해 지칠대로 지쳐 있었다. 그도 목숨을 잃을 뻔한 최악의 반란과 배신을 간신히 극복하고 구사일생 살아남았다. 그리고 자기 아들 압살롬의 죽음과 신뢰했던 사람들에 의해서 버림받음으로 인해 비통한 슬픔에 빠져있기도 했었다. 그런데 지금 배신을 고소한 시바의 모함의 장본인인 므비보셋이 그의 앞에 있다. 지난 며칠 동안 배신적인 일들을 너무 많이 겪었고, 신의를 저버린 일들을 너무 많이 당했다. 므비보셋은 그의 사랑을 배신했던 사람들 수에 한 명 더 추기되어지는 것인가? 만약 다윗이 자신의 아들에게 배신을 당했다면 왕권 계승의 적법한 권리를 가진(사울의 손자로서) 므비보셋 역시 왜 그를 배신하지 않겠는가?

배신 그 자체는 문제가 되지 않는다. 다윗이 그걸 꼭 알아야 할 필요가 없다. 다윗은 므비보셋의 이야기를 액면 그대로 받아들이고 그와 신의를 유지했다. 다윗이 연약함 가운데 있고, 그의 왕국이 자신에 관해서 의견과 입장이 사분오열되어 있는 상황임에도 불구하고 전과 다름없이 그는 사람에게 자신의 신뢰를 위탁함에 있어서 여전히 강했다.

왕으로서 돌아올 때, 다윗이 취한 매번의 단계는 왕국의 회복에서 나타나는 회복의 각 단계이기도하다. 아마사가 압살롬의 추종자들을 회유하여 다윗에게로 돌렸고, 사울의 충성스런 추종자였던 시바, 시므이, 그리고 므비보셋이 다윗의 사람들이 되었다. 왕국이 서서히 붕괴되고, 한 조각씩 떨어져 나갈 때, 목숨을 건지기 위해 예루살렘을 버리고 도주했던 것이 이제는 한 조각씩 되돌아와 함께 모이고(시므이, 시바, 므비보셋) 그리고 온전한 하나됨으로써 회복되고 있다.

다윗의 복귀 일정에 언급되는 마지막 이름은 다윗이 망명 중에 얻은 동료인 길르앗 사람 바르실래이다.

19:31 길르앗 사람 바르실래가 왕을 보내어 요단을 건네려고 로글림에서 내려와서 함께 요단에 이르니 32 바르실래는 매우 늙어 나이 팔십 세라 저는 거부인고로 왕이 마하나임에 유할 때에 왕을 공궤하였더라 39 백성이 다 요단을 건너매 왕도 건너가서 바르실래의 입을 맞추고 위하여 복을 비니 저가 자기 곳으로 돌아가니라

다윗이 왕국을 회복하는 때에 다윗의 복귀와 관련하여 언급된 마지막 인물은 바르실래이다. 다윗의 복귀 여정에서 일어난 모든 대화와 만남은 정치적 아니면 개인적인 함축성을 띠고 전략적으로 이루진 것이었다. 그러나 바르실래의 경우는 다르다. 바르실래는 다윗에게 어떤 것도 원하지 않았고, 다윗이 주는 그 어떤 것도 그에게는 필요하지 않았다. 다윗이 압살롬을 피해서 도망하여 길르앗에 이르렀을 때, 소비와 마길과 함께 다윗을 영접하여 대접해 주었던 호스트였다(17:27-29). 그는 다윗에게 양식과 잠자리와 식사를 풍성하게 제공했다.

그로부터 1500년 후, 베네딕트(Benedict)는 한 규칙을 정하여 모든 수도원에서 그것을 실천하게 했는데 수도원의 문을 두드리는 사람은 누구든지(남녀를 불문하고) 마치 그 사람이 그리스도인 것처럼, 즉 손님으로 찾아오신 예수 그리스도인 것처럼 영접하도록 했다. 베네딕트는 예수님의

말씀을 한 선례로 인용했다. "내가 나그네 되었을 때에 너희가 나를 영접하였다"(마 25:35) 그리고 그는 친절한 접대를 실천함을 위해서 바르실래를 수호성인으로 떠올리곤 했을 것이다.

다윗은 자신이 받았던 바르실래의 호의를 자신의 호의로 보답하기를 원했다. 그는 이제 그렇게 할 수 있는 형편에 있기 때문이다. 그래서 다윗은 그에게 예루살렘에서 자기와 함께 살 것을 제안했다. 그러나 바르실래는 거절한다. 바르실래가 그날 그 자리에 있었던 것은 단지 작별 인사를 하기 위함이었다.

바르실래는 다윗에게 빚진 것도 없고, 그에게서 얻어야 할 것도 없었다. 지금 이 행렬에 함께한 모든 사람은 다윗 자신을 포함하여 이날 이후 앞으로 일이 어떻게 진전되느냐에 따라서 좌우될 수 있는 어떤 것을 마음에 가지고 있었다. 그러나 바르실래는 아니다. 이날 다윗의 일행 가운데 바르실래가 있는 것은 **순수한** 축복이다. 그는 다윗을 축복하기 위해서 그와 함께 있다. 이것은 자신의 유익을 계산함이 배제된 우정을 보여주는 진귀한 경우이다.

바르실래의 나이와 재산이 야심과 획득에 대한 집착으로부터 자신을 격리시킬 수 있는 도움이 되었다. 다윗은 본인의 개인적인 필요를 채우기 위하여 사람을 이용할 위인이 아님을 바르실래는 믿었다. 그리고 자기 자신이 다윗에게 이용당하게 되는 것(그럴 경우가 된다면)을 원하지 않았다. 만약 다윗이 바르실래를 예루살렘으로 데려오는 것을 요단강 동편과의 동맹관계의 상징으로써 기여할 것이라고 생각했다면 그는 실망했을 것이다.

나이와 재산이 항상 그런 격리와 자유를 제공하는 것은 아니다. 많은 사람들이 단지 더욱 지조 없이 괴팍스러워지고 더욱 움켜쥐기에 급급해 하는 것은 수명을 좀더 연장하고 돈을 좀더 모으려고 하기 때문이다. 그러나 바르실래는 연로함과 부유함의 조화를 가장 순수한 상태에서 보여주는데 다른 사람을 자유하게 할 때, 사용되어지는 필요로부터의 자유이다. 바르실래는 다윗이 불필요한 부담으로부터 자유하도록, 불필요하게 얽힌 것이 없는 왕이 되도록 자유하게 하려고 자기는 고향에 남고 다윗과 동행하지 않는 목적을 표현하기 위해서 다윗과 함께 요단강까지 동행하고 그곳에서 헤어졌다.

그러므로 요단강을 건너서 왔던 곳으로 돌아가는 다윗을 호위한 마지막 사람은 다윗이 아무 것에도 구애 받지 아니하고 자유롭게 그의 길을 가도록 거기서 다윗을 보냈다. 그날 요단강 둑에 다윗과 함께 서 있던 바르실래에게서 우리가 보는 것은 손님을 대접했던 주인이 떠나는 손님에게 작별인사를 나누는 **친절함**이다.

예루살렘을 향한 마지막 오르막길을 위해 채비한 다윗은 바르실래의 친절함을 선물로써 받아들이고 입맞춤과 축복으로 화답했다. 다윗은 그를 영접하여 대접해 주던 이 호스트를 억지로 붙잡으려 하지 않고 오히려 하나님의 은혜와 함께 그를 놓으며 사랑이 넘치는 축복 속에 가게 했다. 길르앗에서의 친절함과 예루살렘에서 기다리는 책무들로 복귀함 사이에 있는 연속성을 의미하는 독특한 표시는 바르실래의 아들 김함(Kimham)이 이후로 다윗의 궁에 정착하게 되는 것이다.

축복해 주고 그리고 축복을 받은 바르실래는 다윗의 복귀 이야기의 마지막에 거론되어지기에 적합한 인물이다. 요단강 가에서 큰 덩어리가 된 순수하지 못한 동기들과 협상된 이익들의 어두침침하고 뒤얽힘 속에서 본문의 이 광경은 오염되지 않은 관대함과 친절함의 은혜를 설명해 주는 최후의 말과 같다. 이 광경은 다윗의 인생에 있어서 흔치 않은 순간이다.

그리고 무엇보다도 이 순간은 보배처럼 간직되어야 하는데, 다윗의 세계에 있는 모든 것이 조만간에 또다시 와해되어 경쟁과, 개인적인 이익 추구와, 폭력이 지배하게 될 것이기 때문이다. 이 순간을 잘 간직하라! 이것을 보배처럼 여겨라! 다윗의 이야기가 종결될 때까지 이와 같은 순간을 다시는 볼 수 없을 것이다!

19:40 왕이 길갈로 건너오고 김함도 함께 건너오니 온 유다 백성과 이스라엘 백성의 절반이나 왕을 호행하니라

41 온 이스라엘 사람이 왕께 나아와서 고하되 우리 형제 유다 사람들이 어찌 왕을 도적하여 왕과 왕의 권속과 왕을 좇는 모든 사람을 인도하여 요단을 건네었나이까 하매 42 유다 모든 사람이 이스라엘 사람에게 대답하되 왕은 우리의 지친인 까닭이라 너희가 어찌 이 일에 대하여 분내느냐 우리가 왕의 물건을 조금이라도 먹었느냐 왕께서 우리에게 선물 주신 것이 있느냐 43 이스라엘 사람이 유다 사람에게 대답하여 이르되 우리는 왕에 대하여 십분을 가졌으니 다윗에게 대하여 너희보다 더욱 관계가 있거늘 너희가 어찌 우리를 멸시하여 우리 왕을 모셔오는 일에 먼저 우리와 의논하지 아니하였느냐 하나 유다 사람의 말이 이스라엘 사람의 말보다 더 강경하였더라

다윗이 예루살렘에 도착하기도 전에 심한 말다툼이 일어났다. 모든 백성이 다윗이 왕으로 복귀하는 것을 원했다. 그러니 모든 백성이 통일된 왕국을 원하지는 않았다.

압살롬의 반란이 실패로 끝난 것은 사울의 잔당들에게 옛 권력 회복의 희망을 주었다. 왜냐하면 다윗이 표면상으로는 그들을 권력의 서열에 들여 주었기 때문이다. 그러나 서로 관계를 맺고 있기는 하지만 깊이 갈라진 틈이 나타나는데 이전의 남북 구도의 분열이다.

열두 지파는 함께 공존함에 있어서 서로 간에 편한 때가 결코 없었다. 각 지파마다 상당한 정도의 자치권을 항상 유지해 왔다. 북쪽의 열 지파(이스라엘)는 남쪽의 두 지파(유다)에 비해서 열두 지파 공동체를 대표하는 다소 보편적인 정체성(common identity)을 가졌다. 초기에는 실로에서 그 후에는 예루살렘에서 지속된 하나님께 드리는 제사(예배)는 그들 열두 지파를 하나로 묶어 주는 행위로 작용해왔다.

그러나 "다른 나라들처럼" 그들도 왕을 세울 것을 고집할 때, 그들은 정치적으로 통일된 나라가 되었다. 사울이 열두 지파가 단일 국가로써 기능하게 하는 시초를 만들었고, 다윗은 그것을 마무리했다. 하지만 형식적으로는 완료된 통일이 지금까지는 다윗의 통치 아래 별 탈 없이 제대로 가는 것처럼 보였을지라도 그리 깊이 있게 진전되지는 않고 형식적 통일의 수준에만 머물러 있었던 것임이 이제 드러나고 있다.

백성은 여전히 자신들을 "북쪽 사람들"(이스라엘) 또는 "남쪽 사람들"(유다)로 이해했다. 그런데 지금 다윗의 복귀와 함께 남과 북의 백성이 다윗을 각각 "자기들의 왕"이라고 우기는 경쟁자들이 되었다. 두 진영 사이에 심한 언쟁이 일어나고 각 진영에서는 권리를 주장할 수 있는 나름대로의 유리한 점을 가지고 있다는 것을 주장했다.

다윗이 예루살렘에서 주권적인 통치를 재개하도록 백성이 그를 예루살렘으로 모셔 들이던 그날 길갈에서 터진 입싸움은 오늘날 기독교 공동체들 내에서도 끊임없이 되풀이 되고 있다. 예수님이 우리의 죄로부터 우리를 구원해 주시고 "아버지의 보좌 우편에서" 우리를 다스려 주시기를 원하는 것에 이의를 달지 않는다. 그러나 이어서 우리는 공동체를 깨고, 조각조각 나누어지고, 각 그룹마다 "장자"의 선임권 또는 대리권을 주장한다.

동방 정교회와 로마 천주교, 침례교와 장로교, 복음주의와 오순절, 성공회와 감리교 등 북미 대륙에만 287개의 교단이 있다. 각 교단은 압살롬과 같은 세상의 반란에 쫓기다가 보좌로 복귀하시는 예수님께 독자적인 존귀와 영예를 보여드리는 것을 고집하고 있다. 겉으로 보기에는 사람마다 예수님을 주권자로 모시기를 원하는 것 같으나, 그러나 예수님의 주권 아래에 거하는 다른 다양한 사람들과 마음속으로부터 아주 친밀하게 교제하는 것은 원하지 않는 것으로 여겨진다.

다윗은 기쁘지 않았다. 그는 인생의 한 고비를 이제 막 지나왔다. 그의 왕국의 회복을 단계별로 협상하고, 감정적 그리고 정치적인 복잡한 사안들을 잘 다루면서 압살롬으로 인한 손실에서 이제 겨우 벗어났다. 그는 요단강을 건너 올 때, 노인 바르실래의 사랑과 친절함과 함께 축복 받고 기쁜 마음으로 돌아왔다. 그는 자기의 성과 왕좌를 향한 오르막길을 그와 함께한 많은 무리의 사람들과 함께 당당하게 나아갔다. 영광스러운 순간이었다. 그런데, 승리의 행진에 그와 함께 동행하기 위해서 온 군중들이 "북쪽"과 "남쪽" 진영으로 갈라져 어느 쪽이 다윗을 자기들의 왕이라 주장할 수 있는 더 나은 권리가 있는지를 따지고 있을 때, 다윗은 첫 발도 내딛기 어려운 처지에 빠지게 되었다.

본문의 이 내용은 어떤 교훈적인 통찰을 전달하려는 것이 아니다. 그들이 거기에 있는 목적(다윗을 환영하기 위함)과 그들이 실제 하고 있는 것(누가 제일의 접견자인가를 두고 그들끼리 다툼) 사이의 대조가 이보다 더 뚜렷할 수는 없다.

저음에는 남쪽 사람들(유다)이 더 크고, 더 열정적인 목소리로 상대방을 압도하는 듯했다. 그런데 한 사람이 양의 뿔을 불어서(당시 양 뿔은 신호를 알리는 나팔로 사용함 - 역자 주) 다투는 소음을 잠잠케 하고, 자기 동료들인 북쪽 사람들(이스라엘)에게 그 행렬에서 떠나고 다윗의 통치에서 탈퇴할 것을 외쳤다. 그는 실제적으로 다음과 같이 외친 것과 같다. "만약 현 정권하에서 우리가 너희와 동등할 수 없다면, 우리는 그런 정권에는 참여하지 않을 것이다. 우리는 절대 이등 신분의 국민으로 살지는 않을 것이다. 우리는 우리의 북쪽 자부심을 가지고 있으므로 너희로부터 당하는 모욕을 참지 않을 것이다. 하고 싶은 대로 하라. 다윗을 너희 왕으로 삼으라. 그러나 우리는 우리가 원하는 길로 갈 것이다!"

두 번째 반란: 세바(20:1-26)

20:1 마침 거기 난류 하나가 있으니 베냐민 사람 비그리의 아들 세바라 하는 자라 저가 나팔을 불며 가로되 우리는 다윗과 함께할 분의가 없으며 이새의 아들과 함께 할 업이 없도다 이스라엘아 각각 장막으로 돌아가라 하매

다윗의 카리스마적인 등장과 백성의 감정적인 논쟁이 함께 맞물려서 감정적인 사건을 파생하게 되는데 비그리의 아들 세바의 선동적인 연설이 분리의 폭풍을 몰고 왔다. 북쪽 사람들이 모욕감을 느끼고 분노하여 길갈에서 따로 떨어져 나가버렸다. 그들은 그곳을 아예 떠나 그들의 본 거주지(그들의 장막)로 돌아갔다.

남쪽 사람들은 이제 다윗을 독차지하여 예루살렘으로 맞이해 들였다. 그러나 비그리의 아들 세바는 그 행렬 위에 찬물을 퍼부은 셈이다. 북쪽과 남쪽을 하나로 만들기 위해 오랫동안 신중하게 공들여 온 일(이것은 다윗의 초기 주요 업적 중의 하나였다)을 일순간에 허사로 만든 것이다.

비그리의 아들 세바에 관해서 우리가 알고 있는 유일한 사실은 그는 베냐민 지파 사람, 즉 사울의 출신 지파에 속한 북쪽 사람이라는 것이다. 그의 출신 배경은 그가 사울의 충신 잔당에 속한 것을 충분히 이해할 수 있게 해준다. 사울의 충신 그룹들은 다윗의 왕권에 결코, 완전히 통합되지 않았다.

예루살렘으로 돌아오긴 했으나 그의 왕국이 북쪽 이스라엘과의 관계가 깨어졌으므로 다윗은 두 가지 일을 시작했다. 한 가지는 상징적이고, 다른 한 가지는 군사적인 것이다. 그는 문제의 후궁들을 별실에 격리시키고 아마사를 급파하여 반란 주동자인 비그리의 아들 세바를 추격하도록 했다.

후궁들에 관한 조치는 백성과의 관계에 관련된 문제인데, 그 조치는 다 윗을 도당정치를 초월하는 수준에 있는 것으로 보이게 만드는 "선언을 하는 것"과 같은 효과를 겨냥한 것이다.

20:3 다윗이 예루살렘 본궁에 이르러 전에 머물러 궁을 지키게 한 후궁 열 명을 잡아 별실에 가두고 먹을 것만 주고 더불어 동침치 아니하니 저희가 죽는 날까지 갇혀서 생과부로 지내니라

본문의 "후궁 열 명"은 다윗의 전체 이야기에서 세 번째 언급이다. 첫 번째는 다윗이 압살롬을 피해 도주할 때, 그는 후궁들을 궁에 머물러 있게 하여 자기 왕실을 지키게 하였다(15:16).

두 번째는 압살롬이 성적 정력을 통해서 자신의 왕적인 권세를 과시할 목적으로 백성들 앞에서 공개적으로 후궁들과 동침했다. 그리고 세 번째는 왕권으로 복귀한 후, 취한 첫 조치에서 다윗은 문제의 열 명 후궁을 격리시켰다. 그는 후궁들에게 보호와 거주할 장소 그리고 먹을 양식을 공급하지만 그들과 더 이상 동침하지는 않았다. 후궁들은 죽는 날까지 갇혀서 "생과부"로 지냈다.

이런 조치가 의미하는 것이 무엇일까? 후궁들은 우리에게 잘 알려지지 않은 다윗 당시의 문화적 풍경의 일부이다. 다윗의 이야기에서 후궁들에 대한 세 번의 언급은 다윗과 우리 사이에 존재하는 문화적인 깊은 골을 강조한다. 고대근동에서는 후궁들을 왕권의 장식품의 일부로 간주하는 풍습이 있었는데 다윗이 후궁들을 취한 것은 당시의 풍습을 따른 것이다. 다시 말해서 다윗이 후궁들을 둔 것은 개인적인 취미가 아니라 다른 나라의 모든 왕들이 하는 것을 자기도 왕으로서 자연스럽게 한 것이다.

그런데 지금은 그가 왜 후궁들을 버리는 것일까? 이 문제에 대해서 우리는 단지 다윗의 행동외 의미를 숙고해 볼 수 있을 뿐이다. 즉, 그가 압살롬의 반란이 기승을 부리는 기간 동안 쫓겨 다니는 신세를 뼈저리게 경험하고 왕이 되는 것이 무엇을 의미하는가에 대한 자신의 생각을 정결하게 정화한 것인가? 압살롬은 다윗 왕권의 한 가지 주요한 특징인 그의 후궁들을 취해서 자기가 다윗 보다 더 위대하다는 것을 사람들에게 과시하는데 이용했다.

압살롬은 자신의 권력을 뽐내기 위하여 후궁들을 이용했지만 지금 다윗은 자부심을 가져도 좋을 만한 인간적인 조건을 암시하는 것은 어떤 것이라도 자신으로부터 벗겨내기 위해서 후궁들을 버리는 것이다. 다윗은 자신을 새롭게 발견한 것이다. 그는 하나님이 세우신 하나님을 위한 왕이지 사람들의 왕이 아니다. 그는 망명의 기간을 거치고 이제 돌아와 하나님의 주권 앞에 겸손히 자신을 드리고 있다.

아마도 복귀하자마자 다윗이 후궁들을 그렇게 처리한 조치는 그 당시 왕들의 보편적인 처신을 두고 볼 때, 무분별하고 즉흥적인 결정으로 보일 수 있다. 그러나 압살롬이 그의 지도자적 매력을 더욱 돋보이게 하려는 목적으로 아주 음흉하게 문제의 후궁들을 이용했으므로 다윗은 그 여자들을 사용하는 것을 완전히 거부하므로써 대중적인 이미지 형성을 정반대로 했다. 그는 섹스와 권력의 교묘한 결탁을 왕의 삶에서 축출시켜 버리려는 것이다. 이 시간이 오기까지 오랜 세월이 지났다. 그러나 늦더라도 그 시기가 온 것이 결코 오지 않는 것보다는 낫다.

후궁들을 별거 조치함으로써 다윗은 백성에게 다음과 같은 메시지를 보내고 있는 것이다. "백성이 지금 가까이 하고 있는 이 사람은 한때 쫓겨 다니던 왕이다. 그때 겪었던 고통이 지금 여기서 어떤 선한 일을 이루었다. 나는 이제 더 이상 이전에 백성이 알던 그런 왕이 아니다." 우리가 확실히 알 수는 없지만 문제가 된 후궁들을 그렇게 조치한 데에는 아마 지금까지 살펴 본 바와 같은 그런 의미가 내포되어 있을 것이다.

왕의 후궁들과 관련된 사회적 그리고 문화적 의미를 제대로 알지 못하기 때문에 우리가 본문을 더 깊이 있게 해석하는 모험을 감행할 수는 없다. 그러나 문제의 후궁들을 세 번이나 반복하는 것은 어떤 중요한 일이 계속 진행되고 있음을 기록자가 감지하고 있다는 증거이다. 기록자들은 본인이 알고 있는 것 이상을 표현한다. 그래서 사실들 또는 진실은 기록자들도 충분히 파악하고 있지 못하는 진술의 진행 과정 속에서 드러난다.

본문이 바로 그런 경우에 해당될 것이다. 후궁들을 격리시키는 다윗의 조치에서 수천 년이 지나 싹이 나게 될 여성들의 천부적 권리와 품위에 대한 민감함의 씨앗을 볼 수 있다고 하는 것이 가능한가? 그 후궁들은 "이용당한" 여자의 원형이다. 즉, 어떤 일을 수행할 수 있는 여자의 능력 때문에 유용하게 여김을 받았다. 그 후궁들 중 누구의 이름도 거론되지 않는다. 이것은 그 후궁들은 사람이 아니라 비인격화된 기능으로 간주함을 의미한다.

본 이야기에서 후궁들을 처음 언급할 때, 다윗이 자신의 왕궁을 돌보도록 하려고 그들을 이용했다. 가사적인 기능이다. 두 번째 언급에서는 압살롬이 자신의 왕의 왕성한 힘을 과시하기 위하여 후궁들을 사용했다. 성적인 기능이다. 세 번째 언급에서는 다윗이 기능과 역할의 세계로부터 후궁들을 완전히 끌어내었다. 그들이 다시는 "사용되지" 않을 것이다. 후궁들은 부과된 기능과 상관없이 그들의 여생을 살아 갈 것이다. 그들은 그들 자신으로써 존재한다. 그러므로 "생과부"로 번역된 히브리어 원어의 표현은 딱 부러지게 어떤 상태로 규명할 수 없다. 원어의 표현은 "과부들, 그러나 완전히 생기가 있는 여자들"로 번역될 수도 있다.

주석가들이 이 비인격화된 인생으로 전락된 후궁들에 대해서 동정심을 느끼는 것이 보통이다. 그들이 이제 소용없게 되었으므로 분명히 그들은 자신들의 소용없음을 느꼈을 것이 틀림없다. 그러나 후궁이 된 이래 최초로 그들은 자신들의 고유한 존재와 적당히 꾸며진 구실에 덮여 왕궁에서 그렇게 지내게 된 그들의 모습을 이제 비로소 참으로 느끼게 되었다고 할 수 있는가? 가사를 돌보거나 성적 목적을 위한 용도가 없으므로 이제 그 열 명의 후궁들이 새롭게 발견한 자신들의 존재와 함께 무엇을 할 수 있는가? 아마 그들은 기도했을 것이다.

그렇다고 해서 그 후궁들을 여성을 성적으로 그리고 가사적으로 하나의 도구로 전락시키는 문화가 지배하는 속세를 떠나 하나님을 경배하는 것에 집중하는 생활에 필요한 자유로운 새로운 삶을 찾아 집단생활을 하는 수녀들의 시초가 된 공동체로써 그 후궁들을 이해하는 것은 어울리지 않는 상상이다. 아마도 기록자는 다윗의 후궁들 문제 처리에서 잠재의식적으로 어떤 것을 인식하고 있었을 것이다. 그것은 그 당시의 문화에서는 어렴풋이 상상하는 것조차도 어려운 것일지도 모르지만, 그러나 오랜 세월이 지난 후 여성들(그리고 다른 사람들)을 강요된 역할의 문화로부터 자유하게 하는 성경의 이야기의 토양에서 자라게 될 것이었다.

20:4 왕이 아마사에게 이르되 너는 나를 위하여 삼일 내로 유다 사람을 소집하고 너도 여기 있으라 5 아마사가 유다 사람을 소집하러 가더니 왕의 정한 기한에 지체된지라 6 다윗이 이에 아비새에게 이르되 이제 비그리의 아들 세바가 압살롬보다 우리를 더 해하리니 너는 네 주의 신복들을 거느리고 쫓아가라 저가 견고한 성에 들어가서 우리들을 피할까 염려하노라 하매 7 요압을 좇는 자들과 그렛 사람들과 블렛 사람들과 모든 용사들이 다 아비새를 따라 비그리의 아들 세바를 쫓으려고 예루살렘에서 나와서 8 기브온 큰 바위 곁에 이르매 아마사가 맞으러 오니 때에 요압이 군복을 입고 띠를 띠고 집에 꽂은 칼을 허리에 매었는데 저가 행할 때에 칼이 빠져 떨어졌더라 9 요압이 아마사에게 이르되 형은 평안하뇨 하며 오른손으로 아마사의 수염을 잡고 그 입을 맞추려는체하매 10 아마사가 요압의 손에 있는 칼은 주의치 아니한지라 요압이 칼로 그 배를 찌르매 그 창자가 땅에 흐르니 다시 치지 아니하여도 죽으니라

요압과 그 동생 아비새가 비그리의 아들 세바를 쫓을새

후궁들을 위한 후속 조치를 마련해 준 후, 다윗은 그의 관심을 반란의 주모자 세바에게로 돌렸다. 세바의 반란은 어느 모로 보나 압살롬의 반란 만큼 자신의 왕국에 심각한 위협이었다. 다윗은 새로 임명한 군사령관 아마사에게 명령하여 군대를 정비하고 삼일 안에 세바 추격에 나설 수 있도록 준비하게 했다. 그러나 아마사는 제 시간에 나타나지 않았다. 무능함의 소치인지 아니면 불복종의 표시인지 우리는 알 수 없다. 다윗은 기다릴 수 없었고, 아비새에게 그 임무를 맡겼다.

그런데 여기서 요압의 이름이 다시 등장한다(7절). 명령불복종으로 압살롬을 죽인 후, 요압은 자세한 설명 없이 그의 지위에서 사라지고 그 자리는 아마사가 차지한다. 아비새가 태만한 아마사를 대신하여 임무를 맡게 되자 공교롭게도 요압이 나타난 것이다.

요압과 그의 부하들이 세바를 추격하러 나섰다. 세바를 추격 중에 그들이 예루살렘으로부터 불과 10km 정도 떨어진 지역(기브온)에 있을 때, 아마사가 그들을 따라 잡았다. 요압이 아마사를 맞이하러 나가는데 마치 옛 친구처럼 행세했다(기억하다시피 두 사람은 사촌관계이다). "죽마고우"의 사랑을 표시하는 행위로 그는 한 손으로 아마사의 턱 수염을 잡았다. 그러나 다른 손으로는 칼을 쥐고 있었다. 아마사에게 입맞춤으로 인사하는 그 순간에 그의 복부를 찔렀다. 흥건히 고인 핏속에 창자가 흘러나온 채 살해당한 아마사의 시체가 길가에 방치되어졌다. 그 주변을 지나는 군사들이 피로 낭자한 아마사의 유해를 보자 더 이상 앞으로 나가지를 못했다. 누군가 그 처참한 시체를 길에서 치우고 그 위를 덮고 난 후에야 멈추었던 행진이 계속 될 수 있었다.

우리에게 구체적으로 알려진 것으로 친다면 이것이 요압의 네 번째 살인이다. 아브넬, 우리아, 압살롬, 아마사 그가 이 사람들을 죽인 것은 모두 다 배신적인 행위였다.

20:14 요압이 이스라엘 모든 지파 가운데 두루 행하여 아벨과 벧마아가와 베림 온 땅에 이르니 그 무리도 다 모여 저를 따르더라 15 이에 저희가 벧마아가 아벨로 가서 세바를 에우고 그 성읍을 향하여 해자 언덕 위에 토성을 쌓고 요압과 함께한 모든 백성이 성벽을 쳐서 헐고자 하더니 16 그 성에서 지혜로운 여인 하나가 외쳐 가로되 들을지어다 들을지어다 청컨대 너희는 요압에게 이르기를 이리로 가까이 오라 내가 네게 말하려 하노라 한다 하라 17 요압이 그 여인에게 가까이 가니 여인이 가로되 당신이 요압이니이까 대답하되 그러하다 여인이 저에게 이르되 여종의 말을 들으소서 대답하되 내가 들으리라 18 여인이 말하여 가로되 옛 사람들이 흔히 말하기를 아벨에 가서 물을 것이라 하고 그 일을 끝내었나이다 19 나는 이스라엘의 화평하고 충성된 자 중 하나이어늘 당신이 이스라엘 가운데 어미 같은 성을 멸하고자 하시는도다 어찌하여 당신이 여호와의 기업을 삼키고자 하시나이까 20 요압이 대답하여 가로되 결단코 그렇지 아니하다 결단코 그렇지 아니하다 삼키거나 멸하거나 하려함이 아니니 21 그 일이 그러한 것이 아니니라 에브라임 산지 사람 비그리의 아들 세바라 하는 자가 손을 들어 왕 다윗을 대적하였나니 너희가 저만 내어 주면 내가 이 성읍에서 떠나가리라 여인이 요압에게 이르되 저의 머리를 성벽에서 당신에게 내어 던지리이다 하고 22 이에 여인이 그 지혜로 모든 백성에게 말하매 저희가 비그리의 아들 세바의 머리를 베어 요압에게 던진지라 이에 요압이 나팔을 불매 무리가 흩어져 성읍에서 물러나서 각기 장막으로 돌아가고 요압은 예루살렘으로 돌아와서 왕에게 나아가니라

세바를 추격하는 임무는 요압에 의해서 재개된다. 아마사는 죽었고, 다윗이 임명한 아비새는 다시 언급되지 않는다. 요압이 이 임무를 맡고 있다. 이 추격은 아벨의 성에 이르기까지 북쪽 지역 멀리까지 이르는 장거리 추격이다. 세바와 그의 군사들은 아벨의 성내에 은신하고 있었는데 요압이 성벽을 헐어버리려고 접근했다. 요압은 이런 식의 일에는 아주 익숙하

다. 그는 전쟁의 교활한 기술을 알고 있다.

그러나 성을 허무는 전략은 예기치 않은 길로 선회되는데 이유는 한 "지혜로운 여인"(16절)이 요압과 협상을 한 것이다. 다윗의 이야기에서 요압과 "지혜로운 여인"이 함께 등장하는 것은 이것이 두 번째이다. 이전에 (14:1-3) 요압은 "지혜로운 여인"을 찾아서 드고아에 사람을 보냈다. 지금은 아벨 성의 지혜로운 여인이 요압에게 사람을 보낸다. 그녀는 어떤 거래를 협상했다. 즉, 요압이 그 성에서 철수하는 조건으로 세바를 넘겨주겠다는 것이다. 요압이 협상 조건에 동의했다. 세바의 머리가 성벽 밖으로 던져졌고 요압은 거기를 떠났다.

본문의 내용은 다윗의 재집권과 왕국의 회복에 관한 이야기의 마지막 사건이다. 이것은 복잡한 이야기인데 하나님의 축복을 받고 하나님께서 약속하신 다윗의 주권이 확실하게 되자 많은 인물들이 각자의 역할을 하면서 다양한 동기에 기인된 목소리를 내고 있다.

그러나 전반에 걸쳐서 요압의 행동과 목소리가 치안을 방해하고 있다. 여기서도 이전과 마찬가지로 그는 다윗을 돕지만 잘못된 길에 서있다. 이 마지막 사건에서 마치 요압이 또 다시 결정적인 역할을 가지고 있는 것처럼 보이지만 사실은 그렇지 않다. "지혜로운 여인"이 무대 뒤에서 그에게 최후의 말을 일러 주었다.

세바의 반란 초기에는 요압이 분위기를 압도하면서 나름대로의 독특한 방식으로 자신의 발자취를 만들었다. 그의 방식은 아마사의 살인에서 드러났듯이 폭력적이고 배신적인 방식이다. 얼마 후, 그는 아벨 성에서 지혜로운 여인을 만나게 되는데 그 여인이 요압의 마음을 돌려서 그의 무모한 파괴 전략이 시행되는 것을 막고 성을 구출했다.

발트 브뤼게만(Walter Brueggemann)은 다음과 같이 요압의 살인적인 무자비함과 여인의 화평을 이루는 지혜 사이에 있는 현저한 대조에 주의를 기울인다. 폭력을 대항하여 지혜가 맞섰고, 지혜가 승리하였다.

"지혜로운 사람들은 인습적인 사고방식에 갇혀있는 사람들이 아니다. 지혜로운 사람들은 현재의 상황 주위에 있는 어떤 대안적인 방법에 대해서 생각할 수 있는 사람들이다. 본문의 경우 유일한 선택은 요압이 세바를 대항하여 사투를 벌이는 것뿐인 것처럼 보인다. 그 과정에서 성이 파괴되는 것은 불을 보듯 뻔하다. 그러나 한 여인의 말이 요압의 위협을 차단시켰다. 그 여인은 정치와 군국주의의 유혹과 결탁하지 아니하고 다른 방식으로 생각할 수 있었다. 그녀는 심지어 무기와 분노를 능가했다. 지혜로운 말이 무자비한 정책을 무색하게 만든다. 결국, 그 여인뿐만 아니라 그녀가 살고 있는 성도 무사하게 되었다. 다윗의 존귀함과 자존심에 관련된 어떤 것이 요압의 미치광이 같이 날뛰면서 동시에 순종적인 의도에 의해서 손상되지 않고 구출되었다."

20:23 요압은 이스라엘 온 군대의 장관이 되고 여호야다의 아들 브나야는 그렛 사람과 블렛 사람의 장관이 되고 24 아도니람은 감역관이 되고 아힐룻의 아들 여호사밧은 사관이 되고 25 스와는 서기관이 되고 사독과 아비아달은 제사장이 되고 26 야일 사람 이라는 다윗의 대신이 되니라

앞에서 보았던 다윗의 통치 이야기에서 우리는 그의 주요 참모들의 명단을 보았다(8:15-18). 그것과 현재 본문의 명단은 서로 비슷한데 두 명단이 다윗의 이야기를 틀 속에 넣고 있다. 두 번째 명단에 있는 부역을 감독하는 책임 맡은 "감역관" 아도니람은 앞의 명단에는 나오지 않는 이름이다. 그리고 스와의 이름이 앞의 명단에 있던 서기관(비서) 스라야를 대신해서 올라있다. 다윗의 아들들은 삭제되고 대신에 제사장들과 야일 사람 이라가 등재되었다. 이것은 감정적이고 초월성을 띤 이야기를 영화의 마

지막에 배우들과 만든 사람들의 명단을 보여주며 끝을 맺듯이 비감정적이고 사실적인 정보를 나열하며 마무리하는 것이다.

본 장에서 다룬 본문의 내용을 회상해 볼 때, 이것은 어떤 종교적인 서적에서 쉽게 읽을 수 있었던 그런 종류의 설화가 아님을 깨닫게 된다. 우리는 "윤리적 교훈들"과 "신학적 진리들"에 익숙해져 있다. 그러나 이 이야기는 윤리적이며 동시에 신학적인 반면에, 두 범주 중에 어느 한쪽으로 차단되어 질 수 없다. 이것은 사람들과 함께 일하시는 하나님에 대한 이야기이다.

하나님께서는 사람들의 있는 모습 그대로 대하시고 사용하시지, 가상되거나 이상적인 모습으로 자신의 존재를 꾸민 사람들의 방식을 채택하여 일하시는 것이 아니다. 본 이야기에서 알려지듯이 하나님께서는 "진리들"로 보편화 또는 일반화되어지는 것을 목표로 하는 그런 방식으로 본문의 이야기에서 별도로 분리해 계시지 않는다. 하나님께서 일하시는 방식은 끈기 있게, 그리고 배후에서 "노하기를 더디하시며 인자하심(steadfast love)이 풍부하심"(시 103:8)으로 결점이 있고, 반역적이고, 정도를 벗어난 사람들을 사용하셔서 기록한 주권을 세우신다.

이것은 1000년 후, 사복음시(마대, 마가, 누가, 요한)에서 표면화 되게 될 그런 종류의 이야기이다. 이렇게 진술된 본 이야기는 우리로 하여금 하나님을 하나님으로서(우리가 바라거나 두려워하는 그런 어떤 상태로써가 아니라) 인식하고 반응하도록 훈련시켜준다. 강요당하지 않으시고, 작은 일에도 주의를 기울이시고, 언제나 함께 하시지만 배후에 계시며, 확실하시며 그리고 주권적이신 하나님이시다. 본 이야기가 세대를 거쳐 가면서 반복해서 읽혀지고, 반복해서 알려져 온 것처럼 이 이야기는 우리의 삶을 바로 잡아 주고, 어긋나면 또다시 바로 잡아 주는 "하나님의 **임재하심**"(Presence)의 미묘함과 복잡함을 계속해서 공개하고 있다.

제 3 부

다윗의 말년

6

다윗의 회고

사무엘하는 다윗의 인생을 대칭적으로 요약하면서 종결된다. 언뜻 보기에는 본문에 거론되는 행동들과 말들이 마치 부수적이고 잔잔한 일들을 담은 일종의 부록처럼 보인다. 그러나 자세히 살펴보면 어떤 구도를 식별할 수 있다. 다시 말해서 하나의 일관된 결론으로 기록을 마무리할 수 있는 그런 방식을 사용하여 겉으로 보기에는 관계가 없는 것처럼 보이는 자료들이 함께 엮어져 있음을 알 수 있다.

시간의 순서로 볼 때, 이것은 다윗 이야기의 마지막이 아니다. 왜냐하면 다윗의 실제적인 최후의 며칠에 대한 설명은 열왕기상 1-2장으로 확장

되어 있기 때문이다. 그러나 본문의 진술이 "종결의 의미"를 가지는 것은 요약적인 행동들과 말들의 대칭적인 배열 때문이다.

두개의 짤막한 이야기가(21:1-14, 24:1-25) 본문의 앞뒤에 놓여 본 내용을 괄호 속에 묶어 놓는 역할을 한다. 양 괄호 가까이에 두개의 **명단**이 놓여 있다(21:15-22, 23:8-39). 그리고 중앙에는 두 편의 시가 배열되어 있다(22:1-51, 23:1-7).

두 이야기는 다윗이 살아온 고난으로 얼룩진 과거의 세계에 대해 증언한다. 두 명단은 다윗과 친숙하게 지낸 중요한 사람들 가운데 몇 명의 이름과 그리고 그들 각자가 수행했던 임무를 알려 줌으로써 전체 이야기를 일상적인 일의 분위기로 정착시킨다. 그리고 중앙에 배열된 두 편의 시는 다윗이 하나님과 가졌던 교제를 보여준다.

배열 순서는 외부에서 안으로 역사적 사건들로부터 개인적이고 평범한 일을 거쳐 하나님과 영혼에 대한 관계로 들어 온 후, 다시 안에서 밖으로 하나님으로부터 사람들과 사건들로 나아간다. 중앙에 있는 하나님과 영혼의 관계에 관한 두 편의 시는 가장 격정적인 상태의 다윗과 그리고 가장 개인적인 친밀감을 느끼는 상태에 있는 다윗을 각각 보여준다. 그러나 시를 담고 있는 중앙 부분이 별도로 독립되어 있는 것은 아니다. 사건들과 이름들은 중심되신 하나님께로 모아지고, 이름들과 사건들은 중심되신 하나님으로부터 발전해 나간다.

일단 우리가 이 모든 자료들이 어떻게 그리고 왜 함께 수집되어 배열되게 되었는지를 알고 본문 속에 내재되어 있는 의도적으로 설계된 문학적인 구도를 식별한다면 우리는 어떤 시간적인 순서를 찾으려고 애쓰며 힘을 낭비할 필요가 없음을 알게 될 것이다.

두개의 이야기, 두 명단에 소개된 사람들 그리고 두 편의 시. 이 자료들은 다윗의 인생 중에 다양한 시기와 상황으로부터 수집되어 본문에서 보는 바와 같은 방식으로 배열되었다. 결과적으로 본문은 파란만장 했던 다윗의 인생을 요약해 놓은 것과 같다.

첫 번째 이야기: 기근과 아야의 딸 리스바(21:1-14)

21:1 다윗의 시대에 년 부년 삼년 기근이 있으므로 다윗이 여호와 앞에 간구하매 여호와께서 가라사대 이는 사울과 피를 흘린 그 집을 인함이니 저가 기브온 사람을 죽였음이니라 하시니라 2 기브온 사람은 이스라엘 족속이 아니요 아모리 사람 중에서 남은 자라 이스라엘 족속들이 전에 저희에게 맹세하였거늘 사울이 이스라엘과 유다 족속을 위하여 열심이 있으므로 저희 죽이기를 꾀하였더라 이에 왕이 기브온 사람을 불러 물으니라 3 다윗이 저희에게 묻되 내가 너희를 위하여 어떻게 하랴 내가 어떻게 속죄하여야 너희가 여호와의 기업을 위하여 복을 빌겠느냐 4 기브온 사람이 대답하되 사울과 그 집과 우리 사이의 일은 은금에 있지 아니하오나 이스라엘 가운데서 사람을 죽이는 일은 우리에게 있지 아니하나이다 왕이 가로되 너희의 말하는대로 시행하리라 5 저희가 왕께 고하되 우리를 학살하였고 또 우리를 멸하여 이스라엘 경내에 머물지 못하게 하려고 모해한 사람의 6 자손 일곱을 내어 주소서 여호와의 빼신 사울의 고을 기브아에서 우리가 저희를 여호와 앞에서 목매어 달겠나이다 왕이 가로되 내가 내어 주리라 하니라

7 그러나 다윗과 사울의 아들 요나단 사이에 서로 여호와를 가리켜 맹세한 것이 있으므로 왕이 사울의 손자 요나단의 아들 므비보셋은 아끼고 8 이에 아야의 딸 리스바에게서 난 자 곧 사울의 두 아들 알모니와 므비보셋과 사울의 딸 메랍에게서 난 자 곧 므홀랏 사람 바실래의 아들 아드리엘의 다섯 아들을 잡고 9 저희를 기브온 사람의 손에 붙이니 기브온 사람이 저희를 산 위에서 여호와 앞에 목매어 달매 저희 일곱 사람이 함께 죽으니 죽은 때는 곡식 베는 처음 날 곧 보리 베기 시작하는 때더라

10 아야의 딸 리스바가 굵은 베를 가져다가 자기를 위하여 반석 위에 펴고 곡식 베기 시작할

때부터 하늘에서 비가 시체에 쏟아지기까지 그 시체에 낮에는 공중의 새가 앉지 못하게 하고 밤에는 들짐승이 범하지 못하게 한지라 11 이에 아야의 딸 사울의 첩 리스바의 행한 일이 다윗에게 들리매 12 다윗이 가서 사울의 뼈와 그 아들 요나단의 뼈를 길르앗 야베스 사람에게서 취하니 이는 전에 블레셋 사람이 사울을 길보아에서 죽여 벳산 거리에 매어 단 것을 저희가 가만히 가져온 것이라 13 다윗이 그곳에서 사울의 뼈와 그 아들 요나단의 뼈를 가지고 올라오매 사람들이 그 달려 죽은 자들의 뼈를 거두어다가 14 사울과 그 아들 요나단의 뼈와 함께 베냐민 땅 셀라에서 그 아비 기스의 묘에 장사하되 모두 왕의 명대로 좇아 행하니라 그 후에야 하나님이 그 땅을 위하여 기도를 들으시니라

정서적으로 그리고 이야기의 흐름에 있어서 리스바가 본 이야기의 중심을 차지한다. 큰 슬픔에 빠진 리스바는 광기어린 행동을 했다. 그녀는 죽은 두 아들의 시체를 바위 위에 두고 낮에는 독수리나 까마귀들이 시체에 덤비지 못하게 하고, 밤에는 들짐승들이 접근하지 못하도록 막으면서 완강하게 시체 곁을 떠나지 아니했다. 왕의 허락에 의해서 그녀의 두 아들이 기브온 사람들에게 처형당하기 전에는 리스바는 아무것도 할 수 없는 여자였다.

그러나 지금 그녀는 억울하게 죽은 두 아들의 시체가 더 이상 능욕과 수치를 당하는 것(시체의 사지와 머리를 잘라서 각각 다른 곳에다 버리고, 남은 몸체를 성벽이나 나무에 매달아 전시함. 능욕 당한 사울의 시체를 참고 - 역자 주)을 막기 위해서 몇 주간 아니면 몇 개월 동안 밤낮으로 시체를 지킬 정도로 강인함을 보이고 있다. 리스바는 비인간적인 정치와 어떤 추상적인 정의에 대항하는 인격적이고 친밀한 사랑의 영구한 증인 중의 한 사람이다.

리스바는 고분고분 이용만 당하는 여자가 아니었다. 그녀는 자기 시대 문화의 무정하고 잔혹한 조건들에 위축되어서 맹종하는 것을 거절했다.

당시의 인습에 대한 그녀의 도전적인 태도는 그녀 자신에게 고통을 안겨 주고 있는 세상으로부터, 그리고 그것을 능가하여 자기 자신을 구별되게 해 주었다.

두 아들의 억울한 죽음에 대한 리스바의 총명하고 사랑어린 저항은 어둡고 난폭한 시기에 있었다. 그 땅이 3년 째 기근에 시달리고 있었다. 다윗 왕은 하나님의 인도하심을 구하며 기도했다. 문제의 기근은 사울 왕이 저지른 악한 행동에 대해서 내리는 벌임을 알게 되었다. 사울의 통치 기간 중 특정한 시간을 명시할 수 없는 어떤 때에 사울이 기브온 사람들을 대량 학살했는데 이것은 여호수아가 그 사람들과 세운 중대한 평화 조약을 어긴 것이다. 그 결과 죄가 기근의 형식을 빌어 땅을 감염시킨 것이다.

기브온과 이스라엘 협정의 이야기는 여호수아 9장에 기록되어 있다. 여호수아가 이스라엘 백성을 약속의 땅 가나안으로 막 인도해 들어와 주변의 대적들과 그들의 성들을 점령해 나가고 있었다. 저지할 수 없는 사람처럼 보일 정도로 승승장구였다. 대부분의 가나안 왕들은 생존을 위해 서로 동맹을 결성하여 여호수아의 군대를 맞서서 싸웠으나 유독 한 그룹인 기브온 족속은 칼보다는 속임수를 의존했다.

그들은 너덜너덜한 옷과 낡은 신발 그리고 곰팡이 난 빵과 헤어진 포도주 부대를 가지고 그들의 행색을 꾸몄다. 이스라엘의 하나님에 대한 소문을 듣고 자기들도 하나님의 이루시는 것의 혜택을 얻을 수 있기를 원하여 먼 나라에서 힘들게 걸어서 찾아 온 사람들처럼 보이게 하기 위함이었다. 그들은 그 행색을 하고 여호수아 앞에 나타나 "우리와 조약을 맺읍시다. 하나님께서 이 땅에서 이루시는 역사에 함께 참여할 수 있게 해주십시오." 라고 요구했다.

여호수아는 그들의 요구대로 평화 조약을 맺고 그 족속의 생명을 보장 해주었다. 삼일 후, 여호수아는 자기가 기브온 족속에게 속은 것을 알게 되었다. 그는 그들을 노예와 다를 바 없는 하인 신분으로 정하고 성막의 제사 준비에 관련된 막일을 해야 하는 의무를 지움으로써 그들을 징계했다. "그러므로 너희가 저주를 받나니 너희가 영영히 종이 되어서 다 내 하나님의 집을 위하여 나무패며 물 긷는 자가 되리라"(수 9:23)

이스라엘 가운데서 죽임을 당한 기브온 사람은 사울 왕의 대학살이 있기까지 한 명도 없었다. 그런데 사울이 기브온 족속의 대학살을 명하므로 평화 조약을 어기게 된 것이다. 사울의 대학살에 의해서 거부당한 여호수아와 기브온 족속 평화 조약이 지금의 혹독한 삼년 기근을 초래한 원인이 되고 말았다. 자연재해가 도덕적인 악에서 비롯된 것이다.

천재지변과 가뭄과 홍수 그리고 전염병들의 원인을 어떤 악한 행위들에 결부시켜서 설명하는 것은 현대인들의 습관이 아니다. 하지만 우리가 기상학과 질병에 관해서 옛날 사람들 보다 훨씬 더 많이 알고 있으므로 우리 자신을 다행스럽게 생각한다 할지라도 모든 사건들이 내면적으로 깊이 서로 관련되어 있는 것으로 여기는 옛사람들의 인식을 무조건 무시하려는 태도를 삼가는 것이 유익할 것이다.

윤리적인 것과 물리적인 것은 빈틈없이 철저하게 밀폐된 각각의 범주 속에 갇혀 있는 것이 아니다. 죄는 어느 정한 공간에 넣어 둘 수 없고, 죄의식은 격리 수용되어지지 않는다.

20세기 가장 영향력 있고, 정교한 시 가운데 하나로 여겨지는 엘리어트 (T. S. Eliot)의 "황무지"(The Waste Land)라는 시는 위에서 말한 그 전제를 반영하고 있다. 그 시에서 엘리어트가 전달하려는 메시지의 골자는 다음과 같다. "한 사회의 정신적인 상태는 그 사회에서 발생하는 모든 일의 근원을 추적할 때 확인된다. 문화적으로 황폐한 사회(땅)는 도덕적인 부패의 결과이다. 아마 사람들이 살아가는 방식과 그들이 살아가고 있는 세상 사이에는 우리가 흔히 추측하는 것보다 더욱 밀접한 상호 관련성이 있을지도 모른다."

평화 조약의 위배와 땅의 기근 사이의 관련성을 알아 낸 다윗은 어떤 조치를 취하기를 원했다. 이상하게도 기도로 시작했음에도 불구하고 그는 무엇을 해야 할 것인가에 대해서 하나님께 물어보지 않았다. 오히려 자기가 무엇을 해야 하는지를 기브온 사람들에게 물어 보았다. 그들은 다윗에게 말하기를 대량학살의 책임자인 사울의 일곱 아들을 자기들의 처분에 맡겨 주어서 그들 족속의 전통적인 의식을 따라 일곱 아들을 희생제물로 죽일 수 있도록 해달라고 했다. 기브온 족속의 입장은 죄에 대한 동일한 책임이 사울의 자손인 그들에게 있으며 그 일곱 아들을 희생제물로 죽이면 사울에 의해서 저질러진 도덕적인 잘못이 씻겨지고 따라서 기근이 끝날 것이라고 믿고 있는 것이다.

기브온 사람들이 그런 해결책을 제안하는 것은 이해할 만하다. 왜냐하면 여호수아의 평화 조약을 어긴 사울의 부당한 취급을 오랫동안 마음으로 분개하고 있었기 때문이다. 그러나 다윗이 그들의 말을 꼭 들어야만 했던 것은 정상적으로 받아들이기 어렵다. 왜냐하면 언제 하나님의 왕이 하나님의 법을 등한시하는 외부인들로부터 신령한 조언을 취해야 하는가? 인간을 희생제물로 드리는 것은 이스라엘의 방식으로 문제를 해결하는 것이 아니다. 그러나 다윗은 그들이 요구하는 대로 했다. 희생제물이 된 일곱 아들 중에 리스바의 두 아들이 포함되어 있었다.

리스바는 사무엘하 3:7에서 사울의 첩이란 신분으로 다윗의 이야기에 소개되었다. 사울이 죽은 후, 군사령관인 아브넬이 리스바를 자기 첩으로 취했는데 이 행동은 사울의 아들 이스보셋의 성난 폭언을 자아내게 했다. 그러나 아브넬은 이스보셋을 위협하여 현실을 받아들이도록 했다. 그 사건에서 리스바는 잠잠하고 있었다. 그 상황에서 그녀는 자신이 트로피이며 상과 같은 존재, 즉 싸워서 이기는 사람이 차지하게 되는 하나의 물건이었다. 첩들은 사람들이 그들의 의견을 묻고 고려해 주는 존재가 아니다. 그들은 이용되어질 뿐이다.

기브온 사람들이 리스바의 두 아들을 제물로 드린 것(다른 다섯 아들은 사울의 딸 메랍이 낳은 사울의 손자들이다)은 아마 다윗의 통치 초기에 있었을 것이다.

지금 리스바가 본문의 이야기에 다시 등장하는데 이제는 하나의 성적인 도구로써가 아니라 도덕적으로 민감하고, 감정적으로 생동감이 있는 한 어머니로서 나타나 다윗의 재가를 받아 기브온 사람들이 자기의 두 아들을 죽인 것을 묵묵히 받아들이는 것을 거부하고 있다.

그녀는 희생제물의 명목으로 자기 아들들을 죽이는 것을 저지할 수는 없었다. 그러나 바위에 올려놓은 아들들의 시체 위에 새들과 짐승들이 달려드는 모욕은 막을 수 있었다. 리스바는 그녀의 애도를 통하여 훌륭하게 본문의 이야기 속으로 들어왔다. 바위 위에 있는 아들의 시체 곁에 굵은 베로 된 그녀의 기도 자리를 펴고 상황을 지키면서 한편, 문제의 기근을 끝내게 될 비를 기다렸다.

그러나 생각해 봐야 할 문제가 더 있다. 리스바는 단지 아들에 대한 그녀의 모성애 때문에 훌륭한 것만은 아니다. 그녀는 영향력이 있었다. 자신의 의견을 주장할 소리도 없고 힘도 없는 이 여인! 이용당하고 기만당한 이 여인이 다윗을 감화시켰다. 그리고 그녀로부터 감화를 받고 다윗이 조치를 취하자 기근이 끝이 났다.

다윗은 리스바가 산에서 혼자 철야근면 하고 있다는 것을 듣고 감동하여 아주 비참하게 능욕 당한 사울과 요나단의 유해를 위해서 리스바와 비슷한 동정심을 가지게 되었다. 다윗이 사람을 보내어 사울과 요나단의 유해(뼈들)를 가져오게 하여 정중하고 명예로운 장례식을 거쳐 고인들의 아버지이자 할아버지인 기스의 가족 무덤에 안장했다.

"그 후에야", 즉 다윗이 사울과 요나단의 유해를 회복하여 그들을 위해 장례식을 마친 후에 "하나님이 그 땅을 위하여 기도를 들으시니라"(14절) 다윗의 그 조치는 리스바가 죽은 두 아들의 시체를 위해서 대담하고 애정이 넘치는 철야근면에 감화를 받아 취해진 것이다. 다시 말해서 기록자는 우리로 하여금 기근을 끝낸 것은 기브온 족속의 희생제물이 아니라 리스바의 철야근면의 기도와 다윗의 감동적인 사랑의 장례식이었음을 깨닫게 하려고 한다. 그리고 이것이 리스바의 이야기가 다윗의 인생에 관한 자료들을 요약적으로 정리 배열해 놓은 가운데 독자적인 위치를 차지하고 있는 이유이다.

리스바는 다윗을 그의 신학적인 자각으로 돌아가게 하므로 하나님께서 원하시는 것은 희생제물이 아니라 자비(mercy)이며, 우리가 죄를 보상하는 것은 생명을 뺏는 것으로써가 아닌 생명을 존중하므로써, 비인간적인 잔인함을 행함으로서가 아니라 오히려 인간적인 동정심을 행동으로 나타내므로 이루어지는 것임(미가 6:7-8 참고)을 깨닫게 했다. 다윗이 자신의 기도에서 "번제와 속죄제를 요구치 아니하신다"(시 40:6), "주는 번제를 기뻐 아니 하시나이다"(시 51:16) 라고 분명하게 고백하여 이것이 기도 모범의 일부가 되었다. 리스바가 이 기도의 전통이 수립되는데 있어서 한 역할을 했다는 것은 충분히 납득할 만하다.

그리스인들 사이에 이와 비슷한 이야기가 있는데 안티고네(Antigone)와 그녀의 사형 당한 남동생 폴리니시스(Polynices)에 관한 이야기이다. 리스바 처럼 안티고네는 죽은 동생에 대한 그녀의 슬픔과 싸우는 가운데 용기를 내어 정의의 인습과 사회의 체제에 도전하면서 그녀의 죽은 동생에 대한 신실한 사랑을 나타낸다.

안티고네와 리스바는 여성의 용기와 여성의 독창성이 지닌 힘(power)을 증거한다. 여성의 용기와 독창성은 더할 수 없이 훌륭하게 인간적이며,

신앙적인 것으로써 덜컹거리며 육중하게 움직이는 기계와 같은 인습과 제도와 대치되며 그것에 대하여 도전적이다.

리스바와 안티고네는 사랑하는 사람의 죽음에 품위를 부여하고 고인이 된 사람을 존귀하게 했다. 두 여인은 윤리와 자비의 사람들이다. 그러나 리스바와는 달리 안티고네는 왕 크레온(Creon)을 감화시키지 못했다. 그녀는 자기의 동생을 죽인 왕에 의해서 사형을 당했다. 안티고네는 비극적으로 죽었으나 리스바는 그렇지 않다. 리스바가 한 일은 구원의 역사 속에 포함되었다.

첫째 명단: 다윗의 거인 킬러들(21:15-22)

21:15 블레셋 사람이 다시 이스라엘을 치거늘 다윗이 그 신복들과 함께 내려가서 블레셋 사람과 싸우더니 다윗이 피곤하매 16 장대한 자의 아들 중에 삼백 세겔 중 되는 놋창을 들고 새 갈을 찬 이스비브놉이 다윗을 죽이려 하므로 17 스루야의 아들 아비새가 다윗을 도와 그 블레셋 사람을 쳐 죽이니 다윗의 종자들이 다윗에게 맹세하여 가로되 왕은 다시 우리와 함께 전장에 나가지 마옵소서 이스라엘의 등불이 꺼지지 말게 하옵소서 하니라

18 그 후에 다시 블레셋 사람과 곱에서 전쟁할 때에 후사 사람 십브개가 장대한 자의 아들 중에 삽을 쳐 죽였고 19 또 다시 블레셋 사람과 곱에서 전쟁할 때에 베들레헴 사람 야레오르김의 아들 엘하난이 가드 골리앗의 아우 라흐미를 죽였는데 그 자의 창 자루는 베틀 채 같았더라 20 또 가드에서 전쟁할 때에 그곳에 키 큰 자 하나는 매 손과 매 발에 가락이 여섯씩 모두 스물네 가락이 있는데 저도 장대한 자의 소생이라 21 저가 이스라엘 사람을 능욕하므로 다윗의 형 삼마의 아들 요나단이 저를 죽이니라 22 이 네 사람 가드의 장대한 자의 소생이 다윗의 손과 그 신복의 손에 다 죽었더라

본문이 힘이 넘치는 다윗의 모습이 아니라 오히려 연약함 가운데 있는 그의 상태를 나타내고 있다는 사실은 흥미로우면서도 또한 의미심장하다. 그의 특출한 지도력과 업적에도 불구하고 다윗은 거만하지 않았다.

사납고 대적하기 어려운 "장대한 자"(giant) 네 명이 소개되는데 네 명 모두 블레셋의 군사 요충지인 가드와 관련된다. 그들의 이름은 이스비브놉, 삽, 라흐미(골리앗의 아우), 각 손과 발의 손가락과 발가락이 여섯인 자(이름이 알려지지 않음) 이들을 각각 대적하여 죽인 이스라엘의 용장들의 이름은 아비새, 십브개, 엘하난, 요나단이다. 이들 중에 두 사람은(아비새와 요나단) 다윗의 조카들이다.

두 사람은 특별히 주목 받아야 할 이유가 있는데 다윗이 가족의 문제로 어려움을 당하는 동안 그들은 가족 내부로부터 그들에게 주어진 충성으로부터의 유익을 얻었다. 본문의 명단에 올라 있는 엘하난은 오래 된 이름이다. 전승의 과정에서(필사 사본) 한때 엘하난이 골리앗을 죽인 것으로 오도가 되었었다. 그러나 보다 더 오래되고 널리 알려진 고대의 전통(삼상 17장)이 골리앗을 죽인 자가 다윗임을 말하고, 역대상의 기록은 엘하난이 숙인 자는 골리앗의 아우 라흐미 임을 증거히므로 실수에 의해서 한때 오도된 내용을 바로 잡을 수 있었다.

존 번연(John Bunyan)은 현재의 본문과 성경에 나오는 "장대한 자"(giant)의 이야기에서 영적 전쟁과 같은 성도의 삶을 착상하였고, 후에 퍼시 디어머(Percy Dearmer)가 그것을 자신의 곡에 수용하여 위대한 찬송을 만들었다. "누가 그를 그렇게 엄습하리요. 그 무서운 이야기들과 같이 그들도 스스로 자멸을 초래할 뿐이네. 주님의 권능을 당할 자는 없다네. 어떤 적도 자신의 용맹을 의지하지 못할 것이네. 비록 성도가 장대한 자들과 싸운다 할지라도 성도는 의를 지켜서 선을 이루게 될 것일세. 성도여, 순례자가 되어라!"

첫째 시: "여호와는 나의 반석이시요"(22:1-51)

갑자기 목소리가 바뀌었다. 지금까지는 다윗에 관한 이야기였는데, 이제는 다윗이 직접 말하고 있다. 그의 말은 본질적으로 기도이다. 다윗이 기도한다.

다윗 이야기의 기록자들은 적절한 위치에 다윗의 시들을 배열했다. 이 시들은 다윗이 파란 만장한 인생을 지나면서 다양한 상황에서 했던 기도들이므로 기록자가 다윗의 이야기를 기록해 가는 과정에서 특정 기도 시가 만들어진 상황과 관련된 이야기의 내용을 접하면 거기에 기도 시를 배열하여 당시 상황을 보다 생생하게 전승하고자 한 것이다. 현재의 본문이 하나의 전례로서 본문의 기록자는 고별 시(시편 18)를 선택하여 다윗의 인생을 요약 정리하는 이 부분에 배치했다.

이것은 아주 원기 왕성한 기도이다. 다윗의 기도 시 가운데 어떤 것도 그의 인생에 관해서 본문의 시에서 보는 것보다도 더 많은 것을 한곳에 집약 시킨 것은 없다. 폰 발타살(Von Balthasar)은 초대교회 교부들 중의 한 사람인 이레니우스의 말을 인용하여 다음과 같이 하나님의 영광을 설명했다. "하나님의 영광이 생동감이 넘치는 한 사람의 모습에서 나타난다." 다윗이 바로 이레니우스가 말하는 그런 사람에 해당된다.

22:1 여호와께서 다윗을 모든 대적의 손과 사울의 손에서 구원하신 그 날에 다윗이 이 노래의 말씀으로 여호와께 아뢰어

하나님께서는 다윗에게 그리고 다윗을 통하여 말씀하여 오셨다. 그런데 지금은 다윗이 하나님께 말씀드리고 있다. 다시 말해서 다윗이 기도하고 있다. 하나님께 드리는 우리의 모든 기도 말은 하나님께서 존재하도록 말씀하시고, 그 안에서 하나님께서 말씀하고 계시는 어떤 상황, 어떤 세상을 전제하는데 그것이 하나님의 말씀인 계시이다. 그 상황이 여기에서는 "다윗을 모든 대적의 손과 사울의 손에서 구원하신"이라는 표현 안에 규명되어 있다. "구원하셨다"라는 말은 본문의 다윗의 기도에 나오는 핵심 용어이다.

"구원하셨다"(delivered)와 그것의 동의어인 "건져내셨다"(saved)는 다윗의 기도 안에 14회 등장한다(명사형으로 또는 동사형으로). "구원하다" 그리고 "건지다"라는 다윗의 기도를 하나님의 은혜로우신 행동 안에 깊이 뿌리 내리게 한다. 우리는 먼저 우리가 기도하고 그 다음 하나님께서 행동하시는 것으로 일반적으로 생각한다.

그러나 본문의 기도를 보면 그 순서는 정반대다. 하나님께서 먼저 행동하신다. 그리고 다윗이 기도한다. 두 가지의 순서 모두 가능한 것이지만, 다윗의 기도에서 보는 이 순서는 우리가 그것을 두고 감탄하는 것보다 더 독특하고 돋보이는 것이다.

22:2 가로되 여호와는 나의 반석이시요 나의 요새시요 나를 건지시는 자시요

3 나의 하나님이시요 나의 피할 바위시요 나의 방패시요 나의 구원의 뿔이시요

　나의 높은 망대시요 나의 피란처시요

　나의 구원자시라 나를 흉악에서 구원하셨도다

4 내가 찬송 받으실 여호와께 아뢰리니 내 원수들에게서 구원을 얻으리로다

5 사망의 물결이 나를 에우고 불의의 창수가 나를 두렵게 하였으며

6 음부의 줄이 나를 두르고 사망의 올무가 내게 이르렀도다

7 내가 환난 중에서 여호와께 아뢰며 나의 하나님께 아뢰었더니

　저가 그 전에서 내 소리를 들으심이여 나의 부르짖음이 그 귀에 들렸도다

다윗에 관해서 가장 특징적인 것은 하나님과의 관계이다. 다윗은 하나님을 믿고, 하나님에 대해서 생각하고, 하나님을 상상하고, 하나님을 말하고, 하나님께 기도했다. 그러나 그는 또한 하나님을 잊었고, 하나님께 불순종하고, 하나님을 거스려 죄를 범하고, 하나님을 무시했다. 그러나 하나님은 다윗이 행하고 말한 모든 것을 설명해 주시고 분명하게 규명해 주시는 실체이시다. 다윗의 존재에 있어서 가장 큰 부분을 차지하는 것은 다윗 자신이 아니라 하나님이시다.

그의 인생에 널리 퍼져 있고, 인격 깊숙한 곳까지 배어있는 하나님에 대한 자각의 증거는 그가 사용한 풍성한 은유적인 표현에서 볼 수 있다. 그는 바위, 요새, 구원자, 피난처, 방패, 구원의 뿔이요, 방어벽이 든든한 진지(망대) 등으로 하나님을 표현했다. 가시화된 것 하나하나마다 보이지 않는 것을 드러낸다. 다윗은 은유적인 표현으로 하나님을 불렀다. 은유는 불가시적인 것과 가시적인 것, 즉 "하늘과 땅" 사이에 포괄적인 상호관련성이 있음을 확신 시키는 언어의 증거이다.

깊고 멀리 따라 갈 때까지 따라 간다면 보고, 듣고, 맛보고, 만지고, 경험되어 질 수 있는 모든 것은 우리로 하여금 하나님의 임재로 데려간다. 심지어는 돌(반석)들도 그러하다. 본문의 기도가 시작될 때, **반석**은 시작을 이끌어 내는 은유이다. 이 은유는 다윗의 기도 용어에서 자주 나타나는데 하나님을 지칭하기 위해서 다윗이 특별히 선호하는 표현이라고 주장하기도 한다(본문의 기도에서 이 표현은 5번 더 나타난다). 그러나 반석은 하나님으로부터 가장 멀리 떨어져 있는 것이다. 창조의 척도로 볼 때, 반석보다 더 낮은 것이 있는가?

그러나 본문을 보면 극단적인 이질감을 자아내는 것이 다윗 안에서 동질감에 대한 인식을 자극한다. 다윗은 관심을 가지고 자기 주변에 있는 것을 살펴보았다. 그런데 더욱 주의 깊게 보면 볼수록 그는 더욱더 하나님을 자세히 보게 되었다. 다윗은 시인, 즉 신학적인 시인으로 하나님을 주목하는 사람, 가장 좋은 것으로 하나님을 지칭하는 사람이었다. 그가 하나님을 그렇게 주목하고 지칭하는 것은 계시와 경험의 직접적이고, 즉각적인 일치성에 대한 본인의 고백이기도 하다.

그런데 실제로 다윗이 하나님을 의미심장하게 체험하고, 은유적 이름으로 하나님을 지칭하는 모든 것은, 곧 그의 기도이다. 하나님 안에 있는 또는 하나님에 관한 어떤 것도 시간이 지난 후에 고려되어 질 수 있도록 선반 위에 방치되고, 한가로운 시간이 날 때 토론을 위한 소재로 삼기 위해서 갖다가 사용할 수 있는 것이 아니다. 하나님은 인격적이시며 지금 이 자리에 계신다. 그리고 반응을 요구하신다. 일인칭 대명사 "나의" 그리고 "나"는 기도의 서두에 해당되는 본문에서 21번이나 표현되었다. 다윗의 기도는 그의 하나님을 아는 지식대로 행동한 결과이다. 다윗은 하나님을 알기 때문에 하나님께 기도했다.

유대교와 기독교의 긴 역사를 회고해 볼 때, 하나님에 관해서 조금이라도 알고 있노라 하면서도 그 지식이 즉각적인 기도로 이어지는 것이 아니라면 그 지식이 부정적으로 작용하게 된다라고 말하는 것은 결코 과장이 아니다(그것은 하나님을 무시하며 저항하는 것이거나 아니면 하나님과 상관없이 조작된 종교적인 것이기 때문이다 - 역자 주).

하나님을 향한 기도 없이 하나님의 이름을 부르는 것은 신성모독 행위이다. 소위 신학자들(아마추어 또는 전문가들)이라 하면서도 전혀 기도하지 않는 사람들은 마귀와 동맹을 맺고 있는 자들이다. 그런 부류의 신학자들은 하나님에 관해서 많은 것을 알지만 그 지식이 자신과는 아무 상관이 없는 사람들이다. 실제로 마귀는 그런 부류의 신학자들로서 규명되어 질 수 있다.

다윗은 기도했다. 다윗은 하나님에 대한 은유로 기도하고, 자신의 경험을 두고 기도하고, 깨달은 하나님의 계시를 두고 기도했다. 기도를 통하여 자신에게 일어난 모든 일이 자신을 위해서 일하시는 하나님의 구원이 되었고 또한 그것을 알게 되었다.

22:8 이에 땅이 진동하고 떨며 하늘 기초가 요동하고 흔들렸으니 그의 진노를 인함이로다

9 그 코에서 연기가 오르고 입에서 불이 나와 사름이여 그 불에 숯이 피었도다

10 저가 또 하늘을 드리우고 강림하시니 그 발아래는 어둑 캄캄하도다

11 그룹을 타고 날으심이여 바람 날개 위에 나타나셨도다

12 저가 흑암 곧 모인 물과 공중의 빽빽한 구름으로 둘린 장막을 삼으심이여

13 그 앞에 있는 광채로 인하여 숯불이 피었도다

14 여호와께서 하늘에서 뇌성을 발하시며 지존하신 자가 음성을 내심이여

15 살을 날려 저희를 흩으시며 번개로 파하셨도다

16 이럴 때에 여호와의 꾸지람과 콧김을 인하여 물 밑이 드러나고 땅의 기초가 나타났도다

17 저가 위에서 보내사 나를 취하심이여 많은 물에서 나를 건져내셨도다

18 나를 강한 원수와 미워하는 자에게서 건지셨음이여 저희는 나보다 힘센 연고로다

19 저희가 나의 재앙의 날에 내게 이르렀으나 여호와께서 나의 의지가 되셨도다

20 나를 또 넓은 곳으로 인도하시고 나를 기뻐하시므로 구원하셨도다

본문의 기도를 자신의 기도로 느끼고 공감하려면 먼저 우리는 이 기도의 근간을 이루는 계시적인 근간을 인식해야 한다. 본문은 하나님의 백성이 애굽에서 구출되어 시내광야에서 예배하고, 홍해에서 구원하시고, 시내산 언약을 맺으신 것, 그래서 그들에게 자유의 생명을 허락하신 것의 내용을 다시 풀어 쓴 것이다. 우리는 이 이야기를 출애굽기에서 읽었다. 그러나 다윗은 본문에서 보는 바와 같이 이 모든 상세한 내용을 어디에서 알게 된 것일까? 출애굽기에서는 이런 내용을 결코 얻을 수 없다.

다윗은 모세의 글을 단순히 인용하는 것만으로는 만족할 수 없었다. 그는 자신의 신뢰도를 높이기 위해서 모세의 글을 언급하는 것이 아니다. 다윗은 갈라져서 두 편으로 나눠진 바다와 바위에 번개가 내리 치고 있는 산을 상상하고 있다. 정보나 자료를 구하기 위해서 출애굽 이야기를 대하는 것이 아니라 그 상황 속의 한 사람이 되기 위하여 그 이야기 속으로 들어간 것이다. 그는 사건들을 구성하고 있는 것이 아니라 그 이야기 속에서 자신이 "집에 있는 것"처럼 느끼고 있다. 다윗은 우리에게 성경 읽는 방법을 직접 보여주고 있는 것이다.

다윗의 전통(다윗의 기도와 기도생활 - 역자 주)으로부터 나온 수많은 시편들, 그리고 특별히 본문의 시는 언어 표현을 장엄하게 사용하는 독특한 다윗을 보여준다. 그는 노래하고 기도하기 위하여 언어를 사용했다. 그는 어떤 실체를 신선하고 눈에 띄게 하기 위하여 언어를 사용했다. 그런 의미에서 다윗은 시인이었다. 다시 말해서 그가 언어를 사용하는 것은 단순히 어떤 것에 관해 말하기 위해서가 아니라 무언가를 **만들기** 위해서였다(시인을 의미하는 영어 단어 poet의 어원이 헬라어 poieo인데 '만들다'(make)라는 의미를 가지고 있다).

하나님께서는 실체를 다 드러내 보여 주시고 우리는 十경꾼이 되어 둘러서서 그것을 지켜보고만 있는 그런 의미 없는 수고를 하시는 분이 아니시다. 일단 계시가 주어지면 우리는 그 가운데로 들어가서 그 안에 거할 수 있게 된다. 언어는 우리를 그 계시 안에서 "집에 있는 것"처럼 친숙해지도록 만들어주는 근본적인 방법 중의 하나이다.

일반적으로 언어를 배울 때, 우리는 거기에 어떤 것이 있느냐에 대해서가 아니라 오히려 우리가 어디에 있느냐를 이해하려고 한다. 우리는 이웃 관계를 배우고 우리를 그 상황과 그 속에 있는 사람과 연결시켜주는 적절한 말들을 찾는다. 상상은 서로 연결된 관계들(the Connections), 그 관계들의 지속됨(the Continuities), 존재하기는 하지만 가시적으로 확인할 수 없는 관계들(the Relationships)을 공급해 준다.

상상은 빈 공백을 채워주고 행간의 의미를 파악하게 해준다. 언어를 배우고 사용함에 있어서 우리 모두는 시인으로서 출발해야만 한다. 우리는 말로써(with words) 세상의 의미를 만든다. 말로써 우리의 삶의 방식을 만든다. 말로써 현재 없는 것을 지금 존재하고 있는 것으로 만든다. 말로써 알려지지 않은 것을 알 수 있는 것으로 만든다. 말을 사용하여 만드는 사람들! 그들이 시인들이다. 시적 감흥과 기도는 본질적으로 같은 동료이다. 그 두 가지가 시인이며, 기도하는 사람인 다윗이라는 한 인물 안에서 융합되어 있는 것은 결코 우연이 아니다. 하나님의 실체는 직접적이고 인격적임을 아는 지각력으로부터 기도가 실천되는 것이다.

그리고 시적 감흥의 표출은 아주 직접적이고 인격적인 언어의 사용이다. 우리의 삶 가운데서 시적 감흥의 회복은 기도의 회복과 항상 병행되게 되어있다. 다윗이 실천적인 시인이라는 사실은 그가 기도의 사람이라는 사실 만큼이나 중요하고 의미 있는 것이다.

다윗의 기도와 시적 감흥은 본인이 다음과 같이 노래하듯이 자기 자신이 하나님의 계시 속에 포함되어 있다는 자각 안에서 함께 일어났다. "저가 위에서 보내사 나를 취하심이여… 나를 또 넓은 곳으로 인도하시고 나를 기뻐하시므로 구원하셨도다"(17, 20절). 과거(애굽과 시내광야)에 행하신 하나님의 행동은 과거에 머물러 있지 않고 현재의 것이 되었다. 다윗은 하나님의 그 행동 안에 거하고 있다. 모세와 다윗 사이에 어떤 시간적인 틈이 없다. 믿음과 기도 안에서 두 사람은 동 시대의 사람이 되었다.

22:21 여호와께서 내 의를 따라 상 주시며 내 손의 깨끗함을 좇아 갚으셨으니

22 이는 내가 여호와의 도를 지키고 악을 행하여 내 하나님을 떠나지 아니하였으며

23 그 모든 규례를 내 앞에 두고 그 율례를 버리지 아니하였음이로다

24 내가 또 그 앞에 완전하여 스스로 지켜 죄악을 피하였나니

25 그러므로 여호와께서 내 의대로, 그 목전에 내 깨끗한 대로 내게 갚으셨도다

본문의 21절은 지금까지의 분위기와 흐름에 갑작스런 변화를 도입시킨다. 구원의 하나님의 모습을 증거하며 힘있게 쏟아져 내리던 은유의 폭포로부터 다윗의 기도 시가 본문에서 느려지면서 명상적이고 깊은 생각에 잠기는 소용돌이를 이룬다. 문맥을 벗어나면 사색적인 본문의 내용은 오해되기 쉽다. 다시 말해서 무르익고 성취된 확신감, 심지어 목적지에 이르렀다는 성취감을 보이는 음조가 자칭 자신을 의롭게 여기는 것으로 해석될 수 있는 자족감을 비치고 있는 것으로 잘못 생각할 수 있게 된다.

그러나 기도의 서두에서 고백된(22:1-20) 하나님의 행하심 속에 다윗의 참여함과, 기도 후반부에서 완성될(29-51절) 하나님의 행하심에 대한 다윗의 지속적인 증거 사이에 들어 있는 본문의 위치를 견고하게 유지한다면, 본문의 내용은 자기 의를 자축하며 자만을 즐기게 하는 신앙을 부추기는 본문으로 오용되지 않을 것이다.

성경의 이야기에 나오는 거의 모든 본실석이며 필수적인 행동은 하나님과 관련이 있다. 그러나 효과적인 결과를 위해서 우리가 해야 할 몇 가지가 있다. 그것은 성격을 개발하고, 결정을 만들기 위해서 고민하고, 습관을 보완하고, 관심이 절제되어 다듬어지게 하고, 하나님의 계명들을 순종하고, 죄를 고백하는 것과 같은 것들이다. 이런 것들이 그리스도인의 삶에 있어서 가장 큰 부분은 아니다. 하나님은 **누구**이신가?, 하나님은 **무엇**을 하시는가? 이 두 가지가 삶의 이야기의 거의 대부분을 이룬다. 그러나 우리가 해야 하는 것 역시 그것의 일부가 되는 것이 사실이다. 견고하게 그리고 철저하게 구축되어 있는 하나님 중심의 상황에서 평가하게 될 때, 다

윗이 행한 것(우리가 행하는 것)이 인정을 받게 된다.

하나님이 중심이 되는 거대한 상황에 적합할 수 있는 인간의 행동이 이제 다섯 개의 경구적인 금언으로 증류되어 도덕적으로 균형 잡히고 지혜롭게 고려된 이행연구 형식으로 제시되어지는 것을 본문에서 볼 수 있다.

22:26 자비한 자에게는 주의 자비하심을 나타내시며 완전한 자에게는 주의 완전하심을 보이시며 27 깨끗한 자에게는 주의 깨끗하심을 보이시며 사특한 자에게는 주의 거스리심을 보이시리이다

28 주께서 곤고한 백성은 구원하시고 교만한 자를 살피사 낮추시리이다

본문에서 보는 바와 같이 이런 도덕적인 표현과 외양에는 다윗(또는 유대교, 기독교)에게서만 볼 수 있는 특징이라고 단정할 수 있는 것이 아무것도 없다. 이 표현들은 고대 바벨론 또는 이집트 문헌에서도 볼 수 있다는 사실은 그리 놀랄 일이 아니다. 그러나 이 표현들 자체가 성경에서만 볼 수 있는 구별된 것이 아니라 할지라도 그것은 여전히 중요하다.

왜냐하면 그 문장들은 우리가 살아가는 방식이 우리의 인간다움에 영향을 미치는(그리고 영향을 받는) **도덕적인** 세상을 묘사하기 때문이다. 어떻게 우리는 문제를 생각할 것인가? 어떻게 우리는 행동할 것인가? 하나님의 은혜는 일반적인 예의범절을 지키며 살아야 하는 것에서 우리를 면제 시켜주지 않으신다. 하나님의 주도하심은 우리가 아침에 일어나서 잠자리를 박차고 떠나야 하는 우리의 책임을 덜어 주지 않으신다.

나쁜 사람은 착한 사람이 보는 나무를 보지 못한다. 악한 생활은 우리를 실제적인 삶에 대하여 무능하게 만든다. 본문에서 보는 것과 같은 도덕적인 진실을 명료하게 표현하는 금언들과 통찰력들이 모든 나라들과 문명으로부터 만들어져 왔으므로 그 수는 실로 엄청나다.

도덕적인 지혜는 우리 인간됨의 핵심에 없어도 되는 단지 듣기에 좋고 유익한 그런 것이 아니다. 우리의 인간됨의 심장(22장의 다윗의 기도 전체의 중심)은 하나님이다. 그렇지만 몸에 비유하자면 마치 손가락이나 발가락과 같이 인간됨의 일부를 형성하는 도덕적인 부가물이 단지 심장이 아니라는 이유 때문에 가볍게 처리되어질 수는 없다. 다윗의 기도 역시 이렇게 풍부하게 성문화되어질 정도로 인류에게 잘 알려진 도덕적인 지혜를 포함하고 있기 때문이다.

하지만 사색적인 본문은 막간의 극처럼, 곧 지나가고 다윗이 기도의 본맥을 다시 이어간다. 앞뒤로 공중제비를 넘고, 좌우로 손 짚고, 거꾸로 돌며 재주를 부리듯 원기 왕성하게 하나님의 행하심이 자리 잡고 있는 자신의 삶의 중심으로부터 기도하는 것을 볼 수 있다.

22:29 여호와여 주는 나의 등불이시니 여호와께서 나의 흑암을 밝히시리이다

30 내가 주를 의뢰하고 적군에 달리며 내 하나님을 의지하고 성벽을 뛰어 넘나이다

31 하나님의 도는 완전하고 여호와의 말씀은 정미하니

저는 자기에게 피하는 모든 자에게 방패시로다

32 여호와 외에 누가 하나님이며 우리 하나님 외에 누가 바위뇨

33 하나님은 나의 견고한 요새시며 나를 온전한 곳으로 인도하시며

34 나의 발로 암사슴 발 같게 하시며 나를 나의 높은 곳에 세우시며

35 내 손을 가르쳐 싸우게 하시니 내 팔이 놋활을 당기도다

36 주께서 또 주의 구원의 방패를 내게 주시며 주의 온유함이 나를 크게 하셨나이다

37 내 걸음을 넓게 하셨고 나로 실족지 않게 하셨나이다

38 내가 내 원수를 따라 멸하였사오며 저희를 무찌르기 전에는 돌이키지 아니하였나이다

39 내가 저희를 무찔러 파하였더니 저희가 내 발 아래 엎드러지고

능히 일어나지 못하였나이다

40 이는 주께서 나로 전쟁케 하려고 능력으로 내게 띠 띠우사

일어나 나를 치는 자로 내게 굴복케 하셨사오며

41 주께서 또 내 원수들로 등을 내게로 향하게 하시고

나로 나를 미워하는 자를 끊어버리게 하셨음이니이다

42 저희가 둘러보아도 구원할 자가 없었고 여호와께 부르짖어도 대답지 아니하셨나이다

43 내가 저희를 땅의 티끌 같이 부스러뜨리고 거리의 진흙 같이 밟아 헤쳤나이다

44 주께서 또 나를 내 백성의 다툼에서 건지시고 나를 보존하사

열방의 으뜸을 삼으셨으니 내가 알지 못하는 백성이 나를 섬기리이다

45 이방인들이 내게 굴복함이여 저희가 내 풍성을 듣고 곧 순복하리로다

46 이방인들이 쇠미하여 그 견고한 곳에서 떨며 나오리로다

이 시점에서 다윗의 기도는 하나님께서 어떻게 자신을 준비시키셔서 하나님의 일을 할 수 있도록 하셨는가를 간증하고 있다. 이 기도에서 행동하는 다윗! 하나님의 힘으로 생기 넘치는 다윗! 하나님의 일을 이루고 있는 다윗을 보게 된다.

그러나 다윗이 묘사하는 실제적인 일을 볼 때, 우리는 충격을 받게 될 것이다. 왜냐하면 다윗의 근본적인 사역이 전쟁이기 때문이다. 하나님께서 그로 하여금 하게 하셨기 때문에 모든 일이 가능했고, 그는 그런 일을 하면서 대단히 기뻐하고 있는데 그런 일의 대부분이 사람을 죽이는 것을 포함한다. 무기와 싸움이 다윗의 사역 세계의 특색을 이룬다.

이 본문을 대하는 그리스도인들은 다음과 같은 어려운 도전에 직면하게 된다. 오늘 우리를 위해 기여한 다윗의 훌륭한 인간적인 삶이 어떻게 그런 비인간적인 상황 안에 몰두되어 있는지, 즉 사람들을 죽이는 일에 다윗의 자발적인(열정적인) 참여를 포함하고 있는 이런 역설을 어떻게 다루어야 하는가?

삶! 더욱 구체적으로 그리스도인의 삶이 행해지는 환경이나 조건들을 인정하고 받아들이므로 문제 해결을 위한 출발점을 마련할 수 있다. 환경이나 조건들은 일상적이며 분리될 수 없는 것들이다.

예를 들자면 날씨, 땅, 금전, 인종적인 감정과 계층 간의 갈등, 종족의 전통들과 사회적인 풍습, 기술 문명과 섹스, 연주되는 여러 가지의 음악들과 언어를 사용하는 방법들, 들려지는 여러 가지 이야기 등 나열하기에는 너무 많다.

대부분의 그리스도인들은 환경 또는 조건을 가설의 차원에서 다룬다. 그들은 아기가 어머니의 젖을 빠는 것으로 모든 영양분을 한꺼번에 흡수하듯 이런 모든 삶의 조건들을 그런식으로 흡수할 수 있는 것으로 여기고 그런 것들에 관해서 좀처럼 생각하지 않는다. 그런 조건들이 하나님의 형상대로 지음 받은 존재에게 어떤 때는 호의적이고, 어떤 때는 역행한다. 그런데 그런 조건들은 항상 거기에 있다. 우리는 사회적, 문화적, 정치적인 진공 상태 안에서 그리스도인의 삶을 사는 것이 아니다.

기독교 공동체가 되는 것에 관한 매우 훌륭한 설명에서 찰스 윌리엄스(Charles Williams)는 예수님은 세 가지의 환경적인 조건 이레 태어나셨는데 로마의 권력, 헬라의 문화, 인산의 죄라고 했다. 윌리엄스는 설득력 있게 주장하기를 성령님은 역사 속에서 교회가 겪어 온 조건들의 변화를 통하여 예수님의 생명을 이해 할 수 있도록 해 오셨듯이 성령님은 언제나 환경(또는 조건들) 속에서 역사하신다. 그런 조건들이 성령님의 사역을 제한하는 것은 아니다. 오히려 성령님은 조건들이 지닌 한계들 내에서 일하시는 것을 선택하신다. 이러한 한계들 내에서 일하시므로 성령님은 문제의 조건들을 거룩하게 만드는 것이 아니다.

예를 들어 주후 1세기의 팔레스타인 땅(이스라엘)을 황금시대로 보는 그리스도인들은 그리 많지 않다. 우리가 여기서 이해하는 것은 이중적인 것이다. 실제로 어떤 조건도 성령님의 역사를 가로막을 수 없으며, 성령님은 조건들(환경)과 상관없이 별개로 일하시는 경우는 결코 없다. 하나님께서는 당신의 통치를 이루어 가심에 있어서 주변의 모든 조건들을 사용하시므로 다윗이 자신의 적들을 "거리의 진흙"(43절)과 같이 짓밟는 삶의 일면을 포함하신 것이다.

다윗의 인생이 펼쳐지고, 진술되어지고 있는 조건들 그리고 지금 그가 기도하고 있는 조건들의 대부분은 블레셋 문화와 가나안의 윤리(폭력과 섹스) 안에서 형성된 것이다. 고고학자들이 옛 유적지에서 발굴한 블레셋의 맥주잔과 가나안의 다산 여신들이 두 문화인 블레셋의 폭력 문화와 가나안의 섹스 문화를 상징적으로 보여준다. 성경에 설득력을 가지고 명료하게 진술된 바와 같이 하나님의 영광을 위하여 다윗이 그런 삶을 살기에 "본디오 빌라도에게" 재판 받는 상황 외에 이보다 더 부적절한 시기와 적합하지 않는 조건들을 상상하기는 어렵다.

그런데 그것이 다윗이 직면한 현실이었다. 폭력과 타락적인 성생활이 일상화 되어 있던 철기시대에 태어나서 그 시대를 살다가 죽었다. 다윗은 시대적 조건들의 영향으로부터 면제된 것이 아니었으나 그렇다고 해서 그런 영향력에 구속되어 있었던 것도 아니었다. 다윗은 아주 믿기 어려울 정도의 삶의 방식들을 통해서 그런 환경들을 극복했다.

그래서 우리는 흔히 다윗의 이야기를 이상적으로 만들어진 별세계의 이야기로 읽고 이해하려고 할뿐, 다윗이 견디고 극복해야 했던 현실적인 조건들에 대해서는 거의 주의를 기울이지 않는다. 우리는 그 조건들을 주의 깊게 보아야만 한다.

왜냐하면 우리 역시 그와 동일한 그리고 비슷한 비우호적이고 역행하는 조건들 아래서 살고 있기 때문이다. 폭력과 섹스, 전쟁과 성적 욕구와 관련된 난잡한 남녀 관계와 같은 것이 일상적인 문화로써 삶에 깊숙이 스며

들어 있는 상황은 오늘 우리가 직면하고 있는 삶의 조건들과 그렇게 많이 다르게 보이지는 않는다.

그리고 그런 것들은 인간적인 조건들이기 때문에 그 조건들이야 말로 거룩한 삶이 이루어 질 수 있는 유일한 환경이다.

22:47 여호와는 생존하시니 나의 바위를 찬송하며 내 구원의 바위이신 하나님을 높일지로다

48 이 하나님이 나를 위하여 보수하시고 민족들로 내게 복종케 하시며

49 나를 원수들에게서 나오게 하시며 나를 대적하는 자 위에 나를 드시고

나를 강포한 자에게서 건지시는도다

50 이러므로 여호와여 내가 열방 중에서 주께 감사하며 주의 이름을 찬양하리이다

51 여호와께서 그 왕에게 큰 구원을 주시며 기름 부음 받은 자에게 인자를 베푸심이여

영원토록 다윗과 그 후손에게로다 하였더라

다윗은 인생의 많은 부분에 대해서 탐구하고 관심을 기울였다. 그리고 언제나 아니면 최소한 탐구와 관심의 최종적인 단계에 이르러서는 그에게 있어서 인생의 가장 큰 부분은 하나님이었다. 이것이 본문의 기도 시가 간증하는 주제이다.

만일 우리가 하나님을 존중하지 않고, 신뢰하지 않고, 순종하지 않는다면 우리의 눈앞에서 옳고 의로운 것의 거의 대부분을 놓치게 된다. 하나님을 무시하거나 거절하는 것이 무엇보다도 우리를 나쁘게 만드는 것이 아니다. 그것은 우리를 허약하고 실낱처럼 왜소하게 만든다. 마치 조각가인 기아코메티(Giacometti)가 하나님을 무시하는 가운데 세속화된 지난 한 세기가 남녀 가릴 것 없이 사람들을 어떻게 바꾸어 놓았는가를 보여주기 위해서 제작한 조각상들과 같다.

이와는 대조적으로 다윗의 인생은 그가 하나님을 인정하고, 하나님께서

다윗을 인정하는 인생이었다. 다윗의 그것은 크고, 높고, 넓은 인생이었으며, 예수님께서 "풍성케 하신 생명"(요 10:10) 이라고 말씀하신 인생이며, 바울이 "믿는 우리를 위한 그분의 측량할 수 없는 능력"(엡 1:19) 이라고 표현한 인생이다.

우리가 주의를 기울여 보아야 할 점은 다윗은 그의 앞에 놓인 모든 힘든 위기들과 더불어 예수님께서 하신 것과 같은 방식으로 원수들을 사랑하는 것을 시도조차 못했다. 그리고 그의 도덕성과 태도는 이상적이기 보다는 기대치에 미치지 못한 상태이다. 그런데 이런 것들이 본 이야기 속에서 본질적인 문제로 부각되지 않는다. 그렇다고 해서 다윗의 실패들과 죄가 악한 행위를 합법화하는데 이용되어질 위험은 없다.

왜냐하면 본문에서 읽고 있는 다윗의 삶의 이야기는 우리가 먼저 선하게 된 후에 하나님을 구하는 것이 아님을 증거하는 것이 목적이기 때문이다. 우리는 먼저 하나님을 구해야 한다. 그런 다음 긴 인생 여정에 걸쳐서 하나님의 방법 안에서 훈련 받고 연단되어지게 되는 것이다.

둘째 시: "다윗의 마지막 말"(23:1-7)

"마지막 말"은 음미하고 깊이 숙고해야 할 말이다. 그것은 한쪽 귀로 듣고 다른 쪽 귀로 흘려버려도 되는 사소한 말이 아니다. 마지막 말은 현재 검토 가능한 전체 인생에 비추어 신빙성이 검증되어질 수 있다. 만약 그 말이 신빙성 검증을 통과 한다면 권위를 얻게 된다. 살아 온 인생에 비추어 검토를 받은 후, 마지막 말은 그 말을 한 사람의 인생에 의해서 진실인지 아니면 거짓인지를 판단 받을 수 있다.

만약 사람의 인생이 그의 유언을 거짓으로 고소한다면 우리는 그 말을 무시해버린다. 그러나 사람의 살아 온 인생의 내용이 그의 마지막 말의 기초가 된다면 우리는 그 말을 소중하게 간직할 것이다. 그리스도인들은 예수님께서 십자가에서 하신 최후의 일곱 마디 말씀을 복음서에 새겨 둘 정도로 귀하게 여긴다. 우리는 다윗의 마지막 말을 그의 인생에 대한 진실된 요약으로써 존중한다.

(이 본문의 내용은 문자 그대로 다윗의 유언을 기록해 놓은 것은 아니다. 그가 최후로 말한 것은 열왕기상 2장에 기록되어 있으며 자기 인생의 목적을 성취한 것으로 말하지 않고 오히려 그것에서 빗나간 인생을 말하므로 우리에게 충격을 준다. 그것은 꾸며서 말하는 전형적인 방식을 취하지도 않고, 내용을 과장하지도 않는다.)

"마지막 말"은 순수하게 시적 기술을 사용해서 세 개의 연으로 구성된 시 형식으로 되어있다(다윗은 훌륭한 시인이다). 첫째 연은 다윗의 메시야적 정체성(23:1), 둘째 연은 다윗의 왕적인 사역(23:2-4), 셋째 연은 다윗의 계약 상속(23:5-7)이 주제이다.

23:1 이는 다윗의 마지막 말이라

이새의 아들 다윗이 말함이여 높이 올리운 자, 야곱의 하나님에게 기름 부음 받은 자,

이스라엘의 노래 잘하는 자가 말하도다

첫 번째 표현은, 다윗의 메시야적 정체성을 말한다. 다윗은 하나님께서 규정해 주신대로 자신을 이해했다. 본문에서의 메시야적 정체성은 네 개의 표현을 통해서 구축되어진다. 그는 "이새의 아들"이다. 영성이 생태학 안에서 시작되고 있다. 다윗에 관해서 독특한 것은 아무것도 없다. 그는 베들레헴의 한 농부의 여덟 아들 중에 한 명이다.

다음 표현은, 그가 이새의 아들 중에서 유일하게 "야곱의 하나님에게 기름부음 받은 자"이다. 최초의 단어는 단지 생태학적 관계를 지칭할 뿐(이새의 아들이라는 혈통에 근거한 부자 관계를 강조하는 표현을 두고 하는 말이다 - 역자 주) 인간적인 삶에 대한 규정적이고 최종적인 말이 아니다. "기름부음 받은 자"는 영어의 "메시야"(Messiah)와 같은 말이다. 사무엘이 다윗의 머리에 기름을 붓자 여호와의 신이 다윗에게 크게 임하고(삼상 16:13) 그것으로 하나님께서 다윗을 왕으로 선택하신 표시로 삼던 그 날, 다윗의 정체성은 하나님에 의해서 창조되어졌다.

하나님께서 창조하신 이 정체성은 뒤에 이어지는 두 개의 표현 "하나님께서 높이신 자"와 "이스라엘의 강하신 분의 총애를 받는 자"를 통해서 더욱더 정교하게 다듬어 진다(이전의 번역에서는 마지막 표현이 '이스라엘의 노래 잘하는 자'로 번역되었으나, 현재 대부분의 학자들은 이 문제의 히브리어 구절을 '이스라엘의 강하신 분의 총애를 받는 자'-favorite of the Strong One of Israel-로 번역하는 것이 더 정확하다고 믿는다). 본문의 구성 비율을 두고 말하자면, 다윗의 정체성을 구성하는 네 부분 중에서 한 부분은 이새와 관련되고 세 부분은 하나님과 관련된 것이다.

23:2 여호와의 신이 나를 빙자하여 말씀하심이여 그 말씀이 내 혀에 있도다

3 이스라엘의 하나님이 말씀하시며 이스라엘의 바위가 내게 이르시기를

사람을 공의로 다스리는 자, 하나님을 경외함으로 다스리는 자여

4 저는 돋는 해 아침 빛 같고 구름 없는 아침 같고 비후의 광선으로

땅에서 움이 돋는 새 풀 같으니라 하시도다

본문에서는 다윗의 왕적 사역을 말하고 있다. 다윗의 정체성은 하나님이 부르신 그의 직업과 관련된다. 다윗의 정체성은 그의 존재뿐만 아니라

그의 하는 일이기도 하다. 다윗은 한 나라의 왕이다. 그의 왕적인 사역은 두 가지 요소인 말하는 것과 다스리는 것을 중심으로 묘사된다. 다윗은 하나님의 "말씀이 내 혀에 있는 것"과 "백성을 공의롭게 다스려야 하는 사람"임을 자각한다. 말하는 것과 다스리는 것을 하나로 인식하는 어떤 감각이 있다.

다윗은 왕이면서 또한 시인이다. 그는 능숙한 솜씨로 그리고 경건하게 언어를 사용하고 있는 동시에 자신의 왕권을 공의롭고 경건하게 지킨다. 하나님의 말씀과 하나님의 통치는 다윗의 왕적 사역을 위해 전례와 기초를 제공해 주었음을 말한다. 다윗의 인생은 사생활과 공생활로 개인적인 것과 정치적인 것, 영적인 것과 세속적인 것으로 분리되지 않는다. 다윗은 하나님께서 규명해 주신 정체성을 그분께서 소명하신 사역에서 나타나게 하였다. 다윗이 행하는 것은, 곧 자신의 존재 자체이다.

다윗은 자신의 천부적인 일이 "하나님을 경외함"으로 말미암아 형성된 것으로 "하나님을 경외함"이 백성에게 선을 가져다주는 통치의 원리인 것으로 이해했다. 빛(돋는 해)과 비옥함(새 풀이 돋는 땅에 내리는 비)을 함께 묶은 이미지들을 사용하여 다윗은 환영과 결실로써 특징지어지는 어떤 통치를 그리고 있다.

다시 말해서 그런 통치는 억압적이거나, 힘들게 하거나, 착취적이거나, 독재적인 것이 아니다. 이스라엘을 통치하는 다윗의 사역은 인류를 통치하는 하나님의 사역으로부터 비롯된 하나의 역할 활동이다.

23:5 내 집이 하나님 앞에 이 같지 아니하나 하나님이 나로 더불어 영원한 언약을 세우사

만사에 구비하고 견고케 하셨으니 나의 모든 구원과 나의 모든 소원을 어찌 이루지 아니하시랴

6 그러나 사악한 자는 다 내어 버리울 가시나무 같으니 이는 손으로 잡을 수 없음이로다

7 그것들을 만지는 자는 철과 창 자루를 가져야 하리니 그것들이 당장에 불사르이리로다

"다윗의 마지막 말"은 세 개의 연으로 구성되었다. 본문은 세 번째 연으로 다윗의 계약 상속이 중요한 주제이다. "영원한 언약"(Everlasting Covenant)은 다윗의 존재와 다윗의 활동을 다윗 자신보다 훨씬 더 큰 상황 가운데 배치한다. 창조와 구원을 통해서 나타내신 하나님의 말씀과 사역은 다윗이 말하고 행한 그 어떤 것으로도 비교할 수 없을 정도로 훨씬 크다. 다윗은 전 인생을 지나는 동안 자신은 하나님의 주권에 참여한 사람에 불과함을 인식하고 있다. 또한 자신이 자신의 인생의 일들을 운영하는 주권자가 아니었음을 아주 분명하게 자각한다.

다윗은 하나님의 목적을 위해 절대 필요한 존재는 결코 아니었다. 그가 없다고 할지라도 하나님의 목적에는 아무 상관이 없다. 매사를 주관하는 주권자는 다윗이 아니라 하나님이시기 때문이다.

"언약"은 성경의 계시를 관통하고 있는 포괄적인 표현들 가운데 하나이다. "언약" 안에서 우리는 하나님의 계획하시는 바들과 신실하심, 하나님의 선제적이시며 지속적인 사랑, 하나님의 독창적인 은혜와 풍부한 자비 등의 실체를 파악할 수 있다.

언약은 하나님께서 모든 중요한 결정들을 만드시고, 그 결정들을 신실하게 준수하시는 것을 의미한다. 언약은 우리가 하나님께서 지금까지 이루어 오신 것과 지금 이루고 계시는 것 안으로 이끌려 들어가는 것을 의미한다(우리가 지금 하고 있는 것 속으로 절박하게 하나님을 끌어 들이는 것이 아니다). 우리가 지금 언약 속에 있음을 알면, 우리는 우리의 감정과 경험이라는 갑갑한 막사 속에 자신을 감금하지 않을 것이다. 언약 때문에 우리는 "나의 모든 구원과 나의 모든 소원을 어찌 이루지 아니하시랴"(23:5) 라고 자신할 정도로 소망 가운데 살아간다.

양쪽 편 사이에 협정을 만드는 것에 관해 우리가 사용하는 비신학적인 용어는 "계약"(contract)이다. 표면적으로는 계약이 언약(Covenant)과 같은 것이긴 하지만 그것은 하나님을 배제하고 이루어진다. 사람들은 수많은 계약들을 만든다. 그러나 하나님은 하나의 언약만을 세우신다. 계약들은 다른 사람들이 받아들일 수 없는 개인적인 관심사에 매여 있는 사람들 사이에 공평하고 정의로운 협정을 만들어 내기 위한 실천 방법이다. 광범위한 관계들이 정치, 사업, 교육, 결혼 계약을 사용하고 있다.

그러나 계약들이 필요하게 여겨지는 만큼 목적을 위해서 잘 작용하지는 않는다. 그 증거로써 오랜 세월을 거쳐 오면서 사람들은 부정직하거나 실패한 계약들이 주는 후유증들을 처리하기 위해서 하나의 거대하고 길게 늘어진 법과 재판 체제를 발전시켜왔다. 인간은 계약 준수에 아주 익숙한 것으로 보이지는 않는다. 우리는 그럴 정도로 충분히 정직하지 않으며, 충분히 확고부동하지도 못하다.

그러나 계약과는 달리, 언약은 하나님에 의해서 시작되고 보증 되어진다. 언약은 지속된다. 언약은 우리를 포함하는 협정이긴 하지만 그것의 유효성은 우리에게 의존하지 않는다. 언약은 하나님의 주권으로, 그 주권은 우리를 언약의 당사자로 포함시키는 그런 방식으로 표현되었다. 언약은 일종의 구속하는 자유이다(a Binding Freedom). 언약은 장중하고 자유하게 하는 말이다. 다윗이 자신의 인생을 돌아 볼 때, 자신의 인생이 하나님의 언약에 관한 것임을 깨닫고 "내 집이 하나님 앞에 이같지 아니하냐"(23:5) 라고 고백했다.

언약 안에서 살기를 거부하는 사람들(사악한 자, the godless)을 묘사하기 위해 "가시나무"를 은유로 사용했다. 그것은 쓸모도 없고 그것을 가지고 일을 하는 것도 불가능하므로 빨리 태워 없애 버릴수록 좋다. 앞에서 보았던 해와 비의 이미지(23:4)와 이루는 대조는 상상할 수 있는 것 보다 더 강렬하고 더 간결하다. 삶 가운데는 수많은 애매모호한 경우들이 있어서 무슨 말을 하여야 할지, 그리고 무엇을 해야 할지에 관한 결정들을 만드는 것이 어렵다.

그러나 이 은유는 그런 애매함에 해당되지 않는다. 하나님의 언약 안에 있는 인생과 협상으로 만들어진 계약을 타고 끊임없이 주변을 순환하고 있는 인생, 이 두 종류의 인생의 차이는 마치 구름 한 점 없는 아침에 떠오르는 해를 보며 당신이 햇살에 온 몸을 쪼이고 있는 것과, 당신의 맨 손으로 가시나무를 골라 뽑아내면서 끝없이 대지를 맴돌고 있는 것의 차이와 같다. 둘 사이에 어떤 경쟁도 있을 수 없다. 둘은 다르기 때문이다.

언약에 관한 설명들을 다윗의 인생에 비추어 검증해 보면 몇 가지 질문이 제기된다. 언약의 개념은 실제로 일어난 사건을 이상적이고 낭만적으로 은폐하려는 수단인가? 다윗을 실제 그의 인물됨보다 훨씬 더 좋게 보이도록 하려는 시도인가?

이러한 질문들은 확실하게 대답될 수 있는 것들이다. 첫째, 다윗 이야기를 샅샅이 살펴보아도 다윗을 이상적인 인물로 만들려는 시도는 어느 곳에서도 볼 수 없다. 그가 저지른 모든 죄와 실패들이 적나라하게 드러나 있으므로 다윗의 인간됨은 공개적인 정밀 검토를 피할 수 없게 되어있다. 둘째, 다윗을 왕으로서 그리고 다윗의 통치를 통하여 이루실 하나님의 섭리로써 하나님께서 그를 선택하신 것을 말하는 것이 다윗 이야기의 전체적 기본적인 줄거리인 것이 사실이다. 그럴지라도 이야기 전반에 걸쳐서 정치적 분당들 사이의 저변에는 언제나 긴장이 흐르고 있음은 쉽게 감지되는 사실이다.

사울 편과 다윗 편의 사람들 사이에 계속된 상당한 정치적인 계략은 애를 써도 감출 수 없을 정도로 확연하다. 다윗의 이야기는 지금 우리에게 어떤 비인격적이고 객관적인 다윗의 "역사"를 전해주고 있는 것이 아니다. 그런 "역사"에서는 다윗을 합법적인 왕으로 그리고 솔로몬을 다윗의 법통 후임으로 제시하려는 성향이 아주 표면화 되어졌다.

전체 이야기가 진솔함과 정직함으로 진술되었음을 고려하면 "마지막 말"의 내용이 죽은 다윗을 "신학화" 하거나 "신령한 존재(영물)"로 취급하여 그를 이 땅의 인생과 상관없는 어떤 신비한 존재로 만들려는 목적을 위해서 계획된 것으로 상상하는 것 자체가 무모한 처사이다(이런 목적으로 만들어진 추도사들은 때때로 장례식에서 듣게 된다).

오히려, 본문 다윗의 기도 시 속에서 우리가 얻는 것은 "최종"의 의미를 지닌 "마지막" 말이다. "최종"의 의미는 다윗의 진수(essence)가 총정리 되고 있다는 점에서 이해해야 한다. 다윗의 진수는 본 기도 시의 심장이며, 이것을 통해 다윗이 두드러지게 돋보인다. 이런 맥락에서 읽는다면 다윗이 아주 명료하게 우리와 같은 **보통 사람**으로 보일 것이다. 신문에 실린 부고 소식이 알려주지 않는 것, 유족들이 오래 전에 잊은 것, 그리고 심리학자들이 결코 볼 수 없는 것이 있는데 그것은 바로 내 안에, 당신 안에 그리고 다윗 안에 계시는 **하나님**이다.

예수님의 이야기를 중심으로 다윗의 이야기를 회고하는 방식으로 읽고 이해하는 기독교 공동체는 다윗의 "마지막 말" 안에서 그리스도인의 인생을 위해 기초가 되는 것을 그리스노인의 인생 "안으로" 이해해 들인다. "다윗의 마지막 말" 속에 제시된 메시야적 정체성(그리스도), 왕적 사역(보냄 받은 성령님), 언약적 상황(하나님의 주권) 이와 같은 요소들 위에 그리스도인의 인생이 세워진다.

둘째 명단: "용사들의 이름"(23:8-39)

23:8 다윗의 용사들의 이름이 이러하니라 다그모 사람 요셉밧세벳이라고도 하고 에센 사람

아디노라고도 하는 자는 군장의 두목이라 저가 한때에 팔백 인을 쳐 죽였더라…
39 헷 사람 우리아라 이상 도합이 삼십칠 인이었더라

다윗을 섬기는 용사들을 소개하는 이 명단은 21:15-22에 있는 장대한 자들을 물리친 용장들의 명단과 비슷하다. 그러나 본 명단은 다윗의 군대 구성에 대한 실마리를 찾는 사람들을 위한 관심으로 가득차 있다. 성경학자들은 본 명단을 철저히 조사하여 다윗을 섬겼던 다양한 사람들에 관한 실마리를 제공해 주는 많은 것들을 찾아내곤 한다.

다윗이 왕이 되기 전, 그가 아둘람 동굴에 피신하여 지내던 며칠간의 생활 중에서 생생하고 대표적인 일화들이 명단 구조의 중심부에 위치하면서(13-17절) 전체 내용을 이해하도록 조명해 준다. 그 이야기는 세 명의 무명 군인들이 죽음을 무릅쓰고 다윗을 위하여 "베들레헴의 우물"에 가서 물을 가져 온 것을 소개한다. 그들은 다윗이 그의 고향에 있는 옛 우물의 물을 동경하며 마시고 싶어 하는 말을 엿들었다. 그들은 겹겹이 진을 치고 있는 블레셋 진영에 잠입해 들어가 우물물을 구해 구사일생으로 돌아와서 다윗에게 전해 주었다.

그러나 다윗은 그 물을 마시는 대신에 세 사람의 충성에 경의를 표하며 일종의 희생 제사로써 그 물을 땅에 쏟아 부었다. 그것은 너무 선하고, 너무 거룩하여 마셔 버릴 수 없는 물이었다. 다윗에 관한 이런 유의 이야기는 수 없이 많았겠으나 그런 이야기들은 성경의 다윗 이야기에 포함되지 않았다. 이때로부터 수백 년이 지난 후, 이 특별한 사건의 이야기는 선별되어져 현재 역대기서에서 보듯이(대상 11:15-19) 다윗 왕조에 관한 "공식적인" 기록 안으로 통합되어졌다.

다윗의 용사들 명부 중에 특별한 언급을 요하는 두 사람이 있다. 한 사람은 그의 이름이 명부에 오르고, 다른 한 사람은 이름이 누락되었다. 헷 사람 우리아는 명단의 최종적인 이름으로 등재되었는데 거기에는 어떤 의미가 있다. 존중 받지 못했던 이름이 가장 힘들었던 시절 가운데 하나로 여겨지는 때의 다윗에 대한 기억들을 되살아나게 한다.

우리아는 왕에게 순종적이고 충직한 신하 상의 **모델**이다. 그러나 자신의 입장을 세우려는 왕에 의해서 배신을 당한 비운의 신하이기도하다. 본 명단의 마지막에 위치한 우리아의 이름은 다윗이 비판을 거치지 않고 고결하게 높아지거나 초월적인 인물로 이상화 되어지거나 또는 도덕적인 표본으로써 사용되어질 수 없음을 생각나게 해주는 하나의 웅변적인 **신호**이다. 설교 중에 또는 주일학교 성경공부에서 다윗을 높이고 모델로 삼는 그런 일들이 행해질 때마다, 우리는 단순히 "헷 사람 우리아" 라고 우리 자신에게 외치는 것이 필요하다.

명단에서 빠진 이름은 요압이다. 그는 다윗의 사람들 중에 단일 인물로는 가장 중요한 사람이었다. 철저히 역사적인 관점에서 본다면, 요압의 이름이 다윗의 용장들 명단에서 빠진다는 것은 생각할 수 없는 일이다. 요압이 없는 상태에서 다윗이 왕권에까지 도달하거나 또는 왕권을 유지할 수 있었을 것이라고는 좀처럼 생각하기 어렵다. 어떤 도덕적인 이유로도 망설임이 없는 무자비하고 완고한 요압은 다윗을 왕위에 오르게 하고 그를 왕위에 머무르게 하는데 필요한 일은 무엇이든지 다했다.

그런데 왜 그의 이름이 다윗의 용장들 명단에서 빠진 것일까? 누군가 그에게 관심을 기울이지 않았기 때문인가? 기록자가 부주의로 잊어버린 것인가?

요압의 이름은 실수나 우연히 누락될 수 있는 이름이 아니다. 그렇다면 그것은 **지워진** 것이다. 그것이 지워진 것은 다음과 같은 말을 대신하는 것이다. "요압은 이 이야기에 꼭 필요한 사람은 아니다. 요압의 불신앙적인 도움이 없었다면 다윗이 하나님의 왕이 되지 못했을 것으로 생각할지도 모른다. 분명히 요압은 자신을 꼭 필요한 사람, 꼭 있어야 할 사람으로 생각했다. 다윗도 그를 꼭 필요한 사람으로 생각했을 것이다. 그러나 요압은 없어서는 안 될 꼭 필요한 사람이 아니었다. 하나님은 요압과 같은 사람들을 사용하시기는 하지만, 그런 사람들을 꼭 필요로 하는 것은 아니다. 그런 사람들이 있어야만 하나님의 일이 되는 것은 아니라는 말이다. 요압의 이름이 언급조차 되지 않더라도 다윗의 이야기는 온전하게 이해될 수 있고 그리고 완성될 수 있다."

철저하게 인간적인 동기들과 행동들을 다루는 일반 역사가에게는 본 이야기로부터 요압의 이름을 빼는 것이 마치 건물의 사방 벽들로부터 세 번째 또는 네 번째 사이 기둥들을 제거해 버리는 것과 같이 여기고 그 결과 전체 이야기의 구조가 붕괴되는 것을 초래하게 될 것으로 생각할 것이다. 왜냐하면 요압은 단일 인물로는 군사적으로, 정치적으로 많은 일들을 함께 관장하는 가장 중요한 사람이었기 때문이다.

하나님이 현재 여기에 계시면서 개개인의 하는 모든 일 가운데 역사하고 계신다는 것을 믿고 있는 신학적인 역사가에게는 본 이야기로부터 요압의 이름을 빼는 것이 외벽에 툭 튀어나온 어떤 조각을 제거하는 것과 아주 흡사한 것으로 여길 것이다. 그것을 빼고 난 빈 자리는 눈에 띄겠지만 벽을 무너지게 할 정도로 위협적인 것은 아니다.

따라서 사무엘서의 기록자는 다윗의 왕국에서 아주 중요하게 여김을 받는 사람들에 대한 최종적인 명단을 작성할 때, 조금도 동요함 없이 요압의 이름을 조용히 빼버린 것이다. 그런데 이상한 것은 우리가 요압을 보고 싶어 하지 않는다는 것이다. 요압은 단지 스스로 중요하게 여기는 사람일 뿐이다. 그는 다윗이 중요하게 여기는 사람이 아니었다. 그리고 분명히 하나님께서도 그를 꼭 필요한 사람으로 여기지 않으셨다.

둘째 이야기: 흑사병과 아라우나(24:1-25)

전체 이야기를 마무리하기 위해서 다윗의 여러 가지 자료들로 구성한 결론부(21:1-24:25)의 첫 이야기는(21:1-14) 재난(기근)과 재난의 회복에 관련된 한 사람(리스바)의 특색을 묘사한다. 본문의 둘째 이야기는 또 다른 재난(흑사병)과 이 재난으로부터의 회복에 관련된 한 사람(아라우나)을 가지고 첫째 이야기와 짝을 이룬다. 물론 다윗은 각 이야기에서 중심적인 위치를 차지하고 있다. 기근(리스바) 이야기와 마찬가지로 이 역병(아라우나) 이야기는 한 가지 죄에 의해서 비롯된다. 이 죄로 인해서 초래된 자연적인 재난은 다윗이 적절한 행동을 취할 때 멈추었다. 그러나 두 이야기 사이에는 다른 점들도 있다.

24:1 여호와께서 다시 이스라엘을 향하여 진노하사 저희를 치시려고 다윗을 감동시키사 가서 이스라엘과 유다의 인구를 조사하라 하신지라

본분의 첫 구설을 구성하고 있는 두 개의 진술은 "여호와께서 진노하사" 그리고 "(여호와께서) 다윗(죄를 짓도록)을 자극했다." 이 이야기를 현대 계몽주의적(과학적 - 역자 주) 사고방식과 불화를 일으키게 한다. 하나님께서 이유 없이 진노하신다. 그리고 다윗이 죄를 범하도록 자극하신다. 불합리하게 화를 내시는 그런 하나님 그리고 자신이 세운 왕이 재난을 초래할 어떤 일을 저지르도록 선동하는 그런 하나님을 직면한 지금, 우리는 '도대체 지금 일이 어떻게 되어가고 있는 것인가?' 하고 자문할 것이다. 설상가상으로 본 사건의 후반부에서 우리는 멸망시키는 천사와 만나게 될 것이다(24:16-17).

지금까지 나열해 본 이런 요소들 중 어떤 것도 우리가 보기에 도리에 맞지 않다. 논리적으로 깔끔하고 설명이 되는 신앙을 좋아하는 사람들은 이런 요소들을 보면서 이야기가 좋은 결말로 끝날 것으로 생각하지 않는다. 우리 속에서 일어나는 질문들(왜 하나님이 진노하시는가? 다윗을 범죄하도록 오도하는 하나님은 어떤 부류의 신인가? 필자가 생각하기에 천사들은 사람을 돕기 위해서 사람들 곁에 있는 것으로 알고 있는데, 천사들은 어떤 임무를 맡고 있기에 사람들을 멸망시키는 일을 하는가?)은 첫 구절을 넘어 다음으로 옮겨 가는 것을 어렵게 만든다.

그러나 본 이야기는 우리의 질문들에 대답해 주는 것에 큰 관심이 없다. 이 이야기는 하나님께서 우리의 이해를 초월하시고 당신께서 행하시는 것 또는 행하시는 방법에 대해서 설명해야 할 강박감을 가질 필요가 없는 세계관으로부터 나온 것이다. 하나님은 결코 불합리하지 않으신 반면에 그분은 합리적인 설명 속에 가두어 질 수 없는 분이시다. 하나님은 우리의 이해를 능가한다. 그러므로 우리가 그분에 대해서 이해할 수 있는 내용에 맞도록 하나님을 제한할 수는 없다. 하나님은 신비한 주권이시다.

욥이 이와 같은 질문에 대한 대답을 얻으려고 애쓸 때, 하나님께서 욥에게 질문을 던지시고 그로 하여금 하나님의 질문에 대답해야 할 위치에 서게 했다. 하나님의 질문은 "무지한 말로 이치를 어둡게 하는 자가 누구냐" 라는 것으로 시작하여 "내가 땅의 기초를 놓을 때에 네가 어디 있었느냐" 라는 질문으로 이어졌다(욥 38:2, 4).

그래도 여전히 이 이야기는 혼란스럽고 신학적으로 다루기 어렵다. 이유 없이 진노하신 하나님, 그리고 다윗이 죄를 짓도록 자극하시는 하나님에 대한 이야기의 표면에 비친 이런 문제를 어떻게 해결해야 할까? 그런데 이 난처함이 나중에 유익이 되는 것으로 나타나게 된다. 왜냐하면 어려움이 우리로 하여금 하나님을 우리가 기대하는 것, 또는 하나님에 관해서 우리 나름대로 이해하는 것에 맞추어서 제한하지 못하도록 해 준다.

그것은 신성한 신비에 대하여 방심하지 않고 촉각을 곤두세워 예민하게 집중하도록 우리를 유지시켜준다. 그것은 우리를 흔들어서 문화적 선입관으로부터 벗어나게 한다. 그것은 성경을 예측 가능한 수준의 도덕적 교훈을 주는 일화들 속으로 주입시키는 방법을 저지한다. 하나님은 우리가 하나님의 행동 방식이라 믿고 있는 우리의 생각에 꼭 들어맞지 않을 것이다. 그러나 만일 이 이야기와 함께 충분히 오래 머문다면(예수님의 이야기에 이르기까지의 전 과정) 하나님은 우리가 기대하는 것보다 더 크고, 더 좋은 분임을 알게 될 것이다.

과학적이든지 또는 신학적이든지, 우리 자신보다 더 큰 진리는 언제나 처음에는 종잡을 수 없고 심지어 좌절시키기도 한다. 이미 우리 속에 자리를 잡고 있는 사고방식의 안전함으로부터 떨어져 나가는 것은 고통스러운 것이다. 성경을 정직하게 읽는 사람들은 자신들의 머리를 감싸 쥐고 고민하며 많은 시간을 보낸다. 그리고 다른 사람들에게 성경을 가르치는 사람들은 그런 어려움들을 제거해 버릴 수 있는 적절한 설명들을 제대로 마련할 수 있을 성도로 준비를 세대로 질 할 수기 없디.

그러나 본분의 이야기 그 사체에 우리 자신을 굴복 시킬 때, 비로소 우리는 하나님의 주권과 인간의 죄로 이루어진 검은 구름으로부터 햇살이 뚫고 나오는 것인 기도, 자비, 용서, 약속을 보게 된다.

하나님의 주권의 신비에 관한 이 큰 상황 속에서 다윗은 세 가지 일을 한다. 그는 인구조사를 하고(24:2-9), 자신의 양심의 소리와 하나님의 선지자 갓의 말을 경청한다(24:10-17). 그리고 그는 아라우나의 타작마당을 매입해서 거기에 제단을 만든다(24:18-25).

24:2 왕이 이에 그 곁에 있는 군대장관 요압에게 이르되 너는 이스라엘 모든 지파 가운데로

다니며 단에서부터 브엘세바까지 인구를 조사하여 그 도수를 내게 알게 하라... 4 왕의 명령이 요압과 군대장관들을 재촉한지라 요압과 장관들이 이스라엘 인구를 조사하려고 왕의 앞에서 물러나서... 9 요압이 인구 도수를 왕께 고하니 곧 이스라엘에서 칼을 빼는 담대한 자가 팔십 만이요 유다 사람이 오십 만 이었더라

인구조사를 하는 것을 흉악한 죄로 본문이 진술하는 것은 그 자체 내에서 명료하게 되어진다. 심지어 영적, 그리고 도덕적 감각이 둔한 요압조차도 인구조사를 반대했지만 다윗은 강행했다. 문제의 인구조사의 죄악된 본질에 대해 본문은 설명하지 않는다.

그러나 이 본문을 연구하는 학자들은 본문의 이야기가 믿음대로 생활하는 삶으로부터의 급격한 이탈을 포함하고 있다는 것에 동의한다. 군인들을 계수하는 것은 하나님을 신뢰하는 것과 반대되며, 인구조사의 강행은 시편 20편에서 볼 수가 있는 기도와 대립을 이루는 것이다. "혹은 병거, 혹은 말을 의지하나 우리는 여호와 우리 하나님의 이름을 자랑하리로다" (시 20:7).

인구조사는 군사 징집(9절 참고)과 세금 징수를 위한 기준을 제공해 주는데 이 두 가지는 비인간화 되고, 독재화된 국가 권력의 특징이다. 인격적인 하나님을 대표하도록 되어 있는 다윗의 정부가 안면 몰수하고 관료 정권으로 변하고 있다. 어느 시점에서부터인가 다윗은 이름들 보다는 숫자에 더욱 관심이 끌렸다.

인구조사에 이어지는 흑사병의 재난은 느리게, 그러나 정밀하게 뒤 따라오는 죄의 결과의 극적인 연출이다. 죄는 사회적인 결과들을 가진다. 왕이 죄를 범하므로 백성이 병들게 되었다. 범죄 행위가 항상 대중적이고, 사람들의 관심을 끌고, 신문지상에 알려지는 것은 아니다. 흔히 범죄는 일상적인 일들 안에 위장해 있다. 잠시 후, 때로는 긴 시간이 지난 후에 위

장하고 숨어 있던 일상적인 일들 안에서 죄가 거기에 속한 모든 사람들을 죽이고 있는 것이 드러나게 된다.

켄터키주에서 사역하는 농부이며, 현대 미국의 선지자로 통하는 웬델 베리(Wendell. Barry)가 한 말은 솔직한 말이다. "우리가 직접 관여하지 않는 것에는 우리가 동참하고 있지 않는 것으로 생각하기 쉽다. 그러나 우리가 한 사회의 구성원이라면 자의든 타의든 상관없이 그 사회의 악에 동참하고 있는 것이다."

마귀가 하는 일은 추상적으로 생각하게 하는 것으로 사람들이 통계에 관심을 가지도록 만들고, 지역 사회의 조건들을 보편화된 개념으로 바꾸어 놓는 것이다. 다윗의 죄악은 "수를 세는 것" 그 자체에 있는 것이 아니라 이름들을 숫자들로 대치한 것에 있다. 실체를 설명하기 위하여 숫자를 사용하는 시도와 습관은 우리 사회 가운데 내재하는 수많은 악의 뿌리에 놓여 있다.

몇 가지 예를 들면 "사망자 수 통계내기"에 의해 감춰진 전쟁의 공포, "실업률" 통계를 내세워 가난한 자들의 생계 터전인 쓰레기 처리장에 대한 성부의 태도를 징딩화함, "새로운 가치"와 "연간 수익"이라는 구호성 표현들 뒤에 숨겨진 탐욕스러운 강탈 등이다. 이러한 설명 절차들이 교회와 공동체와 정부의 생활을 지배하는 바로 그 순간에 거대한 악의 요소들이 사회 속을 휘젓고 다니면서 마구 퍼지고, 그리고는 종적이 모호해진다.

24:10 다윗이 인구수를 조사한 후에 그 마음에 자책하고 여호와께 아뢰되 내가 이 일을 행함으로 큰 죄를 범하였나이다 여호와여 이제 간구하옵나니 종의 죄를 사하여 주옵소서 내가 심히 미련하게 행하였나이다 하니라 11 다윗이 아침에 일어날 때에 여호와의 말씀이 다윗의 선견자 된 선지자 갓에게 임하여 가라사대 12 가서 다윗에게 말하기를 여호와의 말씀에 내가 네게 세 가지를 보이노니 너는 그 중에서 하나를 택하라 내가 그것을 네게 행하리라 하셨다 하라 13 갓이

다윗에게 이르러 고하여 가로되 왕의 땅에 칠년 기근이 있을 것이니이까 혹시 왕이 왕의 대적에게 쫓겨 석 달을 그 앞에서 도망하실 것이니이까 혹시 왕의 땅에 삼일 동안 온역이 있을 것이니이까 왕은 생각하여 보고 나를 보내신 이에게 대답하게 하소서 14 다윗이 갓에게 이르되 내가 곤경에 있도다 여호와께서는 긍휼이 크시니 우리가 여호와의 손에 빠지고 내가 사람의 손에 빠지지 않기를 원하노라 15 이에 여호와께서 그 아침부터 정하신 때까지 온역을 이스라엘에게 내리시니 단부터 브엘세바까지 백성의 죽은 자가 칠만 인이라 16 천사가 예루살렘을 향하여 그 손을 들어 멸하려 하더니 여호와께서 이 재앙 내림을 뉘우치사 백성을 멸하는 천사에게 이르시되 족하다 이제는 네 손을 거두라 하시니 때에 여호와의 사자가 여부스 사람 아라우나의 타작마당 곁에 있는지라 17 다윗이 백성을 치는 천사를 보고 곧 여호와께 아뢰어 가로되 나는 범죄하였고 악을 행하였삽거니와 이 양 무리는 무엇을 행하였나이까 청컨대 주의 손으로 나와 내 아비의 집을 치소서 하니라

다윗의 죄는 갑작스런 흑사병의 전염으로 70,000명이 사망하는 결과를 초래했다. 그런 상황에 직면하게 되자 다윗은 책임을 통감하고 하나님께 자비를 구하며 기도했다. 문제의 전염병 기사의 전후에 다윗의 기도가 놓여있다(10, 17절). 야심과 권력을 위한 자만심에 가득찬 행동인 인구조사를 마친 후, 다윗은 자신이 하나님을 다루려고 하는 무모한 짓을 하고 있음을 알았다. 선지자 갓이 그에게 하나님의 말씀을 전해 주자(이전에는 나단이 이 일을 했다) 다윗은 자신이 다루고 있는 것이 자기 자신의 계획이 아니라 하나님의 것임을 알아차린 것이다.

다윗은 기도했다. 그가 드린 첫 번째 기도는 참회의 기도이며(10절), 두 번째는 중보의 기도이다(17절). 자신이 잘못을 저지른 것을 깨닫고 그것을 시인했다. 그리고 책임을 통감하고 자신의 범죄로 인해서 고통당하고 있는 백성을 위해 중재자로 나섰다. 다윗이 어떻게 이런 자각에 이르게 되었는지에 대해서 우리는 들은 바가 없다. 그러나 그는 깨달았고, 자기

죄에 대한 그의 첫 번째 반응이 기도하는 것이다. 하나님을 친절히 대하며 그분과 사귀기 위해 가까이 나아가는 것이었다.

그의 두 번째 반응은 자신의 죄의 영향 아래 사로잡힌 백성을 위해서 드리는 기도이다. 다윗이 항상 하나님을 순종한 것은 아니다. 그러나 그는 언제나 하나님을 가까이 했다. 다윗이 항상 하나님께 민감한 것은 아니다. 그러나 그는 언제나 하나님께 호소하므로 일을 마무리했다. 다윗이 항상 신앙대로 생활한 것은 아니다.

그러나 그는 문제에 직면했을 때에는 언제나 기도했다. 자신의 죄를 고백하고(개인적인 기도) 백성을 돌보기 위해서(중보의 기도) 기도하는 다윗을 다윗의 전체 이야기의 종결 부분인 본문에서 보게 되는 것은 아주 적절하다. 시편(대부분이 다윗의 시로 되어있음)은 다윗을 기본적으로 기도의 사람으로 기억하고 있다. 사무엘서를 종결하는 이 이야기는 기도 중에 있는 다윗을 보여주고 있다.

"그 마음에 자책하고"(10절) 다윗은 백성들의 수를 계수한 일을 뉘우치고 "이 양 무리들"(17절) 이라는 훨씬 더 개인적인 표현을 사용하는 상태로 돌아왔다. 이것은 예수님께서 모든 영혼에 대한 그분의 특별한 관심과 그 영혼들을 위한 개인적인 보호를 강조하기 위하여 사용하신 이미지와 같은 것이다(눅 15:3-7, 요 10:1-18).

24:18 이 날에 갓이 다윗에게 이르러 고하되 올라가서 여부스 사람 아라우나의 타작마당에서 여호와를 위하여 단을 쌓으소서 하매 19 다윗이 여호와의 명하신바 갓의 말대로 올라가니라... 24 왕이 아라우나에게 이르되 그렇지 아니하다 내가 값을 주고 네게서 사리라 값 없이는 내 하나님 여호와께 번제를 드리지 아니하리라 하고 은 오십 세겔로 타작마당과 소를 사고 25 그곳에서 여호와를 위하여 단을 쌓고 번제와 화목제를 드렸더니 이에 여호와께서 그 땅을 위하여 기도를 들으시매 이스라엘에게 내리는 재앙이 그쳤더라

다윗이 취한 세 번째 행동은 아라우나의 타작마당을 매입하여 거기에 제단을 지은 것이다. 아라우나는 여부스 족속의 사람으로서 이전에 있었던 다윗의 예루살렘 함락에서 살아남은 거주민이다. 아라우나는 자신의 타작마당을 다윗에게 무상으로 주고 싶어 했으나 다윗이 값을 지불했다. 그는 왕의 지위 또는 흑사병이 휩쓸고 있는 절박한 상황을 이용해서 자신이 감당해야 할 책임을 쉽게 만들기를 원치 않았던 것이다. "값 없이는 내 하나님 여호와께 번제를 드리지 아니하리라"(24절)

이 사건 앞(본문의 이야기는 그 시기가 알려지지 않지만 그러나 분명히 이 이야기와 다른 사건들 사이의 시간적인 순서에 따라서 현재의 순서대로 배열되었다.)에 다윗은 예루살렘을 함락했다(5:6-10). 원래 거기에 살고 있던 여부스 족속이 패배하고 다윗은 그 성을 통일 왕국(유다와 이스라엘의) 도읍지로 삼았다. 그가 한 첫 번째 일은 통치 업무를 총괄할 장소인 왕궁을 지은 것이다(5:11-12). 이어서 그는 통일 왕국의 중심적인 예배 장소를 세우기 위해 언약궤를 예루살렘으로 가져왔다(6장). 그런 다음 일련의 행동의 절정이라 할 수 있는 것으로 옮겨지는데 언약궤를 위해서 하나님의 성전을 지을 것을 공언했다. 그는 통치하시고 구원하시는 왕이신 하나님에게 하나의 융성하게 완결된 건축적인 초점(하나님의 통치 업무가 집약된 왕궁 - 역자 주)을 마련해 드리기를 원했다.

다윗의 멘토인 나단이 그 계획을 인정했다가 그날 밤에 기도 한 후, 그의 인정을 철회했다. 그가 다윗에게 하나님께서 하나님의 성전 짓는 것을 허락하시지 않았다는 것을 알려주었다. 다윗의 아들이 하나님의 집을 지을 것이라고 했다. 하나님을 위하여 위대한 일을 하려고 했던 자신의 계획을 중지시키시는 하나님의 간섭을 다윗은 믿음으로 그리고 순종하는 마음으로 받아 들였다.

그리고 하나님께서 다윗 자신을 위해서 여전히 이루시기를 원하시는 것

(7장)을 하시도록 자신을 하나님께 복종시켰다. 이 본문을 연구하는 많은 학자들은 이것은 다윗이 지금까지 한 것 가운데 가장 중요한 일로 평가한다. 다윗이 자신의 왕의 주권을 내세우지 않고 오히려 하나님께 복종하므로써 하나님께서 처음으로 "손으로 짓지 아니한 집"(고후 5:1)에서 주권을 나타내실 기초를 분명하게 한 것이다.

이 배경을 읽는 것은 다윗의 아라우나의 타작마당 매입의 중요성을 이해하기 위해 반드시 필요하다. 왜냐하면 이 타작마당이 후에 솔로몬이 세우게 될 하나님의 성전의 터가 될 것이기 때문이다. 이것은 후에 다윗의 이야기를 다시 기록한 역대상 21-22장(여기서는 아라우나의 이름이 오르난으로 나온다)에서 확인된다.

아라우나의 타작마당과 솔로몬의 성전 터 사이에 있는 이런 관련성은 당연히 그 당시의 사람들(사무엘서의 처음 독자들)에게는 잘 알려져 있는 사실이므로 다시 설명할 필요가 없었다(역대상과는 달리 사무엘하에는 그 관련성에 대한 설명이 없는 이유이다 - 역자 주).

따라서 사무엘서의 최종 이야기는 자신이 건축하는 것이 허락되지 않은 성전을 위해 기초를 마련하는 다윗을 보여주고 있다. 그 기초는 다윗의 성공적인 업적으로부터 나온 것이 아니라 그가 받은 죄 사함으로부터 나온 것이다. 다윗이 하나님을 위하여 이룬 것으로부터 나온 것이 아니라 하나님께서 다윗을 위하여 이루신 것, 즉 그의 기도를 들으시고 백성들에게 자비를 베풀어 주신 그 은혜를 위하여 마련한 기초이다. 다윗의 폭력을 통해서가 아니라 평화롭게 그가 아라우나에게 정당한 값을 지불하고 얻은 기초라는 점이 또한 중요하다.

다윗 이야기의 요약(21-24장) 가운데 마지막 이야기에서 다윗은 죄를 범하고, 하나님은 용서하신다. 다윗은 기도하고, 하나님은 들으신다. 다윗은 제단을 세워 예배를 드리고, 하나님은 구원하신다. 다윗이 예배하는 바로 그 자리에 앞으로 500년 동안 하나님 백성의 예배를 위해 초점과 구조물을 제공해 주게 될 성전이 곧 세워질 것이다(솔로몬에 의해서).

결론을 만들 때, 그것을 깔끔하고 산뜻하게 하려는 큰 유혹을 받는다. 그리고 신학적이고 도덕적인 문제들이 관련될 때, 그 유혹은 특히 강하다. 그러나 논리적으로 깔끔함은 성경과 삶 모두를 왜곡한다.

나스루딘(Nasrudin)이라고 불리던 전설적인 인물에 대한 수피(Sufi 이슬람의 한 종파)의 옛날 이야기는 논리 정연함이 저지를 수 있는 왜곡을 잘 드러내 보여준다. 어느 날, 나스루딘이 매 한 마리가 창틀 위에 앉아 있는 것을 보았다. 그는 이런 종류의 새를 본적이 없었다. 그래서 "불쌍한 것! 어떻게 했기에 너는 그런 모습을 하고 다니니?" 라고 말했다. 그는 매의 날카로운 발톱을 자르고, 부리를 반듯하게 다듬고, 날개털을 잘라 가장자리 선을 일정하게 다듬었다. 그런 후 나스루딘이 말하기를 "이제 네 모습이 더욱 새 같구나!" 라고 하였다.

수피의 이야기는 우리가 일반적으로 이해하는 결론 방식에 비추어 다윗의 이야기에서 본 결론(21-24장)을 부정적으로 비판해서는 안 됨을 경고해 준다. 사무엘서는 결론을 제시한다. 그러나 매니큐어로 치장한 결론이 아니다.

마지막 21-24장에 포함된 여섯 개의 에피소드는 다양한 상황들과 시간대로부터 선별된 것이며 사무엘서 기록 목적에 맞추어 지금 우리가 보는 순서대로 배열된 것이다. 이 에피소드들은 다윗의 이야기를 도덕적으로 다루기 쉽고, 신학적으로 유순한 어떤 것이 되도록 길들이는 것 없이 전 과정이 종결되는 것을 감지할 수 있는 어떤 포괄적인 감각을 제공한다.

사용된 기술은 인상적이다. 두개의 이야기, 두개의 명단, 두개의 시가 하나의 중심을 향해 집중적으로 배열되어 있다. 이야기 하나, 명단 하나, 시 하나의 순서로 배열되었다가 다시 거꾸로 그 순서를 밟아 시 하나, 명단 하나, 이야기 하나로 구성된다. 두개의 이야기는 크고 광범위한 상황을 규명해 주고, 두개의 명단은 그 안에 있는 모든 이름과 관련된 사건이 발생한 상황들을 분명하게 말하고, 두개의 시는 하나님을 만나는 자리를 형성한다. 여기에는 하나의 대칭적인 구조가 있다. 그러나 그것은 제한된 대칭이다.

하나님께서는 기호들이나 도표들을 만들지 않는다. 그분은 피조물을 만드신다. 다윗의 이야기는 묘한 시각들, 설명되지 않은 신비, 난처한 순간들로 가득하다. 따라서 그 결론은 이 모든 것 가운데 있는 하나님의 신비로우심에 대해 영광을 돌리고 있다.

결론부(21-24장)의 내용을 감싸고 있는 두개의 이야기는 다윗의 진솔한 모습을 알려준다. 이야기는 성경 전체에 있어서 기본적인 문학 형식이며 동시에 사무엘서에 있어서도 그러하다. 이야기라는 수단에 의해서 다윗은 우리에게 개인적이며 또한 특별한 인물로서 제시되어 진다. 그는 어떤 "진리"로 보편화 되어진 것이 아니라 오히려 아주 다양한 배경과 관계들 속에 있는 우리 앞에 놓여져 있다.

마지막 두 이야기는 리스바와 아라우나를 이야기의 기본 구성 안으로 끌어들였다. 리스바는 농락당한 아무 힘이 없는 여자이며, 아라우나는 다윗의 예루살렘 함락에서 살아남은 이방인이다. 그러나 본 이야기에서 두 사람은 각자의 이름으로 거명되고 다윗에게 꼭 필요한 사람으로 일컬어지므로 존귀하게 대우를 받고 있다.

두 이야기에서 다윗의 결점과 실패가 공개되어지고 그는 도움을 찾기 위하여 무릎을 꿇는다. 다윗이 두 이야기의 중심이긴 하지만 혼자만으로 충분하지는 않다. 그는 모든 사람들을 압도하고 그의 그늘로 덮어 버릴 수 있을 정도의 영웅은 아니다. 리스바와 아라우나 같은 보잘 것 없는 사람들이 다윗의 이야기에 꼭 있어야만 한다. 하나님은 "가장 훌륭하고 뛰어난 사람"과 함께 일하지 않으신다.

두 개의 명단은 다윗이 생활하고 자신의 사역을 하던 실제적인 문화에 관한 적나라한 증거를 제공한다. 그 문화는 용사들이 주를 이루는 전쟁의 문화이다. 하나님의 거룩한 계시가 알려지고, 하나님의 거룩한 백성이 성스럽지 못한 상황 가운데서 형성되어진다. 이 이야기가 일어난 사회적인 상태는 저속하고 거칠다. 거기에는 다윗이 인정할 수밖에 없는 성적 부패 행위와 서로 전쟁하는 전통들이 모세의 율법에 의해서보다도 가나안의 미신적인 종교들에 의해서 훨씬 더 많이 생성되었다.

그가 살았던 이런 실제적인 환경을 배제한 채 냉소적으로 다윗 이야기를 읽는 사람들이 있다. 그렇게 비꼬는 사람들은 다윗을 약간의 시인의 자질을 가진 잔학하고 야만적인 두목으로 변형시킨다. 그러나 그 문화가 다윗이 살던 세계를 규명하는 반면에, 그것이 다윗을 규명하지는 않는다. 그 문화는 하나님의 구원 사역을 지워 없애버리지도 않는다.

주전 10세기의 가나안의 문화든지, 주후 21세기의 현대의 문화든지 문화는 하나님의 도성을 짓는 벽돌을 만들기 위해서 사용된 짚과 같다. 두개의 명단은 문화를 회피하면서 하나님께서 불경한 세상의 방법들에 의해 부패되거나 오염되지 않은 하나님의 사역을 하실 수 있는(하나님을 위하여 하나님의 일을 할 수 있는) 어떤 거룩한 장소를 만들려고 시도하는 그런 사람들에게 소리 없는 **꾸짖음**으로 서 있다.

중심에 위치한 두 개의 시는 하나는 기도이며, 하나는 명령(oracle)이다. 기도는 하나님께 드리는 우리의 말인데 청원과 찬양과 같은 것이다. 명령은 하나님**으로부터** 주어진 그대로 표현되어진 우리의 말로써 선포와 증거와 같은 것이다. 시는 인간의 가장 열정적이고 친밀한 언어 사용이다. 두 개의 시는 자신의 가장 열정적이고, 가장 친밀한 상태에 있는 다윗을 우리에게 보여준다. 다윗은 단지 말(to say)을 하기 위해서가 아니라 무언가를 **만들기** 위해서 말(words)을 사용하는 시인이다. 하나님의 계시 전달과 세상의 창조와 세상의 구세주의 존재(로고스 - 역자 주)의 근본적인 수단인 말(words)을 다윗이 취했다. 그는 하나님께 말씀드리기 위해서(기도의 시), 그리고 하나님으로부터 임한 것을 말하기 위해서(명령), 말(words)을 사용한다.

이 세 가지 요소들(이야기, 명단, 시)은 사무엘서 전체의 진술을 올바르게 이해하기 위해서 반드시 필요하다. 두 이야기는 다윗의 다양한 인간성을 말하고, 두 명단에서는 다윗이 살던 사회의 야만적인 문화를 볼 수 있으며, 두 시에서는 성숙한 다윗의 영혼을 보게 된다.

이것이 개인의 이야기인 이상 우리는 동심원 속으로 빨려 들어가는 우리의 기본적인 사람다움 안에서 확인된, 현재 문화의 피할 수 없는 상황과 직면하고 있는, 그리고 때때로 우리 존재의 중심에서 하나님을 **향하여** 그리고 하나님을 **위하여** 말하고 있는 우리의 진실한 소리를 깨닫고 있는 우리 자신을 보게 된다.

마태 4 우리 시대의 신앙고백

"주는 그리스도시요 살아 계신 하나님의 아들이시니다"라는 베드로의 신앙고백이 여러분과 우리 시대의 신앙고백이 되기를 바랍니다. 그러나 거기에서 멈추지 마시고 "자기를 부인하고 자기 십자가를 지고 나를 좇을 것이니라"는 예수님의 말씀까지 가셔야 됩니다.

마태복음 전6권 완간!

마태 5 **호산나 다윗의 자손**
박영선 지음/15,000원

마태 6 **그제야 끝이 오리라**
박영선 지음/15,000원(완간)

그룹성경공부를 위한 교재		주제별 강해시리즈

그룹성경공부를 위한 교재

● 책별 ●

신명기 1 / 값 3,000원
신명기 2 / 값 3,000원
신명기 3 / 값 3,500원
산상설교1 / 값 3,500원
산상설교2 / 값 4,000원
소자이야기/ 값 3,000원

● 주제별 ●

진정한기쁨 / 값 4,000원
구원의완성1/ 값 3,500원

주제별 강해시리즈

● 성화의 신비
박영선 지음/신국판 /값11,000원

● 빼앗길 수 없는 기쁨
박영선 지음/신국판 /값10,000원

● 젊은 사역자를 위한 리더십
박영선 지음/신국양장본/값 5,500원

하나님의 열심이 만든 사람시리즈(전3권 완간)

● 1 최초의 사람들
박영선 지음/신국판/값10,000원

● 2 아브라함의 믿음과 삶
박영선 지음/신국판/값8,000원

● 3 야곱과 아들들
박영선 지음/신국판/값9,000원

하나님을 경외하는, **다윗**

저자 : 유진 피터슨 / 역자 : 전 상 수
발행처 : 쉴만한물가
전화 : (031)955-4421 / 팩스 : (031)955-4432
공급처 : 미스바출판유통
전화 : (031)955-4433 / 팩스 : (080)300-9191
값 12,500원